Les données chiffrées en sciences sociales

CORINE EYRAUD

Les données chiffrées en sciences sociales

Du matériau brut à la connaissance des phénomènes sociaux

2e édition

ARMAND COLIN

Illustration de couverture : ©Shutterstock
Mise en page : Kepler

Armand Colin est une marque de
Dunod Éditeur, 11 rue Paul Bert, 92240 Malakoff
ISBN : 978-2-200-63847-4

Sommaire

Introduction

La connaissance d'une institution ou d'un phénomène social, quels qu'ils soient, ne se fait plus aujourd'hui sans données chiffrées, statistiques ou démographiques. Ces données permettent d'appréhender l'ampleur du phénomène, ses différentes dimensions, l'activité de l'institution, son poids, son public, son budget, son évolution, et bien d'autres choses encore. Le sociologue ne peut donc se passer ni de la statistique ni de la démographie, et ceci pour deux raisons essentielles. Tout d'abord parce que, bien utilisées, celles-ci sont, pour lui, un outil de connaissance important. Ensuite, parce que les informations chiffrées sont devenues omniprésentes dans les médias et les débats publics : chaque institution émet ses propres statistiques ; ses différents acteurs (employeurs, syndicats, associations d'usagers, etc.) produisent des chiffres souvent concurrents et utilisés pour démontrer la validité de leur propre argumentaire. La mesure de chaque phénomène social donne souvent lieu à des querelles sur le « vrai chiffre », pensons ne serait-ce qu'au chômage.

Indispensable pour comprendre le monde qui nous entoure et pour en parler, le nombre mérite d'être mieux connu et mieux approprié. Un étudiant de sociologie, et plus largement de sciences humaines et sociales, et même tout citoyen, ne peut donc se passer ni de la compréhension du mode de construction de ces statistiques, ni d'une réflexion sur la manière dont on peut construire une connaissance d'un phénomène ou d'une institution en s'appuyant sur ces données.

C'est dans ce cadre que se situent les objectifs de cet ouvrage ; nous pouvons les différencier comme suit :

- premièrement, une bonne initiation aux calculs de pourcentages et taux (y compris taux de variation) et à la lecture de tableaux statistiques ;

- deuxièmement, la maîtrise d'un minimum de termes démographiques et statistiques dont on donnera la définition (ces termes sont généralement en italique dans le texte) ;
- troisièmement, l'apport de connaissances factuelles et de points de repère quant à la structure de la société française et de certaines de ses institutions ;
- quatrièmement, un apprentissage de la démarche sociologique permettant de construire une connaissance la plus complète et la plus objective possible d'un phénomène social, et ce en utilisant ces données ;
- cinquièmement, une initiation à la lecture critique d'articles de journaux ou de travaux utilisant des données chiffrées.

Ces objectifs seront progressivement mis en œuvre en prenant appui sur de nombreux exemples choisis dans différents domaines de la vie sociale : démocratisation de l'enseignement, évolution des inégalités sociales, chômage, délinquance, intégration, religion, mais également « trou de la Sécu », mesure de la pauvreté, palmarès des lycées, etc. Cette deuxième édition réactualise, par rapport à la première édition parue en 2008, la plupart des données utilisées et intègre en références bibliographiques des travaux réalisés entre-temps sur ces différents domaines. Nous avons parfois choisi de conserver les données de la première édition, soit parce qu'elles s'intégraient à l'analyse de controverses particulières (par exemple, la controverse du milieu des années 2000 autour des chiffres du chômage dans le chapitre 4), soit parce que l'analyse réalisée dans la première édition avait sa cohérence et que les institutions concernées ne fournissent plus les données que nous avions alors utilisées (en particulier en ce qui concerne la question de la réussite ou de l'échec à l'université dans le chapitre 3).

L'utilisation d'exemples variés et réels est nécessaire à la réalisation des objectifs qui sont les nôtres, mais risque d'être insuffisante, tant, en la matière, rien ne vaut la pratique. C'est pourquoi des exercices intégralement corrigés de calculs, d'analyses de tableaux, d'analyses d'articles de journaux ou de revues accompagnent le cheminement de l'ouvrage. Ils sont conçus à la fois comme moyens d'assimiler les contenus et comme outils visant à aiguiser la réflexion. Nous vous conseillons vivement de les réaliser seuls, avant de vous reporter à leur correction en fin de chapitre.

Cet ouvrage n'est donc ni un cours de statistiques ni un manuel de techniques d'enquêtes, mais un livre de réflexion et d'analyse sociologiques des données chiffrées et de leur utilisation. La primauté est donnée aux idées, et non aux formules. Bien sûr, cette analyse ne peut être menée sans une maîtrise minimale des outils quantitatifs, de la lecture des tableaux et du vocabulaire démographique et statistique de base. C'est ce par quoi nous commencerons[1].

1. L'auteure tient à remercier toutes celles et ceux qui l'ont aidée à concevoir cet ouvrage et, tout particulièrement, Patrick Perez, pour sa relecture critique et minutieuse, nos discussions stimulantes et ses encouragements.

Première partie

Des données brutes aux pourcentages et taux

Nous nous situons, tout au long de cette partie, dans une logique de découverte : il s'agit de faire apparaître les différents problèmes que pose l'utilisation des statistiques, en même temps que l'on apprend (ou revoit) les modes de calcul (essentiellement pourcentages et taux de variation) et que l'on s'initie au vocabulaire statistique et démographique de base et à la lecture et interprétation de tableaux. Ces différentes dimensions seront abordées à partir de statistiques scolaires et universitaires.

Chapitre 1

Évolution des populations bachelière et étudiante

Ce premier chapitre est consacré à la présentation des opérations de base de la statistique et du vocabulaire afférent, à partir de l'étude de populations particulières que sont les populations bachelière et étudiante. En nous familiarisant avec le calcul de pourcentages, nous nous trouverons confrontés aux premières difficultés et aux premiers pièges. Apprendre à les reconnaître, à les maîtriser ou les éviter nous permettra de poser les premières pierres pour une démarche de travail et d'analyse rigoureuse des statistiques.

L'évolution des bacheliers depuis le début du XXe siècle

Nous allons partir d'un tableau simple (tableau 1.1).

Tableau 1.1 Bacheliers par sexe (effectifs) selon l'année d'obtention du diplôme (de 1920 à 2022) et population de référence (effectifs)

Années	Bacheliers			17 ans
	Masculins	Féminins	Ensemble	
1920	9 190	1 326	10 516	691 600
1930	11 858	3 708	15 566	668 000
1935	8 560	3 379	11 939	351 100
1940	18 485	9 292	27 777	706 600
1945	15 596	11 719	27 315	660 000
1950	19 039	14 106	33 145	642 500
1960	31 635	29 864	61 499	543 500
1970	79 074	88 233	167 307	838 300
1980	92 760	129 669	222 429	852 500
1985	108 481	144 569	253 050	844 500
1990	168 576	215 424	384 000	882 700
1995	213 571	266 429	480 000	765 500
2000	227 544	271 456	499 000	804 800
2005	233 849	272 759	506 608	829 100
2010	252 430	279 338	531 768	818 100
2015	296 007	322 837	618 844	796 500
2020	351 463	371 508	722 971	834 800
2022	323 220	343 620	666 840	837 700

Champ : France métropolitaine jusqu'en 2000, France métropolitaine + Départements et régions d'outre-mer (DROM) hors Mayotte entre 2005 et 2010, France métropolitaine + DROM y compris Mayotte à partir de 2011.

Source : Ministère de l'Éducation nationale.

Un peu de vocabulaire

Ce tableau est un tableau en *effectifs* ou nombre *absolus* ou, mieux encore, en *valeurs absolues*. Attention les informations ne sont pas toujours fournies pour les mêmes intervalles de temps (parfois 5 ans, parfois 10 ans).

La population de référence (dernière colonne) est ici la population qui atteint l'âge de 17 ans telle et telle année. Ainsi 691 000 individus ont, en France, atteint cet âge en 1920. En quelle année sont-ils nés ? 1920 – 17 = 1903. En démographie, l'ensemble des individus nés la même année est appelé une *génération*, on parlera donc de la génération 1903.

Attardons-nous quelques instants sur cette colonne, et regardons son évolution entre 1920 (génération 1903) et 1980 (génération 1963). On retrouve différents événements historiques qu'a connus la France :

- baisse importante des effectifs de 17 ans en 1935, soit la génération 1918 : on parle en démographie de *génération creuse* ou, plus souvent, de *classes creuses* puisque cela concerne les naissances pendant toute la guerre de 1914-1918 ;
- les guerres sont souvent suivies d'un « rattrapage » de naissances : les *générations* ou *classes pleines*, c'est le cas pour la génération 1923 (qui a 17 ans en 1940) ;
- on peut faire les mêmes remarques pour la génération, moins nombreuse, qui a 17 ans en 1960 (génération creuse de 1943), ou pour la génération, beaucoup plus nombreuse, qui a 17 ans en 1970 (génération pleine de 1953, après-guerre et « baby-boom »).

Cela dit, chaque génération — c'est-à-dire chaque population qui a comme caractéristiques communes de résider en France et d'avoir 17 ans la même année — se différencie du point de vue d'autres caractéristiques. Certains sont de sexe masculin, d'autres de sexe féminin, ou encore certains ont le baccalauréat, d'autres ne l'ont pas. On appelle ces caractéristiques des *caractères*, des *critères*, ou, terme très usité en sociologie et en statistique, des *variables*.

Si l'on veut compter un ensemble, une population d'êtres humains, on peut décider de compter par exemple tous ceux qui résident sur tel territoire à l'instant *t* (on prend alors comme *caractère* la résidence sur un territoire), on peut aussi dénombrer ceux qui ont plus de 60 ans (on prend comme *critère* l'âge), ou compter les individus de sexe féminin (on prend comme *variable* le sexe). Dans le tableau 1.1, la population de référence a été définie à partir de deux variables : résidant en France et ayant 17 ans telle année. Au sein de cette population, on peut constituer des sous-ensembles : être bachelier ou ne pas l'être, être bachelier fille ou bachelier garçon, etc. Cette opération de définition d'ensembles, de sous-ensembles, et de classement d'individus (humains ou non : entreprises…) dans ces ensembles et sous-ensembles est l'opération de base de la statistique.

Ces caractéristiques qui font classer les individus dans tel ou tel sous-ensemble, ne sont pas toutes du même ordre. Certaines sont repérées par des *mots :* sexe, état matrimonial, profession ou religion ; on parle alors de *variables qualitatives* ou *nominales*, ou encore, dans un langage moins statistique, de *catégories*. Certaines de ces caractéristiques sont repérées par des *chiffres :* âge, revenu, nombre de salariés d'une entreprise ou surface d'un logement ; il s'agit des *variables quantitatives* ou *numériques*. Finalement, certaines de ces caractéristiques sont repérées par des *mots ordonnés sur une échelle* ; on parle alors de *variables ordinales* très utilisées dans les enquêtes d'opinion ou d'attitude : « Qu'avez-vous pensé de cette exposition ? Vous l'avez trouvée : très intéressante/intéressante/assez peu intéressante/pas intéressante du tout ? » La distinction entre les différents types de variables est importante car leur traitement statistique, autrement dit le type de calcul que l'on peut effectuer, est différent. Dans ce chapitre, nous nous intéresserons exclusivement à des variables qualitatives et à la manière la plus courante de les traiter : le calcul de pourcentages.

Le nombre de sous-ensembles que l'on construit à partir d'un critère s'appelle le nombre de *modalités* de la variable. Ce nombre est parfois défini par le droit, et donc dépendant du pays et du moment historique : il y a ainsi légalement en France aujourd'hui quatre états matrimoniaux (célibataire, marié, divorcé, veuf), mais on peut également intégrer le PACS ; la variable « état matrimonial » a donc quatre ou cinq modalités. Mais le plus souvent, *le nombre de modalités dépend du degré de détail souhaité* : on peut ranger les âges en trois catégories ou trois classes (par exemple : 0-19 ans, 20-64 ans, plus de 65 ans), par tranches de 5 ans ou de 10 ans, etc. La modalité qui regroupe le plus d'individus, soit la modalité la plus fréquente, s'appelle le *mode*. La *catégorie* d'âge *modale* en France aujourd'hui est la catégorie des 20-64 ans. Finalement, l'ensemble des modalités d'une variable qualitative s'appelle une *nomenclature*.

Sexe ou genre ?

Jusqu'aux années 1970, les recherches sur les différences et inégalités entre les hommes et les femmes utilisaient uniquement le terme « sexe ». Le terme de « genre » (« *gender* ») est apparu aux États-Unis dans le discours des mouvements féministes des années 1970 et avec le développement des « *Women's Studies* » en sciences sociales. La volonté initiale était de souligner que les rapports de domination et les différences de comportements entre hommes et

femmes n'étaient pas naturels. Il n'est pas naturel qu'une fille soit douce, sensible et attirée par les garçons, et qu'un garçon soit énergique, ambitieux et attiré par les filles. La socialisation fabrique des individus masculins/féminins et crée des rapports de domination entre les deux. Or le terme « sexe » a, en langue anglaise, une forte dimension biologique ; utiliser le terme « *gender* » permettait d'insister sur la dimension sociale et l'on différenciait ainsi le sexe biologique et le genre social.
Le terme de genre s'est ensuite largement diffusé à partir des années 2000 avec les « *Gender Studies* ». Il y a toutefois des débats autour de la définition du genre, et donc du sexe. Plusieurs auteurs ont souligné que cette définition posait problème, principalement parce qu'elle suppose que le sexe est purement biologique, c'est-à-dire que chaque individu peut être biologiquement catégorisé « mâle » ou « femelle ». Plusieurs travaux ont souligné que ces catégories étaient moins claires et étanches que cela, certains ont même retourné la définition considérant que « le genre précède le sexe » (en particulier Delphy, 2001, mais aussi Claude-Mathieu, 1989), voulant ainsi signifier que les différences biologiques n'ont aucune signification en elles-mêmes et que le sexe lui-même est construit socialement (l'assignation d'un sexe à la naissance par l'état civil – institution sociale - est déjà un acte social). C'est ce que disait Simone de Beauvoir en 1949 en introduction du tome II du *Deuxième sexe* : « On ne naît pas femme : on le devient ». Finalement, des auteurs, en particulier français, préfèrent aujourd'hui encore parler de sociologie des rapports sociaux de sexe plutôt que de sociologie du genre, considérant que le second choix ne met pas au premier plan, voire peut occulter, le fait qu'il s'agit de rapports sociaux et non pas d'identité (de genre).
Ceci étant, on peut trouver aujourd'hui indifféremment les termes « inégalités femmes/hommes », « inégalités de sexe » ou « inégalités de genre » (quand on parle d'« inégalités », on parle forcément de rapports sociaux).
Si dans cet ouvrage nous avons choisi de parler de « sexe » et non de « genre », c'est uniquement parce que les enquêtes de la statistique publique (Insee, Ined…) ont gardé la variable « sexe » (le sexe inscrit dans l'état civil des individus) avec deux modalités possibles (homme ou femme). D'autres chercheuses et chercheurs font le choix dans leurs enquêtes par questionnaires d'utiliser la variable du « genre » en se basant sur l'autodéfinition des individus et en lui donnant de plus nombreuses modalités (« femme », « homme », « personne non binaire », « autre », « ne se prononce pas », etc.) ; ce sont justement et généralement celles et ceux qui travaillent sur « l'identité de genre ».

Deux questions fondamentales

Revenons maintenant à notre tableau, et regardons le sous-ensemble des bacheliers. En 1920, 10 516 personnes ont obtenu le baccalauréat. Le fait d'avoir obtenu ou non le bac est une *variable, qualitative* ou *nominale*, qui possède deux modalités : avoir obtenu ou ne pas avoir obtenu. Prenons les chiffres de 1920 et ceux de 1970 : 10 516 personnes ont obtenu leur baccalauréat en 1920, 167 307 l'ont obtenu en 1970, soit beaucoup plus. Mais entre 1920 et 1970, la population de référence dans son ensemble (dernière colonne) a augmenté (de 691 600 à 838 300) ; la croissance du nombre de bacheliers pourrait être entièrement ou majoritairement imputable à la croissance de la population âgée de 17 ans. Deux questions très simples se posent donc :

- 10 516 bacheliers en France en 1920, *est-ce beaucoup ?* ;
- 167 307 bacheliers en 1970, *est-ce plus ou moins* (et beaucoup plus ou beaucoup moins) *que* 10 516 bacheliers en France en 1920 ?

On doit se poser la première question à chaque fois que l'on voit ou entend un chiffre, on se la pose d'ailleurs plus ou moins automatiquement. On doit se poser la seconde à chaque fois que l'on a plusieurs chiffres. Il s'agit en fait des deux faces d'une même question, car la « notion » de « beaucoup » a toujours un sens par rapport à quelque chose : c'est « beaucoup » par rapport à « peu ». Prenons, dans l'encadré ci-dessous, un exemple simple.

Le nombre de véhicules que détient mon ménage

La notion de *ménage* est au fondement de très nombreuses statistiques, il faut donc en connaître la définition. Elle part de l'unité de vie : un ménage est constitué d'une ou de plusieurs personnes vivant dans un même logement autonome, quelles que soient leurs relations. Ainsi trois étudiants vivant en cohabitation sont considérés par l'INSEE comme un ménage, tout comme une personne vivant seule.

Mais, savez-vous ce qu'est *l'Insee* ? L'Insee (ou INSEE) est l'Institut national de la statistique et des études économiques. Il a été créé en 1946 et dépend du ministère de l'Économie et des Finances. Il est chargé de « collecter, produire et diffuser des informations sur l'économie et la société française afin que tous les acteurs intéressés puissent les utiliser pour effectuer des études, faire des prévisions et prendre des décisions » (site internet de l'Insee).

Mon ménage a deux voitures. Le nombre de véhicules est un critère qui permet de différencier une population, il s'agit donc d'une variable. On peut différencier les ménages qui en détiennent 0, 1, 2, 3, ou 4 et plus. Il s'agit d'une variable quantitative ou numérique.

1. Posons-nous la première question : est-ce que c'est beaucoup ? Beaucoup par rapport à quoi ? À quelque chose de comparable : à un ménage français aujourd'hui ? On peut trouver sur le site de l'Insee des statistiques de possession de voitures, par exemple dans *Tableaux de l'économie française. Édition 2020*. On y apprend que 36.3 % des ménages possédaient au moins deux automobiles en 2018. La réponse est donc « oui, c'est beaucoup », puisque mon ménage fait partie de cette minorité de Français. On a donc comparé à une moyenne nationale.

Mais j'habite dans une commune de 120 habitants très mal desservie par les transports collectifs ; la situation de mon ménage est peu comparable à celle d'un ménage parisien, qui souvent n'a pas de véhicule ou, au plus, un par ménage (large réseau de transports collectifs, coûts et problèmes importants de parking, etc.). La comparaison de la situation de mon ménage à celle d'un ménage parisien a donc peu de sens, et ne me dit pas grand-chose sur « est-ce que c'est beaucoup ? ». Pour comparer des situations comparables, il faudrait ajouter une variable, celle de l'habitat : rural ou urbain (en prenant deux catégories définies d'une certaine manière par l'Insee, dont on pourrait affiner et multiplier le nombre de modalités en réalisant des classes de communes par le nombre de leurs habitants), ici il s'agit d'une variable qualitative dont on ne garde que deux modalités. Mais cela suffit-il pour comparer des choses réellement comparables ? Avec un peu de bon sens, on se dit qu'il faudrait regarder la taille du ménage : peut-on comparer un ménage dans lequel il n'y a qu'une personne avec celui dans lequel on trouve les deux parents et leur enfant de 20 ans ? Non. Plus que le nombre de personnes, il faudrait prendre en compte la composition du ménage. Pourquoi ? Parce que le fait d'avoir un ou trois enfants en bas âge changera certainement quelque chose à la taille et au type de véhicules, mais pas à leur nombre ; en revanche avoir deux enfants en bas âge (ménage de quatre personnes) ou un enfant de 22 ans (ménage de trois personnes) en âge de conduire peut changer la donne.

Il faudrait donc comparer à *composition de ménage rural identique*, c'est-à-dire logiquement ramener le nombre de véhicules possédés au nombre de personnes dans le ménage rural en âge de conduire. Nous allons ainsi pouvoir passer à notre deuxième question.

2. Le ménage qui habite à côté de chez moi a quatre voitures. Est-ce plus ou moins que mon ménage ? Nous avons deux données chiffrées, nous voulons les comparer, et savoir laquelle est la plus grande et laquelle est la plus petite. Quatre, c'est plus que deux, d'accord ; mais, comme nous venons de le voir, cela ne suffit pas. Mon ménage (ménage 1) est composé de trois personnes : deux adultes et un enfant en bas âge ; le ménage voisin (ménage 2) est composé de quatre personnes : les deux parents et les deux enfants de 22 et 25 ans, soit quatre personnes en âge de conduire (qui, en outre, travaillent toutes dans des bourgs différents autour de la commune de résidence). Mon ménage possède donc 2 voitures pour 2 personnes en âge de conduire, le ménage voisin 4 voitures pour 4 personnes en âge de conduire. Si nous rapportons le nombre de véhicules à la population en âge de conduire, nous nous trouvons avec la situation suivante : ménage 1 : 2/2 ; ménage 2 : 4/4. Soit dans les deux cas : 1/1, une voiture par personne en âge de conduire. La situation de ces deux ménages est, au regard du nombre de véhicules possédés, identique.
La population en âge de conduire (ci-après PAC) est donc la *population de référence*. Il est très important de bien réfléchir au choix de cette population, puisqu'elle constitue le *dénominateur* de la fraction, le *numérateur* étant le nombre de véhicules. Le lien entre les deux doit être logique ; sinon, je fais un calcul stupide, j'obtiens un résultat qui n'a pas de sens, et je risque de tirer des conclusions idiotes et aberrantes. Ainsi, si nous avions rapporté le nombre de véhicules au nombre de personnes par ménage, nous aurions trouvé : ménage 1 : 2 voitures/3 personnes, ménage 2 : 4 voitures/4 personnes. 4/4 c'est plus que 2/3. Si, encore pire, nous avions choisi comme unité de référence, le ménage, alors dans le premier cas cela donnait 2/1, dans le second 4/1. 2/1, c'est déjà beaucoup (en termes de possession de véhicules), 4/1 c'est beaucoup plus (deux fois plus). On pourrait alors pousser jusqu'à la conclusion suivante : le ménage 2 est plus riche que le ménage 1. Cet exemple semble caricatural, mais c'est malheureusement le type de démarche souvent utilisé dans les discours utilisant des statistiques. Nous touchons là un problème délicat sur lequel nous reviendrons longuement, celui des *indicateurs* utilisés pour parler d'un phénomène : le nombre de voitures possédées est-il un bon indicateur du niveau de richesse d'un ménage ?
De cet exemple, nous pouvons tirer les deux premières règles d'une démarche rigoureuse quant à l'utilisation des statistiques. Première règle : devant des informations chiffrées, il faut toujours se demander ce que cela représente (beaucoup ou peu ?), et donc chercher des points de repère. Deuxième règle,

liée à la première : il faut toujours se demander si ces points de repère sont pertinents, autrement dit si l'on compare bien des choses comparables.
Une devinette très prisée des cours d'école résume bien ces idées : « Il est tombé deux fois plus de neige dans le jardin de mon voisin que dans le mien, pourquoi ? »
Parce que son jardin est deux fois plus grand que le mien.

Comment comparer, ou des effectifs aux pourcentages

Revenons au tableau 1.1 et posons-nous ces deux questions : 10 516 bacheliers en France en 1920, est-ce que c'est beaucoup ? Et 167 307 bacheliers en France en 1970, est-ce que c'est beaucoup, et est-ce que c'est beaucoup plus que 10 516 en 1920 ? Nous voyons bien ici qu'il s'agit des deux faces d'une même question.

Si l'on veut pouvoir comparer les chiffres de 1920 avec ceux de 1970, il va nous falloir les rapporter à une population de référence comparable. Quelle population peut-on choisir ? La population totale de la France ? Ce serait stupide puisqu'elle comporte de nombreux individus (enfants, adultes, personnes âgées) qui ne sont pas en mesure (en âge) d'acquérir le baccalauréat cette année-là. Il va donc falloir mettre en rapport chacun de ces chiffres avec la population en situation d'obtenir le baccalauréat. Nous sommes obligés d'aller au plus pertinent dans les limites de ce que nous pouvons obtenir comme informations, en particulier pour des périodes relativement anciennes.

Si l'on n'a pas redoublé, on obtient généralement le bac à l'âge de 17-18 ans. Le nombre d'individus résidant en France âgés de 17 ans est une donnée disponible tant pour l'année 1920 que pour les années 1970 ou 2020. Prenons-la donc comme population de référence, même si le lien logique entre numérateur et dénominateur n'est pas « parfait » : certains individus au numérateur ont obtenu leur bac en 1920 mais peut-être ont-ils 18 ou 19 ans, d'autres au dénominateur ont 17 ans en 1920 mais ont redoublé et obtiendront peut-être leur bac l'année suivante, ils figureraient alors au numérateur de 1921 mais pas au dénominateur. Le lien logique n'est donc pas maximal, mais cette mise en rapport va nous permettre d'obtenir des ordres de grandeur intéressants.

Nous allons donc rapporter un sous-ensemble (le nombre de bacheliers en 1920) à un ensemble en rapport direct (le nombre d'individus en âge de l'obtenir cette année-là) : 10 516 / 691 600. Il s'agit d'une *proportion* qui est égale à 0.015. Pour des commodités de lecture, de compréhension et de comparaison, on exprime généralement cette proportion en *pourcentage* : 10 516 bacheliers sur 691 600 individus âgés de 17 ans représentent combien de bacheliers sur 100 individus âgés de 17 ans ? Autrement dit :

- 10 516 / 691 600 = *y* / 100 ;
- *y* = (10 516 / 691 600) × 100 = 0.015 × 100 = 1.5 %.

Que signifie ce 1.5 % ? Sur 100 individus âgés de 17 ans en 1920, 1.5 ont obtenu leur baccalauréat cette année-là ; on peut appeler ce chiffre le *taux* de bacheliers au sein d'une génération. Travaillant le plus souvent sur des grands nombres (la population d'un pays, la population mondiale…), la démographie exprime souvent les taux, non pas en « pour cent », mais en « pour mille », qu'elle note *‰*. On multiplie alors la proportion par 1 000, et non par 100, et l'on dira que sur 1 000 individus âgés de 17 ans en 1920, 15 obtiennent leur baccalauréat cette année-là.

Revenons maintenant à notre première question, 1.5 % de bacheliers en France en 1920, est-ce que c'est beaucoup ? Mais beaucoup par rapport à quoi ? Nous pourrions comparer au pourcentage de bacheliers au sein de la même génération dans un pays dont la situation est comparable à celle de la France : l'Angleterre ou l'Allemagne par exemple. Mais nous allons nous trouver confrontés à la mise en équivalence de systèmes scolaires différents : quel niveau ou quel diplôme de ces pays peut-on considérer comme équivalent au baccalauréat ? Les comparaisons internationales posent toujours ce genre de problèmes, nous y reviendrons longuement. Nous pourrions alors comparer au pourcentage de bacheliers dans une génération à d'autres dates en France. Prenons l'année 1970, puisque nous en avons déjà parlé.

Quelle est, en 1970, la proportion, exprimée en pourcentage, de bacheliers en France dans une génération (génération née en 1953) ? (167 307 / 838 300) × 100 = 19.96 ; soit, si j'arrondis à un chiffre après la virgule, 20 %. Cela signifie que, sur 100 individus résidant en France en 1970 et âgés de 17 ans, 20 obtiennent leur baccalauréat cette année-là, soit — formulation plus médiatique — une personne sur cinq. Mais ce type de formulation est fortement déconseillé en statistique. Remarquons au passage que la génération 1953 a aujourd'hui (en 2023)

70 ans. On peut se demander, devant une personne de 70 ans, si elle fait partie des 20 % qui ont obtenu leur baccalauréat ou *grosso modo* des 80 % qui ne l'ont pas.

Nous pouvons donc comparer la situation en France en 1920 et 1970 en termes de proportion de bacheliers, autrement dit nous pouvons répondre à la question : « Est-ce que 10 516 / 691 600 est plus grand, plus petit ou égal à 167 307 / 838 300 ? » Sur 100 individus résidant en France et âgés de 17 ans, 1.5 obtiennent leur baccalauréat en 1920 alors que 20 l'obtiennent en 1970 ; la proportion de bacheliers dans une génération a beaucoup augmenté en 50 ans. Nous comprenons maintenant l'intérêt qu'il y a à calculer des proportions et à les exprimer en pourcentage, à ramener à une même population de 100 individus ayant les mêmes caractéristiques (pour ce qui nous intéresse) : pouvoir mener des comparaisons relativement précises. Sinon ce serait « à vue de nez » : on « a bien l'impression » que 167 307 / 838 300 est plus grand que 10 516 / 691 600.

Reprenons ce tableau et ajoutons une colonne à droite intitulée « Proportion de bacheliers dans une génération (en pourcentage) ». Posons le calcul pour l'année 2000 : (499 000 / 804 800) × 100 = 62.0 %.

Sur 100 individus résidant en France âgés de 17 ans en 2000, 62 obtiennent leur baccalauréat cette année-là ; ou, le pourcentage d'une génération obtenant son baccalauréat en France en l'an 2000 est de 62 % ; ou encore, le taux de bacheliers est en France de 62 %.

Nous pouvons remplir l'intégralité de la colonne (tableau 1.2).

Tableau 1.2 Bacheliers (effectifs et pourcentage) selon l'année d'obtention du diplôme (de 1920 à 2022) et population de référence (effectifs)

Années	Bacheliers	17 ans	Proportion de bacheliers dans une génération
1920	10 516	691 600	1.5
1930	15 566	668 000	2.3
1935	11 939	351 100	3.4
1940	27 777	706 600	3.9
1945	27 315	660 000	4.1
1950	33 145	642 500	5.2
1960	61 499	543 500	11.3

Années	Bacheliers	17 ans	Proportion de bacheliers dans une génération
1970	167 307	838 300	20.0
1980	222 429	852 500	26.1
1985	253 050	844 500	30.0
1990	384 000	882 700	43.5
1995	480 000	765 500	62.7
2000	499 000	804 800	62.0
2005	506 608	829 100	61.1
2010	531 768	818 100	65.0
2015	618 844	796 500	77.7
2020	722 971	834 800	86.6
2022	666 840	837 700	79.6

Champ : France métropolitaine jusqu'en 2000, France métropolitaine + DROM hors Mayotte entre 2005 et 2010, France métropolitaine + DROM y compris Mayotte à partir de 2011.

Source : Ministère de l'Éducation nationale.

Une rapide lecture de cette colonne nous permet de constater la croissance continue du début à la fin du XXe siècle en France de la proportion des bacheliers dans une génération ; exprimée en pourcentage, elle passe ainsi de 1.5 en 1920 à plus de 62 en 1995, elle stagne ensuite jusqu'en 2010, puis connaît une nouvelle augmentation pour avoisiner les 80 % en 2022. Le taux très élevé en 2020 est lié à la situation sanitaire particulière liée à l'épidémie de Covid-19 : les épreuves de juin ont été annulées et remplacées par les notes de contrôle continu, le taux de réussite a presque atteint 96 % alors qu'il était autour de 88 % les cinq années précédentes.

La période 1985-1995 est celle qui connaît la plus forte croissance : le taux de bacheliers a plus que doublé en 10 ans, passant de 30 % à 62.7 %. Cette période correspond à des politiques éducatives volontaristes : l'objectif d'amener 80 % d'une génération au niveau du baccalauréat d'ici l'an 2000 est énoncé par le ministre Chevènement en 1985 puis inscrit dans la « loi d'orientation sur l'enseignement » en 1989, tandis que la « loi-programme sur les enseignements technologiques et professionnels » de 1985 crée les bacs professionnels.

• Quelques remarques sur la question des arrondis

Du fait de la division par la base, la plupart des pourcentages ne « tombent pas juste » et peuvent parfois comporter des décimales en nombre infini. Combien de chiffres après la virgule doit-on retenir ? Cela dépend du degré de précision souhaité ; le plus souvent, on s'en tient à un chiffre après la virgule, en arrondissant cette décimale au plus proche de la valeur exacte. Ainsi, pour l'année 1920, nous obtenons un résultat de 1.52, que l'on arrondit à 1.5 ; pour l'année 1950, un résultat de 5.15 arrondi à 5.2 ; pour l'année 1970, un résultat de 19.95 arrondi à 20.0. On note « .0 » (même si le calcul donne réellement 20 comme résultat) car les valeurs doivent être présentées de manière homogène, et le nombre de décimales doit être constant, afin que le lecteur ne puisse avoir aucun doute sur d'éventuelles omissions ou erreurs.

• Comment parle-t-on des différences entre deux pourcentages ?

Prenons pour exemples les proportions de bacheliers, exprimées en pourcentage, à trois dates du tableau : 1990 (43.5 %), 1995 (62.7%), 2000 (62.0%).

Entre 1990 et 1995, cette proportion, exprimée en pourcentage, a augmenté de 62.7 – 43.5 = 19.2, mais que signifie au juste ce 19.2 ? Parler d'une augmentation de 19.2 % porte à confusion, car l'on pourrait croire qu'il s'agit du taux d'accroissement des effectifs de bacheliers entre 1990 et 1995. Or c'est inexact ; si c'était le cas, nous aurions en 1995 : 384 000 (effectifs bacheliers 1990) + 19.2 % (nous reviendrons sur les modes de calcul des taux d'accroissement mais vous pouvez, pour l'instant, vous contenter de taper l'opération sur votre machine) = 457 728 bacheliers en 1995, or ils sont 480 000. Il s'agit donc d'une mauvaise habitude, source de nombreuses confusions. Pour parler d'écarts entre des pourcentages, on parle de *points (de pourcentage)* : la proportion de bacheliers a augmenté entre 1990 et 1995 de 19.2 points, puis a diminué entre 1995 et 2000 de 0.7 points.

Quand les différences entre deux pourcentages sont importantes, on peut les exprimer, non plus par des écarts (opération de soustraction), mais par des *rapports* (opération de division). Le taux de bacheliers a ainsi plus que doublé entre 1970 (20.0) et 1990 (43.5), le rapport des deux taux est de 2.18 (43.5 / 20). Mais le type de formulation choisi ne produit pas forcément le même effet sur le lecteur ou l'auditeur. Ainsi (Novi, 1998, p. 118) :

- le taux de chômage des diplômés — 6 % en 1991 — s'est accru de six points en 1994 ;
- le taux de chômage des diplômés — 6 % en 1991 — a été multiplié par deux en trois ans.

La seconde formule est beaucoup plus alarmante que la première. Il peut arriver que la formulation soit choisie avec l'intention de produire tel effet plutôt que tel autre.

Petite conclusion quant aux proportions et pourcentages

Pour comparer des données statistiques, que ce soit dans le temps (entre 1920 et 1970 en France) ou dans l'espace (la population bachelière en France et en Chine, mais attention au problème de mise en équivalence des diplômes), il convient de calculer des *proportions* ou autrement appelées des *fréquences* : quelle est la proportion de bacheliers dans une génération ayant 17 ans en 1920 ? Ou quelle est la fréquence d'apparition de la variable « bacheliers » dans cette génération, autrement dit quelle est la part des bacheliers dans cette population, ou encore, en termes plus statistiques, quel est leur *poids relatif* ? On exprime en général ces proportions ou fréquences en pourcentages. Nous passons ainsi des effectifs ou nombres ou *valeurs absolues* (combien de bacheliers en 1920 ?), à des *valeurs relatives* (quelle part de… au sein de… ?).

Exprimées en pourcentages, ces valeurs relatives nous permettent de répondre à la question : « Sur 100 individus âgés de 17 ans telle année, combien obtiennent leur baccalauréat cette année-là ? » Pour ce faire, nous faisons un rapport entre le sous-ensemble (une partie des effectifs de l'ensemble caractérisée par une ou plusieurs variables, ici les bacheliers) au numérateur et l'ensemble (la population de 17 ans) au dénominateur, puis nous multiplions le résultat par 100 pour l'exprimer en pourcentage. L'ensemble est la *population de référence*, également nommée la *base* du calcul de pourcentage. Les erreurs dans la lecture et la compréhension des pourcentages sont fréquentes ; pour les éviter, il est bon de prendre l'habitude de dire, écrire et penser : « Sur 100 individus ayant telle et telle caractéristique, il y en a tant qui sont ceci ou cela. »

« À partir de quelle base minimum peut-on présenter un pourcentage ? Des effectifs minima comme 50 ou 30 sont parfois cités. Une règle cohérente serait d'exiger que l'effectif total soit au moins égal à 100 puisque les effectifs partiels sont "ramenés à 100". Mais avec un tel principe, bien des enquêtes s'effondreraient ! » (Novi, 1998, p. 16). Essayons toutefois de nous y tenir.

Vous avez peut-être l'impression que ce que nous avons vu jusqu'à présent est d'une (trop) grande simplicité et très largement connu. L'exercice 1 devrait vous convaincre du contraire.

Exercice 1

Exceptionnellement, ce premier exercice sera un exercice « accompagné » ; les prochains seront de « réels » exercices qu'il serait bon que vous fassiez seuls, avant de vous reporter à leur correction en fin de chapitre.

L'enquête « Emploi » de l'Insee est réalisée chaque année au mois de mars. Celle réalisée en mars 1998 a donné un effectif de jeunes (16-25 ans) au chômage de 793 000.

Que faire de ce chiffre ? Est-ce beaucoup ?

Il va nous falloir trouver des points de repère. Mais pour commencer, nous allons le ramener à une population de référence, calculer une proportion que nous exprimerons en pourcentage et que nous pourrons comparer à d'autres pourcentages. À quelle population de référence pertinente peut-on rapporter le nombre de chômeurs de 16-25 ans en France en 1998 ?

- à la population totale de la France en 1998 ? Complètement stupide car nous mettons en rapport des jeunes au chômage avec des enfants scolarisés et des personnes âgées ;
- à la population de 16-25 ans résidant en France en 1998 ? Déjà plus pertinent. Essayons.

Cette population est de 7.721 millions. Nous avons donc 793 000 / 7 721 000, que nous exprimerons en pourcentage, soit 10.3 %. Cela signifie que sur 100 individus âgés de 16 à 25 ans résidant en France en 1998, 10.3 sont au chômage ; ce pourcentage est *la part des chômeurs* au sein de la population des 16-25 ans. Cette information est-elle intéressante ?

Oui si l'on étudie la population des 16-25 ans, sa répartition, aujourd'hui et hier en France, ou aujourd'hui en France par rapport à d'autres pays, etc. Dans ce cas, une des variables qui va nous intéresser est le rapport au travail. Nous pouvons trouver les données suivantes : en France en 1998, sur les 7.721 millions de jeunes de 16 à 25 ans :

– 2.714 millions ont un emploi ;
– 0.793 en cherchent un (ou sont au chômage) ;
– 4.214 n'exercent pas et ne cherchent pas à exercer une activité professionnelle (ils sont, pour la plupart, scolarisés).

Il s'agit donc d'une *distribution* de la population des 16-25 ans selon une *variable qualitative* : le rapport à l'activité professionnelle, dont nous retenons trois *modalités* :

– en exercer une : c'est le cas de (2.714 / 7.721) × 100 = 35.2 % ;
– chercher à en exercer une : (0.793 / 7.721) × 100 = 10.3 % (nous l'avons déjà calculé) ;
– ne pas en exercer et ne pas en chercher : (4.214 / 7.721) × 100 = 54.6 %.

Notons que l'on appelle généralement « *distribution* » les effectifs observés pour chacune des modalités de la population, et l'on réserve le terme « *répartition* » pour la distribution exprimée en pourcentages. Finalement, sur 100 individus de 16 à 25 ans résidant en France en 1998, 35.2 exercent une activité professionnelle, 10.3 cherchent à en exercer une, 54.6 n'en exercent pas et n'en cherchent pas. On peut alors vérifier nos calculs : 35.2 + 10.3 + 54.6 = 100.1. Soit 0.1 de trop du fait des arrondis. Nous pouvons, à partir de là, nous demander si cette répartition est spécifique à la jeunesse française de la fin des années 1990 en la comparant à celle de la fin des années 1970 en France, ou à celle de la fin des années 1990 d'autres pays européens.

Rapporter le nombre de chômeurs de 16-25 ans à la population totale des 16-25 ans n'est donc pas absurde si l'on s'intéresse particulièrement à cette population. Mais ce qui intéresse généralement les hommes politiques, les médias ou les économistes, c'est de savoir quelle est l'ampleur du « problème » du chômage au sein de ce que l'on appelle « le monde du travail ». Or dans les 16-25 ans, 54.6 % ne font pas partie du monde du travail et ne veulent pas, pour l'instant, en faire partie (même si les choses ne sont pas aussi clairement délimitées du point de vue des situations individuelles : que fait-on des étudiants qui travaillent ?) ; nous pourrions donc les enlever de notre base de calcul et ne prendre en considération que les 16-25 ans « du monde du travail », soit 2.714 (qui travaillent) + 0.793 (qui cherchent à travailler) = 3.507 millions. C'est ce que les statisticiens et économistes appellent la *population active* : « les personnes qui déclarent exercer ou chercher à exercer une activité professionnelle rémunérée », ou les *actifs* (attention : les chômeurs font donc partie de la population active). Les autres font partie de la *population inactive*, ils ne « se tournent pas les pouces » pour autant, ce sont pour la plupart des jeunes scolarisés (au niveau de la population totale, les inactifs sont essentiellement les femmes et hommes au foyer et les retraités). Si l'on veut parler de la population active sans y inclure les chômeurs, on parle de *population active occupée*.

Nous rapportons donc le nombre de chômeurs de 16-25 ans à la population active des 16-25 ans : (0.793 / 3.507) × 100 = 22.6 %. Et nous pouvons dire que sur 100 individus actifs de 16 à 25 ans résidant en France en 1998, 22.6 sont au chômage. Ce pourcentage est le *taux de chômage* (nombre de chômeurs rapporté à la population active, ici des 16-25 ans). Nous pouvons alors nous demander si c'est beaucoup. Et pour ce faire, comparer aux autres tranches d'âge : ainsi, pour la même année, le taux de chômage des 26-49 ans est environ de 11 %, celui des « 50 ans et plus » autour de 8 %. Le chômage semble toucher beaucoup plus les « jeunes » que les autres tranches d'âge en France à la fin des années 1990. Nous pouvons poursuivre notre analyse en nous demandant si cela a toujours été le cas dans notre pays, si c'est le cas à la même période dans les autres pays européens, etc.

Nous avons calculé deux pourcentages différents avec le même numérateur (nombre de chômeurs de 16-25 ans) mais deux dénominateurs différents ou bases de calcul différentes. Chacun de ces calculs a sa propre signification.

À l'époque, de nombreux journaux ont titré « Un jeune sur quatre au chômage ! », soit 25 % de jeunes au chômage, soit sur 100 jeunes 25 sont au chômage. Que peut-on dire de cette affirmation ?

Elle est carrément fausse, elle lit un chiffre en le rapportant à une mauvaise base. Essayons d'imaginer un titre plus juste. Deux orientations sont possibles :

– « un actif sur quatre au chômage chez les 16-25 ans » (mais la notion d'« actif » n'est pas claire pour tout le monde), « Chez les 16-25 ans qui sont sur le marché du travail : un sur quatre est au chômage (en 1998) ». Cette orientation a le désavantage de générer des titres longs, ce qui n'est généralement pas l'objectif des titres de journaux ;

– « un jeune sur 10 au chômage (en 1998) » : ce qui est la vérité, mais qui est un titre bien moins « choc » que le titre choisi…

Nous approchons déjà dans cet exercice ce que peut être une démarche rigoureuse : précise dans ses termes, dans les relations qu'elle pose entre les faits, contrôlant au maximum chacune de ses avancées dans une argumentation… Démarche qui se différencie du discours de tout un chacun sur un phénomène social ou du discours que peuvent faire de mauvais journalistes et que reprennent la classe politique et les discussions ordinaires. Cela dit, pour aller plus loin dans cette démarche, il faudrait savoir ce que les statistiques nationales françaises appellent aujourd'hui « être au chômage » : qui comptent-elles dans cette catégorie ? Le découpage de ces catégories est-il toujours aisé, sait-on toujours sans ambiguïté où classer chaque individu, etc. ? Nous aborderons ces questions dans le chapitre IV.

Nous pouvons, pour l'instant, retenir de cet exemple deux idées importantes :

- certains choix de population de référence — ou base ou dénominateur — sont complètement stupides, aberrants et faux du point de vue de la logique. D'autres sont plus ou moins pertinents, mais leur degré de pertinence dépend des questions que l'on se pose et de la population à laquelle on s'intéresse. Dans tous les cas, il faut être vigilant quant à la lecture et à la compréhension d'un pourcentage, et ne pas le rapporter à une base qui n'est pas la sienne. On peut, de la même manière, faire erreur dans la lecture du numérateur. Ainsi on semblait loin en 2000 de l'objectif politique de « 80 % d'une génération au baccalauréat », lancée en 1985 (le tableau 1.2 vous indique que 62 % d'une génération obtient le bac en 2000). Or il s'agissait de 80 % *au* bac et non pas *avec* le baccalauréat, soit 80 % atteignant le niveau bac, arrivant en terminale. L'objectif était donc : sur 100 individus d'une même génération, 80 doivent arriver en terminale ; ici la population de référence, le dénominateur est le même mais le numérateur est différent, et la formule porte à confusion ;

- les données dont on dispose, la façon dont une population est dénombrée, découpée dépendent des questions que l'État se pose, de ce qu'il considère à une époque comme un problème social, des informations qu'il pense utiles à la gestion de sa population et à la résolution de ses problèmes. Certaines données sont ainsi très difficiles à trouver, voire introuvables, il faut faire avec, ou plutôt sans. Les préoccupations de l'État changent d'autre part avec le temps, on ne trouve pas toujours les mêmes données pour des périodes différentes.

Les données démographiques et statistiques en France et ailleurs

La statistique de masse débute avec les grands empires de l'Antiquité soucieux d'administrer leurs biens, leurs hommes, leurs armées et leurs grands travaux publics. Les objectifs des recensements sont sensiblement les mêmes dans tous les grands empires (Égypte dès les années 3000 avant J.-C., la Chine dès les années 2200, etc.) : lever la main-d'œuvre pour les travaux publics, évaluer le nombre de soldats disponibles, connaître les fortunes et revenus pour percevoir la fiscalité. Ces dénombrements supposent une organisation complexe et de sérieuses structures administratives. L'Empire romain réalise des recensements tous les cinq ans dès la fin du VIe siècle avant J.-C.

Une fois l'Empire romain désagrégé, les grandes unités administratives se fragmentent ; sous le régime féodal, le territoire se morcelle en une multitude de fiefs. Le Moyen Âge marquera donc un recul en Occident quant aux données démographiques. En France, les données se font plus nombreuses et moins aléatoires à partir du XIIIe siècle. L'Église commence, sans que ce soit systématique, à enregistrer les actes d'état civil, au départ pour éviter les mariages incestueux puis pour déceler les personnes d'autres confessions que la confession catholique, en particulier les protestants. Ces registres, progressivement plus systématiques et plus précis, appelés « registres de baptêmes, mariages et sépultures », ne concernent que la population catholique ;

or, même si son poids est très fort, il existe d'autres confessions (protestante, israélite). En 1792, ces registres deviennent « registres de naissances, mariages, décès » de la société laïque ; les anciens registres paroissiaux, quand ils n'ont pas été perdus ou incendiés, deviennent propriétés des communes ou des archives départementales.

En 1790, la France est découpée en départements, l'administration départementale se met rapidement à fonctionner. Les premiers recensements ont lieu en 1790, puis 1794 et 1796. On retient généralement comme date du premier recensement complet français 1801, mais les informations recueillies sont limitées (il faudra attendre 1836 pour qu'une question sur l'âge soit introduite). À partir de 1801, des recensements auront lieu tous les cinq ans. Un bureau des statistiques est créé en 1833, et s'appellera à partir de 1840 « Statistique générale de la France » (SGF), puis à partir de 1944 « Service national de statistiques » (SNS).

Les objectifs des dénombrements commencent à changer à partir du XVIe siècle : nombre d'entre eux vont être réalisés à des fins économiques, d'évaluation des richesses disponibles en particulier en période de disette ; tandis que d'autres s'intéressent à la répartition par classes et professions afin de repérer les éléments improductifs (criminels, vagabonds, fainéants) et les mettre au travail. Puis pendant la Révolution, les recensements visent à établir les listes électorales, à évaluer et améliorer l'hygiène publique, à repérer et surveiller les contre-révolutionnaires. À partir du XIXe siècle un nouvel objectif est donné à la statistique : « mesurer les progrès réalisés et ceux qui restent à faire » (Jules Ferry à propos des statistiques scolaires) ; celles-ci vont ainsi jouer un rôle de plus en plus important dans l'élaboration des politiques publiques et leur évaluation. D'autant que l'introduction des machines électriques à cartons perforés, puis de l'informatique va permettre des traitements beaucoup plus importants. Les années 1930-1950 sont marquées en France par « la naissance de la statistique industrielle » (Volle, 1987) : en 1930, on ignore complètement le nombre de machines agricoles produites, de matériaux de construction, de savon, de chaussures, etc., or la crise des années 1930 suivie de la Seconde Guerre mondiale va amplifier les besoins d'informations. La période de reconstruction et la planification qui l'accompagne connaîtront un développement rapide de la comptabilité nationale et des statistiques en matière de démographie, d'industrie, de consommation. L'Insee est créé en 1946, l'Ined (Institut national des études démographiques) en 1945.

Les démographes considèrent généralement le recensement comme une photographie de la population, car elle est instantanée (les quatre derniers recensements ont eu lieu en France en 1975, 1982, 1990 et 1999, depuis janvier 2004 le recensement est devenu annuel mais porte chaque année sur une portion différente de la population ; 1999 aura été l'année du dernier recensement concernant toute la population en même temps) ; et l'état civil comme un film donnant une vision du mouvement de la population : celui des naissances et décès, car les migrations ne sont pas, en France, comptabilisées par l'état civil mais par différentes administrations (en particulier le ministère de l'Intérieur).
La qualité des informations recueillies par recensements et état civil dépend de nombreux facteurs : population stable et relativement concentrée sur un territoire bien desservi par un réseau de voies de communication, degré d'organisation administrative du pays, agents compétents en nombre suffisant, respect de la loi par chaque citoyen, système de recueil et de traitement de l'information (le coût du recensement de 1999 a été estimé à 27 francs par habitant). Les risques d'erreur peuvent donc être grands, dans les pays occidentaux ils sont estimés à 1 % à 2 % (omissions, doubles comptes). En France, de l'effectif de la population légale d'une commune dépendent : la somme des dotations de l'État à la commune, les indemnités perçues par le maire, les modes d'élection ou de représentation, le nombre des emplois communaux autorisés, etc. Le maire d'une petite commune a été poursuivi pour fraude pour avoir ajouté 37 habitants au recensement de sa commune de 1990 et lui faire franchir le seuil des 1 000 habitants.
Nous terminerons en soulignant la difficulté des comparaisons internationales (pas le même système de recueil d'informations : les pays scandinaves, l'Allemagne et les Pays-Bas ne font, par exemple, pas de recensement mais tiennent des registres de population sur lequel chaque habitant signale un changement de situation ; pas le même type d'informations demandées ; pas la même qualité d'information…) et la présence d'enjeux politiques et financiers. Ainsi après l'indépendance du Nigeria, un premier recensement (1963) estime la population à 120 millions. Celui de 1991 n'en compte que 88.5 millions. La représentation à la Chambre des députés, ainsi que le budget et les subventions accordées par l'État sont fonction du nombre d'habitants de chaque région, dans un pays marqué par de très fortes rivalités régionales et ethniques. On suppose, pour expliquer les 30 millions de Nigérians fantômes, que chaque région a tout fait pour surestimer ses effectifs (Omoluabi et Lévy, 1992).

Bacheliers et bachelières

Revenons au tableau 1.1 et changeons de base. Jusqu'à présent, notre population de référence était les effectifs âgés de 17 ans et nous avons calculé la part des bacheliers dans cette population. Nous allons maintenant nous intéresser aux filles, nous avons les effectifs de bachelières de 1920 à 2022. Que faire de ces effectifs de bachelières ? Le diviser par la population de 17 ans ? Cela n'a guère de sens que de savoir que « sur 100 individus de 17 ans…, il y a *x* % de bachelières… ». Si nous possédions le nombre de filles de 17 ans pour chaque année, nous pourrions calculer la proportion de bachelières dans une génération de filles, mais ce n'est pas le cas dans ce tableau. En revanche, nous connaissons le nombre total de bacheliers (des deux sexes) pour chaque date. Nous pouvons prendre cet effectif comme base, et calculer la proportion de filles dans l'ensemble des bacheliers à différentes dates que nous exprimerons en pourcentage, autrement dit : « sur 100 individus ayant obtenu le bac en France telle année, tant sont des filles ».

Calculons pour 1920 : (1326 / 10 516) × 100 = 12.6%. Sur 100 individus ayant obtenu le bac en 1920, 12.6 sont des filles (et 100 – 12.6 = 87.4 sont des garçons).

En 1960 : (29 864 / 61 499) × 100 = 48.6% de filles au sein des bacheliers.

En 2000 : (271 456 / 499 000) × 100 = 54.4%. Sur 100 individus ayant obtenu le bac en 2000, 54.4 sont des filles (soit plus de la moitié).

On voit là à l'œuvre le processus de développement et d'allongement de la scolarisation des filles (Baudelot et Establet, 1992 ; Duru-Bellat, 1990) ; la proportion de filles au sein des bacheliers a ainsi augmenté de 36 *points* entre 1920 et 1960 (48.6 – 12.6), elle a presque été multipliée par quatre.

Sachez, au passage, que la proportion de bachelières dans la génération de filles en âge d'avoir le bac en 2000 est de 69.1 % : sur 100 filles de la génération 1983, 69.1 obtiennent leur baccalauréat en 2000 (*attention au changement de base*), alors que sur 100 garçons de la génération 1983, 55.3 obtiennent leur bac en 2000 ; l'écart entre filles et garçons dépasse ainsi les 13 *points* au « bénéfice » des filles.

On pourrait synthétiser l'information d'une autre manière, en calculant le *rapport de féminité*, ou ratio femmes/hommes, en matière de baccalauréat en France en 2000 : il est de 271 456 / 227 544 = 1.19,

1.19 filles obtenant leur bac pour 1 garçon, ou 119 filles pour 100 garçons. Les démographes utilisent plutôt le *rapport de masculinité* (divisant l'effectif des hommes par celui des femmes) qui vaut ici : 227 544 / 271 456 = 0.84, soit 84 garçons pour 100 filles :

> « Lorsque le rapport d'effectifs ne comporte pas la base au dénominateur mais consiste en un rapport de deux effectifs partiels, il ne s'agit plus de proportion ou de pourcentage. Selon le domaine et les habitudes, on parle de *ratio*, de *rapport*, de coefficient… »
>
> (Novi, 1998, p. 18).

Un baccalauréat = un baccalauréat ?

Pour en terminer avec ce tableau, nous nous poserons deux questions :

- avoir le bac en 1920 ou en 1950 signifie-t-il la même chose qu'avoir le bac en 2000 ?
- à une date donnée, avoir le bac signifie-t-il la même chose pour tous les bacheliers ? N'y a-t-il pas différents types de bac qui différencient cette population bachelière ?

Pour répondre à ces deux questions, nous avons besoin d'autres données (tableau 1.3).

Tableau 1.3 Évolution de la proportion de bacheliers et de type de baccalauréat dans une génération entre 1950 et 2022

Année du bac	% d'une génération obtenant le baccalauréat				Nombre total de bacheliers
	Général	Technologique	Professionnel	Ensemble	
1950	5,2	—	—	5,2	33 100
1960	11,3	—	—	11,3	61 500
1970	16,7	3,4	—	20,1	167 300
1975	18,2	6,0	—	24,2	204 500
1980	18,6	7,3	—	25,9	222 400
1985	19,8	9,6	—	29,4	253 000
1990	27,9	12,8	2,8	43,5	384 000
1995	37,2	17,6	7,9	62,7	480 000
2000	32,5	18,3	11,2	62,0	499 000
2005	32.8	17.0	11.4	61.1	506 608

Année du bac	% d'une génération obtenant le baccalauréat				Nombre total de bacheliers
	Général	Technologique	Professionnel	Ensemble	
2010	34.3	16.3	14.4	65.0	531 768
2015	39.8	15.7	22.3	77.7	618 844
2020	46.1	17.9	22.7	86.7	722 971
2022	43.4	15.7	20.5	79.6	666 840

Champ : France métropolitaine jusqu'en 2000, France métropolitaine + DROM hors Mayotte entre 2005 et 2010, France métropolitaine + DROM y compris Mayotte à partir de 2011.

Source : Ministère de l'Éducation nationale.

Le tableau 1.3 décompose la catégorie « baccalauréat » en trois grandes sous-catégories ; autrement dit, est retenue pour la *variable qualitative* « avoir le baccalauréat » une *nomenclature* en trois *modalités*. Sur 100 individus âgés de 17 ans en 2022, 43.4 obtiennent un bac général, 15.7 un bac technologique, 20.5 un bac professionnel ; soit 79.6 obtiennent un baccalauréat (43.4 + 15.7 + 20.5 = 79.6). Le baccalauréat technologique a été délivré pour la première fois en 1969, le baccalauréat professionnel en 1987. Ce tableau peut donner lieu à la représentation graphique ci-dessous.

Figure 1.1 Évolution du taux de bacheliers dans une génération selon la voie

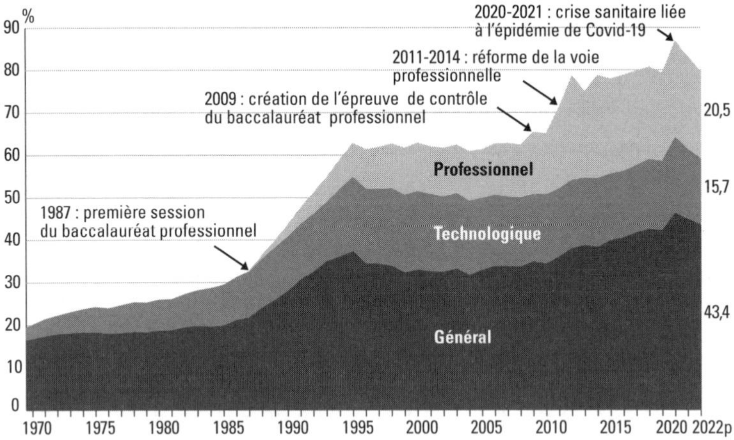

Champ : France métropolitaine jusqu'en 2000, France métropolitaine + DROM hors Mayotte entre 2005 et 2010, France métropolitaine + DROM y compris Mayotte à partir de 2011.

Source : Ministère de l'Éducation nationale, Repères et références statistiques, 2022, p. 222.

Ainsi avoir le bac jusqu'en 1970, c'est avoir un bac général ; avoir le bac en 2022, c'est pour 54 % avoir un bac général, pour 20 % avoir un bac technologique, pour 26 % avoir un bac professionnel (voir l'encadré ci-dessous). *Une même catégorie peut donc changer de contenu dans le temps.* Nous pouvons également signaler qu'avoir le bac en 1920 n'a absolument pas le même sens qu'avoir un bac (même général) en 2022, en 1920 vous faisiez clairement partie de l'élite.

Changement de base

Reprenons deux phrases ci-dessus :

- « Sur 100 individus âgés de 17 ans en 2022, 43.4 obtiennent un bac général, 15.7 un bac technologique, 20.5 un bac professionnel ; soit 79.6 obtiennent un baccalauréat (43.4 + 15.7 + 20.5 = 79.6). »
- « Sur 100 individus obtenant le baccalauréat en 2022, 54 obtiennent un bac général, 20 un bac technologique, 26 un bac pro (54 + 20 + 26 = 100). »

  Ces deux phrases et les calculs dont elles parlent n'opèrent pas sur la même base de population. Comment obtenons-nous les résultats énoncés dans la deuxième phrase ? Nous devons utiliser des informations issues des tableaux 1.2 et 1.3. Ce dernier nous donne en effet le nombre d'individus âgés de 17 ans en 2022 : 837 700, nous permettant de calculer le nombre d'individus obtenant chaque type de bac en 2022 :

- 43.4 % obtiennent un bac général, soit 837 700 × 43.4 % = 363 562 ;
- 15.7 % obtiennent un bac technologique, soit 837 700 × 15.7 % = 131 519 ;
- 20.5 % obtiennent un bac professionnel, soit 837 700 × 20.5 % = 171 729;
- 666 810 (363 562 + 131 519 + 171 729) ont obtenu un bac, quel qu'il soit ; au lieu des 666 840 individus indiqués dans les tableaux 2 et 3 (problèmes d'arrondis successifs).

Nous avons alors toutes les informations nécessaires au calcul de la part de chaque type de bac au sein des bacheliers dans leur ensemble : (363 562 / 666 810) × 100 = 54.5 % de bacs généraux ; (131 519 / 666 810) × 100 = 19.7 % de bacs techno ; (171 729 / 666 810) × 100 = 25.8 % de bacs pro. Soit, en arrondissant à l'unité, sur 100 individus obtenant leur baccalauréat en 2022, 54 ont obtenu un bac général, 20 un bac technologique, et 26 un bac professionnel.

Nous pourrions également souhaiter avoir un degré de précision plus important et donc une nomenclature plus détaillée qui décompose chacun de ces types de baccalauréat : obtenir un bac L, ES ou S (quand les séries de baccalauréat existaient, soit jusqu'en 2021) n'est pas équivalent, avoir un bac S sans mention ou avec mention « très bien » ne l'est pas non plus, etc. *Une moyenne peut donc cacher des différences de situations importantes.* De la même manière, une moyenne nationale peut occulter des différences locales importantes, ainsi un taux national de bacheliers de l'ordre de 61 % en 2005 correspondait à un taux atteignant 80 % dans l'académie de Paris et avoisinant les 57 % dans les académies d'Amiens et de Montpellier (le ministère ne fournit plus cette information, il fournit depuis la fin des années 2000 deux autres indicateurs aux niveaux régional et académique : le taux de réussite au bac et l'espérance d'obtenir le bac pour un élève de 6e). On trouve d'autre part, en 1995 et en 2000, sensiblement la même proportion de bacheliers dans une génération (62.7 % puis 62.0 %), mais cela correspond de fait à une baisse de presque 5 *points* de la part des bacheliers généraux, et à une hausse de près de 4 *points* de la part des bacheliers professionnels. *Un même chiffre peut ainsi renvoyer à des situations différentes.*

L'évolution de la population étudiante depuis 1960

L'augmentation très forte du nombre de bacheliers sur la période 1960-2020 – et en particulier lors des trois périodes 1960-1970, 1985-1995 et 2010-2020 – s'est répercutée dans l'enseignement supérieur, même si le taux d'accès à l'enseignement supérieur est très différent d'un bac à l'autre. Nous allons maintenant aborder les modes de calcul qui permettent d'évaluer les évolutions dans le temps d'une population, et non plus seulement des répartitions d'une population à un moment t (taux de bacheliers en 1970, en 2000, etc.). Nous aurions pu continuer de travailler sur la population bachelière, mais préférons varier les exemples.

Variations absolues

Le nombre d'étudiants inscrits dans l'enseignement supérieur est ainsi passé de 309 700 en 1960 à 2 895 000 en 2020 (tableau 1.4). Une première manière de mesurer l'évolution de cette population est de calculer les écarts en effectifs entre deux dates. Entre l'année universitaire 1960-1961 et 1970-1971, l'écart est de 850 600 – 309 700 = 540 900 ; entre les deux dates, il y a 540 900 étudiants supplémentaires, il s'agit d'un écart en effectifs, ou *écart absolu* ou *variation absolue*. Mais ce n'est pas très parlant, et inutilisable dans des comparaisons. Nous avons donc intérêt, pour la même raison qui nous a fait passer ci-dessus des valeurs absolues à des valeurs relatives, à passer des écarts ou variations absolus à des *écarts* ou *variations relatives*.

Tableau 1.4 Étudiants inscrits dans l'enseignement supérieur en milliers

1960-1961	1970-1971	1980-1981	1990-1991	2000-2001	2010-2011	2020-2021
309.7	850.6	1 181.1	1 717.1	2 160.3	2 349.2	2 895.0

Champ : France métropolitaine + DROM (y compris Mayotte à partir de 2011).

Source : Ministère de l'Éducation nationale.

Variations relatives

Pour ce faire, *on divise l'écart absolu par l'effectif initial*, on obtient une proportion que l'on peut exprimer en pourcentage si on la multiplie par 100. On se demande ainsi : que représente cette variation (absolue) par rapport à mon effectif initial ? Et que représenterait-elle si mon effectif initial était de 100 ?

La variation relative des effectifs universitaires entre 1960 et 1970 est de : (850 600 – 309 700) / 309 700 = 540 900 / 309 700 = 1.7465, soit 174.7 %. Entre 1960 et 1970, la population étudiante a augmenté de 174.7 %. On appelle cette variation relative un *taux de variation*, un *taux de croissance* ou un *taux d'accroissement* (*relatif*). Nous préférons parler de « taux de variation »[1] car un « taux de variation » peut être négatif si la population diminue sur la période ; cela évite ainsi de parler de « croissance négative » ou d'« accroissement négatif ». Nous l'abrégerons ci-dessous par TxΔ.

TxΔ en % = (V 2 – V 1 / V 1) × 100, où V signifie « valeur » (les valeurs pouvant être, comme ici, des effectifs de population, ou encore des prix, des quantités).

1. Ce n'est pas le choix que nous avions fait dans la première édition de cet ouvrage : nous parlions de « taux de croissance » et l'abrégions par TAC. Au fil des années d'enseignement, ce choix nous est apparu peu judicieux et celui de « taux de variation » préférable.

Comment retrouver la « formule » du taux de variation ?

L'objectif de cet ouvrage n'est pas un apprentissage par cœur mais un apprentissage de la réflexion. Or les modes de calcul de base peuvent être retrouvés à l'aide d'exemples simples. Si vous ne vous souvenez pas comment calculer un taux de variation, prenez un exemple comme celui-ci.

L'année 1 : j'ai une population de 100 personnes ; l'année 2 de 150. Je sais que cela représente une augmentation de 50 %.

Le TxΔ est donc : 150 – 100 / 100 = 0,5 en proportion, et 0,5 × 100 = 50 %.

Attention : l'erreur la plus fréquente est de diviser par les effectifs de l'année 2. Un minimum de réflexion doit vous éviter cette erreur : vous vous demandez ce que représente l'écart entre l'année 1 et l'année 2 comme changement par rapport à l'année 1. Se demander ce que représente l'écart entre l'année 1 et l'année 2 comme changement par rapport à l'année 2 n'a aucun sens, vous en conviendrez.

Calculons maintenant la variation relative des effectifs universitaires entre 1980 et 1990 : (1 717 100 – 1 181 100) / 1 181 100 = 536 000 / 1 181 100 = 0.4538, soit 45.4 %. Entre 1980 et 1990, la population étudiante a augmenté de 45.4 %. Calculons finalement la variation relative des effectifs universitaires entre 2010 et 2020 : (2 895 000 – 2 349 200) / 2 349 200 = 545 800 / 2 349 200 = 0.2323, soit 23.2 %. Entre 2010 et 2020, la population étudiante a augmenté de 23.2 %.

Un TxΔ entre 1960 et 1970 de 174.7 %, signifie que pour 100 étudiants en 1960 il y en avait 100 + 174.7 = 274.7 en 1970. Un TxΔ entre 1980 et 1990 de 45.4 %, signifie que pour 100 étudiants en 1980 il y en avait 100 + 45.4 = 145.4 en 1990. Un TxΔ entre 2010 et 2020 de 23.2 %, signifie que pour 100 étudiants en 2010 il y en avait 100 + 23.2 = 123.2 en 2020.

Exercice 2

La région Île-de-France est composée de huit départements : Paris, qui a la particularité d'être à la fois une commune et un département, les départements qui l'entourent appelés départements de la première couronne (Hauts-de-Seine 92, Seine-Saint-Denis 93 et Val-de-Marne 94), et au-delà les départements qui forment la grande couronne (Seine-et-Marne 77, Yvelines 78, Essonne 91 et Val-d'Oise 95).

Nous possédons les informations du tableau 1.5.

Tableau 1.5. Population sans doubles comptes aux deux derniers recensements exhaustifs (1990 et 1999)

	Recensement 1990	Recensement 1999
France entière	58 074 215	60 185 831
Région Île-de-France	10 660 554	10 952 011
Paris	2 152 423	2 125 246
Départements de la 1re couronne	3 988 393	4 038 992
Départements de la grande couronne	4 519 738	4 787 773

Source : Insee, Recensements de la population.

Calculez le taux de variation entre ces deux recensements pour chacune des lignes du tableau. Donnez et commentez vos calculs en quelques phrases.

Nous avons tout intérêt à avoir les deux informations : la variation absolue et la variation relative. Si nous ne connaissons que la variation relative pour ces trois périodes, nous pouvons penser que les augmentations entre 1980 et 1990 (+ 45.4 %) et entre 2010 et 2020 (+ 23.2 %) sont finalement peu de chose par rapport à la période 1960-1970 (+ 174.7 %) Or cela correspond quasiment à la même variation absolue : + 540 000 étudiants. Dans les trois cas, le système d'enseignement supérieur s'est trouvé confronté à la difficulté d'accueillir spatialement, administrativement et pédagogiquement 540 000 personnes supplémentaires en 10 ans.

Imaginez que l'on vous donne des statistiques concernant l'évolution des crimes et délits dans deux communes, très souvent ces statistiques ne sont données qu'en variation relative. La première a connu un taux d'accroissement des crimes et délits de 100 % par rapport à l'année précédente ; la seconde d'environ 5 %. La situation de la première commune semble particulièrement dramatique. Or si l'on vous avait donné les écarts absolus ou les effectifs de départ, vous auriez vu que cette commune, petite commune rurale plutôt calme, avait recensé l'année précédente un seul acte relevant des crimes et délits, deux l'année suivante, soit effectivement une augmentation de 100 %, et vous vous seriez souvenu que l'on ne réalise pas des pourcentages sur 1 à 2 événements ; la deuxième commune avait, quant à elle, recensé l'année précédente 312 125 actes relevant des crimes et délits (statistiques de la commune de Paris pour l'année 2002), et l'année suivante 327 732, soit effectivement une augmentation de 5 % mais 15 607 actes supplémentaires.

Variations absolues et variations relatives

L'application à un ensemble de grandeurs, des prix par exemple ou des revenus, d'un taux de variation identique a pour effet de conserver les écarts relatifs, mais accroît les écarts absolus. Inversement, l'application d'une augmentation absolue constante conserve les écarts absolus mais réduit les écarts relatifs. On a souvent tendance à doter le premier procédé de vertus de justice qu'il n'a qu'en partie.

Ainsi augmenter tous les salariés d'une entreprise (ou tous les fonctionnaires) d'un même pourcentage, mettons 1 %, revient :

- pour le salarié touchant 1 000 €/mois, à une augmentation mensuelle de 10 € ;
- pour le salarié touchant 2 000 €/mois, à une augmentation mensuelle de 20 € ;
- l'écart absolu avant l'augmentation était de 1 000 €, il est de 1 010 après augmentation ; l'écart relatif est dans les deux cas de 100 % : (2 000 – 1 000) / 1 000 × 100 ou (2 020 – 1 010) / 1 010 × 100.

Augmenter tous les salariés d'un même montant, mettons 15 €, revient :

- pour le salarié touchant 1 000 €/mois, à un salaire de 1 015 € ;
- pour le salarié touchant 2 000 €/mois, à un salaire de 2 015 € ;
- l'écart absolu est de 1 000 € avant et après augmentation ; l'écart relatif est de 100 % avant augmentation, de 98.5 % après augmentation (2 015 – 1 015) / 1 015 × 100.

« D'ici à dire que la croissance égale en pourcentage est une idée conservatrice et la croissance égale en valeur absolue une idée progressiste, il y a un pas que l'auteur est bien près de franchir… » (Lévy, 1979, p. 46).

Finalement, une autre solution consisterait à appliquer une augmentation différente selon les tranches de revenus, que l'augmentation soit absolue ou relative, par exemple : + 2 % de 800 à 1 999 €, + 1 % de 2 000 à 2 999 €, + 0.5 %

ensuite, dans un système proche (mais à l'inverse) de l'impôt sur le revenu. Avec un inconvénient au niveau des changements de tranche : une personne qui touche 1 999 € verrait son salaire atteindre 2 038,98 €, tandis qu'une personne qui touchait 2 000 € toucherait après augmentation 2 020 €, soit moins que le précédent.

Exercice 3

Tableau 1.6. Structure par âge de la population en France métropolitaine 2000 et 2020, en milliers

	2000	2020
Moins de 20 ans	15 005	15 513
20 à 64 ans	34 517	36 305
65 ans et plus	9 518	13 451
Total	59 040	65 269

Source : Insee, Bilans démographiques.

1. Calculez les variations absolues entre les deux dates pour l'ensemble de la population puis pour chaque groupe d'âge.
2. Calculez les variations relatives ou TxΔ entre les deux dates pour l'ensemble de la population puis pour chaque groupe d'âge.
3. Calculez, aux deux dates, la proportion (exprimée en pourcentage) de chaque groupe d'âge dans la population totale.
4. Commentez vos résultats.

Nous nous retrouvons donc, si nous revenons à notre tableau sur l'évolution de la population étudiante, avec des taux de variation de (vous pouvez vous entraîner à les calculer et vérifier vos résultats ci-dessous) :

- pour la période 1960-1970 = + 174.7 % ;
- pour la période 1970-1980 = + 38.9 % ;
- pour la période 1980-1990 = + 45.4 % ;
- pour la période 1990-2000 = + 25.8 % ;
- pour la période 2000-2010 = + 8.7 % ;
- pour la période 2010-2020 = + 23.2 %.

Variations relatives et coefficients multiplicateurs

Imaginons que les soldes viennent de commencer (Busser et Cohen, 1998, p. 41). La première démarque est une baisse de 20 % sur tous les vêtements, cela correspond à un taux de variation de – 20 % (ou – 0.2). Si le prix de départ est de 100 € vous ne paierez que 80 € ; si le prix de départ est 200 €, le prix soldé sera de 160 € ; s'il était de 50 €, il sera alors de 40 €.

Prix de départ	50	100	200	x 0.80
Prix soldé	40	80	160	

Le nouveau prix est proportionnel au prix de départ, pour connaître le prix soldé il suffit de multiplier tous les prix de départ par 0.80, on appelle ce chiffre le *coefficient multiplicateur*. Il est égal à 1 + le taux de variation exprimé en proportion (et non en pourcentage), soit ici : 1 + (– 0.20) = 0.80. Dans le cas d'une baisse, le coefficient multiplicateur est inférieur à 1.

Imaginons maintenant que les prix augmentent de 20 %. Si le prix de départ est de 100 €, vous paierez alors 120 € ; si le prix de départ est 200 €, le nouveau prix sera de 240 € ; s'il était de 50 €, il sera alors de 60 €.

Prix de départ	50	100	200	x 1.20
Prix soldé	60	120	240	

Le nouveau prix est proportionnel au prix de départ, le *coefficient multiplicateur* est de 1.20 : 1 + 0.20 = 1.20. Dans le cas d'une hausse, le coefficient multiplicateur est supérieur à 1.

Calculons maintenant les coefficients multiplicateurs correspondant aux TxΔ de population étudiante sur deux périodes :

- sur la période 1960-1970, le coefficient multiplicateur (CM) est : 1 + 1.747 = 2.747. La population étudiante a donc été multipliée par 2.747 (elle a presque triplé). On peut vérifier ce calcul : 309 700 (V1) × 2.747 (CM) = 850 700 (V2, dans le tableau nous avons

850 600, la différence est liée aux approximations de l'arrondi). On peut également, si l'on ne se souvient pas de la « formule », trouver le CM d'une autre manière : V1 × CM = V2, autrement dit CM = V2/V1 = 850 600 / 309 700 = 2.7465;
- sur la période 1970-1980, le coefficient multiplicateur est : 1 + 0.389 = 1.389 ; la population étudiante a été multipliée par 1.389.

Maîtriser les coefficients multiplicateurs permet d'éviter des confusions relativement fréquentes dans les médias. Ainsi, une quantité qui augmente de 100 % est une quantité qui a été multipliée par 2 (1 + 1 = 2). Une quantité qui augmente de 200 % est une quantité qui a été multipliée par 3 (1 + 2 = 3). Là aussi, l'utilisation d'un exemple simple permet de ne pas s'y perdre : le prix initial est de 100, le prix second de 200 (il a donc été multiplié par 2), le TxΔ est égal à (200 – 100) / 100 × 100 = 1 × 100 = + 100%. De la même manière, une quantité qui diminue de 50 % est une quantité qui a été divisée par 2 ou multipliée par 0.5, ce qui revient au même. Le coefficient multiplicateur est 1 + (– 0.5) = 0.5; 100 × 0.5 = 50 = 100 / 2.

De l'usage des pourcentages par cent

« Un pourcentage, c'est simple : un salaire qui augmente de 1.5 %, le nombre de chômeurs qui baisse de 3 %, tout le monde comprend. Et pourtant des journalistes chevronnés, et les correcteurs qui les relisent, peuvent facilement s'y prendre les pieds. Deux exemples de l'année passée.

Quintuplés

Dans *La Croix*, du mardi 6 juillet 1999, Bruno Chenu, dans un article intitulé "Les millions du foot" écrit : "Ce qui se passe depuis un mois dans la rubrique des transferts donne le vertige. En quatre ans en France, le montant des transactions a quadruplé : 400 % d'inflation, ce n'est pas mal !"
Le vertige, et... la berlue, pour prendre plus 400 %, qui est un quintuplement, pour seulement un quadruplement. En effet, plus 100 % est un doublement, donc plus 200 % un triplement...
De toutes les façons, ces grandeurs ont de quoi effrayer, et comme le dit l'auteur de l'article : "Comment sortir de cette spirale inflationniste qui devrait quand même finir par choquer le spectateur moyen et le supporter raisonnable ?"

Au niveau de la vie

Plus récemment, dans *Télérama* du 29 décembre 1999, Gérard Chaliand, expert en géostratégie, à la suite d'une question sur les résultats des élections législatives de Russie de décembre 1999, interprète celles-ci comme "le symptôme d'une population désorientée", et ajoute : "Comment réagirions-nous si nous avions perdu entre 300 % et 400 % de notre niveau de vie en moins de cinq ans ?" On sait, qu'en Russie, les températures descendent souvent en dessous de zéro, on ne savait pas qu'il pouvait en être de même du niveau de vie !

On éviterait ce genre de bourde en utilisant les pourcentages à bon escient, c'est-à-dire, quand les variations qu'ils sont censés mesurer sont faibles. Un pourcentage de 100 % ou plus est difficilement compréhensible. Il vaudrait mieux parler, à partir de là, de doublement, de triplement etc. De même, quand la baisse est importante, parler d'une division par 2 plutôt que d'une baisse de 50 %, d'une division par 3, plutôt que d'une baisse de 66.6666666... %.

Vite dit, cependant, car une croissance des prix, qui s'exprime normalement en pourcentage, les prix étant supposés évoluer lentement, peut toujours devenir inflationniste, par exemple atteindre 8 000 %.

Ce qui fait une multiplication par combien, cher lecteur ? »

Source : Alfred Dittgen, *Lettre blanche de Pénombre*, n° 22, juin 2000, p. 6.

« On voit donc que sous l'apparence d'une logique additive (augmentation, diminution), c'est un calcul multiplicatif qui est à l'œuvre » (Novi, 1998, p. 28.) Il en résulte que les variations relatives ne s'ajoutent ni se retranchent : une augmentation de la population étudiante de 174.7 % entre 1960 et 1970, suivie d'une augmentation de 38.9 % entre 1970 et 1980, ne signifie pas une augmentation de 213.6 % (174.7 + 38.9) entre 1960 et 1980, mais une augmentation de 281.4 % [(1 181 100 – 309 700) / 309 700] × 100. Entre ces deux dates, la population a été multipliée par 2.747 puis par 1.389 : V1 × 2.747 = V2 ; V2 × 1.389 = V3 ; soit V3 = (V1 × 2.747) × 1.389 = V1 × 3.816 ; le CM entre 1960 et 1980 est de 3.816 (et non pas 2.747 + 1.389 = 4.13) : 309 700 × 3.816 = 1 181 815 (1 181 100 dans le tableau, la différence est liée aux arrondis).

Revenons à la période des soldes. Vers la fin de cette période, on voit souvent sur les devantures des magasins : première démarque 30 %, barrée avec deuxième démarque 50 %. Deux interprétations sont possibles, imaginons une paire de chaussures à 100 euros :

- soit vous pensez que la première démarque a fait passer son prix à : 100 × (1 – 0.3) = 100 × 0.7 = 70 euros, et que la deuxième démarque s'applique sur la première (ce qui semble le plus logique) : 70 × (1 – 0.5) = 70 × 0.5 = 35 € (ou 70 / 2). La réduction totale est de (35 – 100) / 100 = – 65 / 100 = – 0.65, soit 65 % (et non pas 30 + 50 = 80 %) et le coefficient multiplicateur total est de 0.7 × 0.5 = 0.35 (ou 1 + (– 0.65) = 0.35) ;
- soit, et même si ce n'est pas le plus logique c'est le plus courant, la deuxième démarque ne porte pas sur la première mais sur le prix initial (il ne s'agit pas d'une « deuxième démarque » mais d'une solde plus importante), alors le prix sera de 100 – 50 % soit 100 × (1 – 0.5) = 100 × 0.5 = 50 €.

Finalement, prenons le cas d'une hausse suivie d'une baisse : une hausse de 50 % suivie d'une baisse de 20 % donne un coefficient multiplicateur global de : (1 + 0.5) × (1 – 0.2) = 1.5 × 0.8 = 1.2 (1 + 0.2), soit une augmentation au total de 20 %. Si un prix augmente de 20 % puis diminue de 20 %, nous ne serons pas revenus au prix de départ ; mettons que ce prix de départ soit de 100 : 100 × 1.2 = 120, puis 120 × 0.8 = 96, cela correspond finalement à une baisse de 4 % (1.2 × 0.8 = 0.96). Si un prix (P1) diminue de 20 % (P2) puis augmente de 20 %, nous retrouvons le même résultat (P3), la multiplication étant commutative. De quel pourcentage aurait-il fallu augmenter P2 pour retrouver le niveau de P1 ? Il aurait fallu que le CM global soit égal à 1, soit CM3 = CM1 × CM2 = 0.8 × CM2 = 1, soit CM2 = 1 / 0.8 = 1.25 correspondant à une augmentation de 25 % : il faut une augmentation de 25 % pour compenser une baisse de 20 %.

La même démarche peut être utilisée pour retrouver la population ou la quantité de départ si l'on ne connaît que le taux de variation et la population ou quantité d'arrivée. On sait que la population étudiante était en 1970 de 850 600 (P1970) après avoir connu une augmentation totale de 174.7 % sur 10 ans, de combien était-elle en 1960 (P1960) ? P1970 = P1960 × 2.747 d'où P1960 = P1970 / 2.747 = 850 600 / 2.747 = 309 647.

Exercice 4

Les impôts directs touchent la possession ou la jouissance d'un revenu ou d'un patrimoine, l'ISF (impôt sur la fortune) en était un. Les impôts indirects portent sur des opérations telles que les achats et touchent donc de manière indirecte les contribuables, la TIPP (taxe intérieure sur les produits pétroliers) en est un.

La TVA (taxe sur la valeur ajoutée) est un impôt indirect payé sur chaque opération d'achat par l'acheteur final, soit le consommateur. Les entreprises ne paient pas la TVA mais ne la conservent pas non plus, elles la reversent à l'État. La TVA est l'impôt qui rapporte le plus au budget de l'État : environ 38 % du revenu fiscal de l'État, contre environ 24 % pour l'impôt sur le revenu, qui est lui un impôt direct.

Une baisse de la TVA, de manière générale ou sur un produit particulier, baisse logiquement son prix final et est censée inciter les consommateurs à consommer davantage et donc favoriser l'activité économique ou l'activité d'une profession particulière.

Le taux de TVA était jusqu'en 1995 sur la plupart des produits de 18.6 %. Cela signifie qu'un produit coûtant 100 francs hors taxe (HT) subissait une augmentation de 18.6 % (taux d'accroissement) : 100 F HT + 18,6 % = 118,60 F TTC (toutes taxes comprises). Autrement dit, pour connaître le prix TTC à partir du prix HT, on multipliait le premier par le coefficient multiplicateur correspondant à une augmentation de 18.6 % (soit une augmentation exprimée en proportion de 0.186), coefficient multiplicateur égal à 1 + 0.186 = 1.186.

1. Quel était en 1994 le prix TTC d'un produit valant 328 F HT ? En 1995, le taux de TVA augmente, il passe de 18.6 % à 20.6 %.
2. Remplacez les points d'interrogation dans la phrase suivante : « Le taux de TVA augmente en 1995 de ? points, ou de ? % »
3. Quel est alors le nouveau coefficient multiplicateur ?
4. Quel était en 1996 le prix TTC d'un produit valant 328 F HT ?

En 2002, le taux de TVA baisse et passe de 20.6 % à 19.6 %.

5. Remplacez les points d'interrogation dans la phrase suivante : « Le taux de TVA a diminué en 2002 de ? points, ou de ? % »
6. Quel est alors le nouveau coefficient multiplicateur ?
7. Quel était en 2003 le prix TTC d'un produit valant 50 euros HT ?

Pour favoriser le développement du secteur de la restauration, Jacques Chirac a promis lors de sa campagne présidentielle de 2002 de baisser le taux de TVA de ce secteur de 19.6 % à 5.5 %. Cela n'a été autorisé par la Commission européenne qu'en 2009 et appliqué pendant 2 ans (le taux est depuis 2011 de 10 %). Positionnons-nous donc en 2010 et imaginons que les restaurateurs ont totalement reporté cette baisse sur les prix finaux.

8. Combien payiez-vous TTC un repas coûtant 15 euros HT avant cette baisse du taux de TVA ? Combien le payez-vous ensuite ? Cela correspond à une baisse du taux de TVA de combien de points ? Et en pourcentages ? Cela correspond à une baisse de prix de ? %.

D'autres secteurs professionnels connaissent des taux de TVA plus bas que le taux général ; c'est une manière pour l'État d'aider ces secteurs ou de ne pas pénaliser les consommateurs sur certains achats (taux de TVA sur les produits alimentaires de « première nécessité » de 5.5 %). Prenons deux exemples : celui de la presse et celui d'achats alimentaires.

9. Le taux de TVA applicable à la presse est de 2.1 %. Si ce taux était de 19.6 %, et que cette hausse de taux de TVA soit entièrement reportée sur le prix au consommateur, combien payeriez-vous un quotidien qui coûte aujourd'hui 2,10 € TTC ?

10. Vous venez de réaliser pour 100 € TTC d'achats de produits alimentaires de « première nécessité » (taux de TVA de 5.5 %). Si le taux de TVA applicable était de 19.6 %, et que cette hausse de taux de TVA soit entièrement reportée sur le prix au consommateur, combien auriez-vous déboursé pour ces achats ?

Pour information, le taux de TVA « normal » est passé à 20 % en 2014.

De nombreux taux ne sont pas des proportions, mais des variations relatives : taux de croissance, taux d'inflation, taux d'intérêt, taux de TVA. On exprime souvent, en économie ou en démographie, une variation relative en ramenant la valeur initiale à une base 100, la valeur à la date 2 est appelée *indice de croissance*. Rappelons qu'un TxΔ entre 1960 et 1970 de 174.7 % signifie que, si nous avions 100 étudiants en 1960, nous en avons 100 + 174.7 = 274.7 en 1970. L'indice de croissance de l'année 1970 est de 274.7 (base 100 en 1960, ou autrement dit base 1960). L'indice de croissance est finalement égal à : 100 + TxΔ (à partir de la période de base) en pourcentage (ou à : population année 2 / population année de référence × 100).

Exercice 5

Tableau 1.7. Nombre de mariages et de PACS

	1998	1999	2000	2001	2002	2003	2004	2005
Nb de Pacs conclus au 1er trimestre			7 661	7 233	8 190	9 509	11 125	8 478
Nb de Pacs conclus au 2e trimestre			4 333	3 437	4 423	5 820	7 949	15 884
Nb de Pacs conclus au 3e trimestre			3 762	2 981	4 852	6 302	7 112	20 210
Nb de Pacs conclus au 4e trimestre		6 139	6 352	5 759	7 514	9 530	13 390	15 265
Total Pacs / an		6 139	22 108	19 410	24 979	31 161	39 576	59 837
Nb de mariages / an	271 361	286 191	297 922	288 255	279 087	275 963	271 598	271 600

Source : F. Prioux, « L'évolution démographique récente en France », *Population*, vol. 61, n° 4, 2006, p. 409 et 426.

1. Calculez le taux de variation du nombre annuel de PACS entre 2004 et 2005. En économie, on compare souvent des données d'un trimestre de l'année 2 à celles du même trimestre de l'année 1. C'est ce que nous allons faire ici : calculez le TxΔ des PACS du premier trimestre 2004 au premier trimestre 2005, puis du troisième trimestre 2004 au troisième trimestre 2005. En prenant comme base 100 le premier trimestre 2004, calculez l'indice de croissance pour le premier trimestre 2005. En prenant comme base 100 le troisième trimestre 2004, calculez l'indice de croissance pour le troisième trimestre 2005.
2. Calculez le taux de variation du nombre annuel de mariages entre 1998 et 2003, entre 1998 et 2004, puis entre 1999 et 2003.
3. Que vous suggèrent ces différents calculs ?

Variations relatives moyennes

Les effectifs étudiants ont augmenté de 25.8 % entre 1990 et 2000, mais cela ne signifie pas que la variation ait été constante sur la période : elle a pu être plus importante entre 1990-1991 et 1991-1992 qu'entre 1991-1992 et 1992-1993, elle a même pu être négative une certaine année. Mais sauf si l'on s'intéresse de très près à cette question, avoir ces informations pour chaque année entre 1960 et 2020 nécessiterait un tableau conséquent. Pour résumer l'information, on calcule généralement une variation relative annuelle moyenne. Il n'est pas dans notre objectif ici que vous sachiez la calculer (Novi, 1998, p. 29-31), en revanche il vous faut en comprendre le sens, et éviter une erreur fréquente.

Le sens est simple : les effectifs étudiants ont connu entre 1990 et 2000 un accroissement moyen de 2.33 % par an signifie qu'en moyenne ils ont augmenté de 2.33 % par an sur la période, pour donner un taux de croissance de 25.8 % sur les 10 ans. Il est clair que la variation relative moyenne annuelle n'est pas la variation relative sur la période divisée par le nombre d'année : soit 25.8 / 10 = 2.58 %, pour la bonne raison que les variations relatives ne s'ajoutent pas et ne se retranchent pas, mais que les coefficients multiplicateurs se multiplient.

Les projections

Nous ne pouvons pas aborder la question des évolutions réelles sans parler des évolutions projetées. En effet, ces dernières sont de plus en plus souvent utilisées par le gouvernement, les administrations, les entreprises, voire les petits actionnaires, pour prévoir la situation et orienter leurs actions, et ce essentiellement dans les domaines démographiques (projections de population dans une entreprise ou une administration pour prévoir les départs et recrutements ; projections de la population française à 2050 réalisées par l'Insee, projections de population mondiale à 2050 et 2300 réalisées par l'ONU, etc.), et économiques (projections sur les années $n + 1$ des ressources fiscales, du déficit public et du déficit de la sécurité sociale, essentiellement basées sur les projections de croissance du PIB, etc.). Les projections reposent obligatoirement sur un certain nombre d'hypothèses, et souvent sur des modèles économiques, démographiques et statistiques complexes (voir, par exemple, les projections en termes démographiques, de marché du travail, etc., élaborées et utilisées par le Conseil d'orientation des retraites, et ayant servi de base aux débats et aux réformes des retraites successives), d'autant plus complexes que le terme temporel de la projection s'allonge.

Nous allons nous en tenir ici à un exemple relativement simple : une projection à deux années universitaires des effectifs de l'enseignement supérieur réalisée en 2003 par le ministère de l'Éducation nationale (*Note d'information* n° 03.50), que nous comparerons aux réalités des années 2003-2004 et 2004-2005 (à partir du *Repères et références statistiques* du ministère, éditions 2005 ou 2006).

De cette comparaison surgit immédiatement une première difficulté : les deux tableaux, bien qu'élaborés par le même organisme (la Direction de l'évaluation et de la prospective ou DEP du ministère de l'Éducation), n'utilisent pas les mêmes découpages, les mêmes catégorisations de population, et nous ne disposons pas toujours des mêmes chiffres pour l'année universitaire 2002-2003 (qui est, dans les deux cas, de l'ordre du constat). Nous ne comparerons les chiffres projetés aux chiffres réels que pour les catégories pour lesquelles nous partons de bases sûres (chiffres 2002-2003 identiques dans les deux tableaux) ; il s'agira des étudiants inscrits en IUT, en CPGE (classes préparatoires aux grandes écoles), en IUFM (instituts universitaires de formation des maîtres) et de la totalité des inscrits dans l'enseignement supérieur.

Commençons par analyser en le simplifiant le processus de construction de la projection, avant d'en regarder les conclusions et de les comparer aux chiffres réels des deux années universitaires en question.

La note d'information s'appuie sur plusieurs constats :

- les effectifs de l'enseignement supérieur dépendent en grande partie du flux d'entrée dans le supérieur ;
- le flux d'entrée dans le supérieur dépend essentiellement du nombre de nouveaux bacheliers et de leur taux de poursuite d'études (différents selon les types de bac) ;
- nous connaissons les effectifs des classes du secondaire (terminales, premières, secondes) ;
- le taux de réussite au bac progresse légèrement pour les bacs généraux, diminue pour les bacs technologiques et professionnels ;

- les taux de poursuite d'études progressent pour les bacs généraux et technologiques ;
- ainsi que d'autres constats concernant la poursuite d'études en deuxième et troisième cycles universitaires.

Cette note propose ensuite, considérant généralement que les tendances à l'œuvre vont se poursuivre, des prévisions sur les différents éléments importants : nombre de bacheliers 2003 et 2004 par type de bac, taux de poursuite des rentrées 2003 et 2004 par type de bac, flux d'entrée en première année dans les principales filières post-baccalauréat, part des étudiants qui poursuivent en bac + 3, part des étudiants en deuxième année d'IUT qui poursuivent en bac + 3, etc. On arrive aux conclusions présentées, pour les filières que nous avons retenues, dans le tableau 1.8.

Tableau 1.8. Comparaison projection (en italique) et chiffres observés (en gras) pour les années universitaires 2002-2003 à 2004-2005

	2002-2003	2003-2004	2004-2005	Commentaires
IUT	**115 465**	*114 900* **113 722**	*114 400* **112 395**	Tendance à la diminution sous-évaluée
CPGE	**72 015**	*74 300* **72 053**	*74 800* **73 147**	Tendance à la progression surévaluée
IUFM	**89 062**	*91 300* **85 808**	*93 600* **83 622**	Erreur sur la tendance (prévision d'augmentation or diminution importante)
Total enseignement supérieur	*1 891 706* **1 891 474**	*1 915 300* **1 922 728**	*1 926 700* **1 918 799**	

Sources : Ministère de l'Éducation nationale, Note d'information, n° 03.50, et Repères et références statistiques, 2006.

On note finalement l'existence d'écarts entre les prévisions et la réalité, ce qui n'est pas étonnant, mais ces écarts peuvent être très importants, c'est le cas des effectifs d'IUFM : 93 600 prévus en 2004 pour 83 622 réellement inscrits, soit un écart d'environ 10 000 étudiants ; le taux de variation prévu entre 2002 et 2004 était de + 5.1 %, il a été de – 6 %. Or l'on sait que ces projections servent de points d'appui aux prévisions de constructions de locaux, d'ouverture de filières, de recrutements de personnels administratifs et enseignants… Nous nous rendons compte ici, à partir d'un exemple relativement simple et à très court terme, des erreurs potentiellement importantes de ces projections, liées à des sous ou surestimations de tendances en cours, et à la difficulté de prévoir les inversions de tendance. Les projections de population française à l'horizon 2050 réalisées par l'Insee en sont un bel exemple. Elles consistent en trente scénarios reposant sur des hypothèses différentes ; on retient le plus souvent le scénario central. Celui réalisé en 2001 conduisait à une estimation de 59.75 millions d'habitants au 1er janvier 2004, et de 64 millions en 2050. Face aux sous-évaluations pour les années 2002 et 2003 (la population constatée au 1er janvier 2004 est de 60.2 millions d'habitants), les projections ont été recalculées en 2004, aboutissant à une population de 70 millions pour 2050, et ce à seulement trois ans d'écart.

Correction exercice 2

Pour calculer un taux de variation (soit une variation relative) entre deux dates, on divise les écarts en effectifs entre ces deux dates (la variation absolue, ou l'écart absolu) par l'effectif initial. On obtient alors une proportion que l'on peut exprimer en pourcentage en la multipliant par 100.

Le taux de variation de la population française entre les deux recensements est ainsi de : (60 185 831 – 58 074 215) / 58 074 215 × 100 = (2 111 616 / 58 074 215) × 100 = 0.0363 × 100 = + 3.6 %. La population française a augmenté de 3.6 % entre 1990 et 1999 ; cela signifie que, pour 100 personnes en 1990, il y en a 3.6 supplémentaires en 1999 soit 103.6 (ou pour 1 000 personnes en 1990, il y en a 1 036 en 1999).

Celui de la région Île-de-France est de : (10 952 011 – 10 660 554) / 10 660 554 × 100 = + 2.7 %. Entre les deux recensements, la population francilienne a ainsi augmenté moins rapidement que la moyenne de la France entière.

Celui de Paris est de : (2 125 246 – 2 152 423) / 2 152 423 × 100 = – 1.3 %.

Celui des départements de la première couronne est de : (4 038 992 – 3 988 393) / 3 988 393 × 100 = + 1.3 %.

Celui des départements de la grande couronne est de : (4 787 773 – 4 519 738) / 4 519 738 × 100 = + 5.9 %.

Entre 1990 et 1999, la population de la région Île-de-France a augmenté de 2.7 %. Il s'agit d'une moyenne qui masque des différences intrarégionales importantes. Ainsi, Paris a connu un taux de variation négatif de – 1.3 % et a donc perdu des habitants ; les départements de la première couronne ont connu un accroissement modéré (+ 1.3 %) ; tandis que ceux de la grande couronne ont connu un accroissement important (+ 5.9 %). Il s'agit probablement en grande partie de déplacements de population (déménagements).

Correction exercice 3

Nous récapitulons les calculs dans le tableau 1.9.

Tableau 1.9

	Variation absolue en milliers	Variation relative ou taux de variation en %
Moins de 20 ans	+ 508	+ 3.4
20-64 ans	+ 1 788	+ 5.2
65 ans et plus	+ 3 933	+ 41.3
Total	+ 6 229	+ 10.6

1. La population de France métropolitaine s'est accrue de 6.229 millions d'habitants entre 2000 et 2020. Toutes les catégories d'âge ont connu une hausse de leurs effectifs. En écarts absolus, c'est la population de 65 ans et plus qui a le plus augmenté, mais pour pouvoir réellement comparer les variations de chaque groupe d'âge, il faut calculer les variations relatives.
2. La population de France métropolitaine a augmenté de 10.6 % entre ces deux dates, mais les accroissements relatifs de chaque groupe d'âge diffèrent : la population jeune a augmenté de 3.4 %, la population entre 20 et 64 ans a augmenté de 5.2 % et celle des 65 ans et plus de 41.3 %. Il ressort de ces calculs que la population des 65 ans et plus est celle qui a connu le plus fort accroissement en valeur absolue et également l'accroissement relatif le plus important.
3. On peut en effet penser à calculer la répartition par âge de la population aux deux dates, pour confirmer et affiner le résultat ci-dessus.

Tableau 1.10 Proportion de chaque groupe d'âge dans la population totale aux deux dates (en %)

	2000	2020	Commentaires
Moins de 20 ans	25.4	23.8	- 1.6 points
20-64 ans	58.5	55.6	- 2.9 points
65 ans et plus	16.1	20.6	+ 4.5 points
Total	100.0 N = 59 040	100.0 N = 65 269	

La population des jeunes représentait 25.4 % de la population totale en 2000, mais ne représente plus que 23.8 % en 2020 ; sa part dans la population totale a donc diminué de 1.6 points. La part de la population adulte a également diminué : passant de 58.5 % à 55.6 % (moins 2.9 points de pourcentage). La population de 65 ans et plus, quant à elle, représente non plus 16.1 % mais 20.6 % de la population métropolitaine totale ; sa part dans la population totale a augmenté de 4.5 points. On assiste ainsi à un vieillissement de la population.

4. On retiendra que le recours aux comparaisons d'effectifs absolus de populations à des dates successives ne permet qu'une analyse succincte et rend les comparaisons délicates. Il faut penser à utiliser un raisonnement en valeurs relatives (proportion de la population totale à chaque date, et variation relative de chaque groupe d'âge). De manière générale, on a tout intérêt à réfléchir à partir des trois informations, elles se complètent. Signalons d'autre part que la répartition de la population à chaque date nous montre une baisse de 2.9 points de la part des 20-64 ans et une augmentation de 4.5 points de la part des 65 ans et plus. On peut également calculer le taux de variation entre les deux dates de ces parts de population.

La part des 20-64 ans dans la population totale est passée de 58.5 % à 55.6 %, ce qui représente une variation relative de (55.6-58.5) / 58.5 × 100 = – 5 %. On pourra ainsi dire que la part des 20-64 ans dans la population totale a, entre les deux dates, baissé de 2.8 points ou diminué de 5 %.

La part des 65 ans et plus dans la population totale est passée de 16.1 à 20.6 %, elle a connu une variation relative de (20.6 – 16.1) / 16.1 × 100 = + 28.0%. La part des personnes âgées dans la population totale a ainsi augmenté de 4.5 points ou de 28 %. On revoit ainsi que l'on ne doit pas confondre l'expression d'une variation en points ou en pourcentages. On voit, d'autre part, que l'on peut calculer des taux de variation sur des effectifs, mais également sur des pourcentages et taux.

Correction exercice 4

1. En 1994 le prix TTC d'un produit valant 328 F HT était de : 328 × 1.186 = 389 F TTC.
2. En 1995, le taux de TVA a augmenté de 2 points (20.6 – 18.6 = *variation absolue* entre les deux pourcentages) ou de 10.8 % (20.6 – 18.6 / 18.6 × 100 = *variation relative* entre les deux dates et leur taux).
3. Le nouveau coefficient multiplicateur est alors de 1 + 0.206, soit 1.206.
4. En 1996, le prix TTC d'un produit valant 328 F HT était de 328 × 1.206 = 395.57 F TTC.
5. En 2002, le taux de TVA a diminué de 1 point (19.6 – 20.6), ou de 4.9 % (19.6 – 20.6 / 20.6 × 100).
6. Le nouveau coefficient multiplicateur est alors de 1 + 0.196, soit 1.196.
7. En 2002, le prix TTC d'un produit valant 50 € HT était de 50 × 1.196 = 59.80 € TTC.
8. Avant la baisse du taux de TVA vous payiez au restaurant le repas 17.94 € TTC : 15 × 1.196. Vous le paierez ensuite 15.83 € TTC : 15 × 1.055. Cela correspond à une baisse du taux de TVA de 14.1 points (5.5 – 19.6) ou de 71.9 % (5.5 – 19.6 / 19.6 × 100).
Cela correspond à une baisse de prix de 11.8 % : (15.83 – 17.94) / 17.94 × 100.
9. Commençons par calculer le prix HT du quotidien. Prix TTC = Prix HT × CM. Donc Px HT = Px TTC/CM. Le CM est ici de 1.021 (TVA à 2.1 %). Px HT = 2.10 / 1.021 = 2.0568 €.
Calculons maintenant le prix TTC avec une TVA à 19.6 %, soit une augmentation de 19.6 % sur le prix HT, ou une multiplication par un coefficient multiplicateur de 1 + 0.196 = 1.196. Prix TTC (TVA à 19.6 %) = 2.0568 × 1.196 = 2.46 €.
10. Commençons par calculer le prix HT de cet achat. Px HT = Px TTC/CM. Le CM est ici de 1.055 (TVA à 5.5 %). Px HT = 100 / 1.055 = 94.7867 €.
Puis calculons le prix TTC avec un taux de TVA à 19.6 % : 94.7867 × 1.196 = 113.36 €.

Correction exercice 5

1. TxΔ PACS entre 2004 et 2005 : (59 837 – 39 576) / 39 576 × 100 = + 51.2 %. Le nombre de PACS a augmenté de plus de 50 % en un an (année 2004 – année 2005).

TxΔ des PACS du premier trimestre 2004 au premier trimestre 2005 : (8 478 – 11 125) / 11 125 × 100 = – 23.8 %. Le nombre de PACS a diminué de plus de 20 % par rapport à la même période de l'année précédente.

TxΔ des PACS du troisième trimestre 2004 au troisième trimestre 2005 : (20 210 – 7 112) / 7 112 × 100 = + 184.2 %. Le nombre de PACS a augmenté de plus de 180 % (presque multiplié par 3) par rapport à la même période de l'année précédente.

Indice de croissance pour le premier trimestre 2005 (base 100 le premier trimestre 2004) : 8 478 / 11 125 = 76.

Indice de croissance pour le troisième trimestre 2005 (base 100 le troisième trimestre 2004) : 20 210 / 7 112 = 284.

2. TxΔ des mariages entre 1998 et 2003 : (275 963 – 271 361) / 271 361 × 100 = + 1.7 %. Le nombre de mariages a augmenté de 1.7 % entre 1998 et 2003.

TxΔ des mariages entre 1998 et 2004 : (271 598 – 271 361) / 271 361 × 100 = + 0.1 %. Le nombre de mariages est resté stable (+ 0.1 %) entre 1998 et 2004.

TxΔ des mariages entre 1999 et 2003 : (275 963 – 286 191) / 286 191 × 100 = – 3.6 %. Le nombre de mariages a diminué de 3.6 % entre 1999 et 2003.

3. Les calculs de taux de variation et d'indices de croissance sont très sensibles au choix de la date (trimestre, année) de départ et au choix de la date d'arrivée. Vous voulez montrer quelque chose et trouver les statistiques qui vont dans votre sens, rien de plus facile… De nombreux articles sur l'évolution des mariages et des PACS depuis 1998 aux contenus complètement différents sont possibles à partir de ces deux mêmes tableaux. On pourrait ainsi, grâce à la sélection des données, prouver à peu près ce que l'on veut.

Chapitre 2

Composition de la population bachelière

Nous allons nous centrer, dans ce chapitre, sur l'année 2021[1] et décomposer la population bachelière selon deux variables. Notre objectif ici n'est pas de proposer une analyse fine et exhaustive de cette population, mais de travailler la lecture et l'interprétation de tableaux statistiques tout en donnant quelques informations utiles pour le prochain chapitre. Les deux variables sur lesquelles nous allons travailler sont celles du type de baccalauréat et de la catégorie socioprofessionnelle du bachelier. Il existe deux grands types de tableaux : premièrement les *tableaux simples, tableaux à une colonne, tableaux à une entrée* ou encore *tris à plat* ; deuxièmement les *tableaux croisés, tableaux à double entrée, tableaux de contingence*, ou *tris croisés*. Nous commencerons par les premiers.

Les tableaux simples

Un « tableau à une colonne » est en fait un « tableau à une colonne de chiffres ». Quand on réalise une enquête par questionnaires, il s'agit de la première opération simple visant à décrire l'information obtenue : on

1. C'est, au moment où nous travaillons sur la deuxième édition de cet ouvrage, la dernière année pour laquelle nous disposons des informations sur lesquelles nous allons travailler dans ce chapitre. En effet, nous nous basons sur le rapport annuel *Repères et références statistiques* du ministère de l'Éducation nationale, outil indispensable (avec le rapport également annuel *État de l'école* produit par le même ministère) en matière de statistiques scolaires et universitaires, et il paraît à l'automne.

examine une variable à la fois, en réalisant les *tris à plat* pour chaque question posée (tableau 2.1a).

Tableau 2.1a Répartition des bacheliers 2021 par type de baccalauréat, en effectifs

Type de baccalauréat	Effectifs
Baccalauréat général	371 705
Baccalauréat technologique	136 296
Baccalauréat professionnel	181 020
Total	689 021

Champ : France métropolitaine + DROM.

Source : Ministère de l'Éducation nationale, Repères et références statistiques, 2022, p. 221.

Que lit-on dans ce tableau ?

- dans son titre : *la population concernée* (personnes ayant obtenu le bac en 2021) et la *variable* avec laquelle on la décompose (le type de bac obtenu, qui est une variable *qualitative* ou *nominale*). La variable apparaît généralement après les prépositions « par » ou « selon », elle figure également comme titre de la première colonne. On peut également trouver dans le titre du tableau l'unité dans laquelle les données sont fournies (par exemple, « en milliers ») ;
- dans les notes de bas de tableaux : le *champ* (qui comprend, selon les cas, la population concernée par l'enquête, l'espace géographique concerné[1], la définition du phénomène utilisée ; le champ peut ne pas figurer au bas du tableau si les informations à donner apparaissent dans le titre) et la *source* ;
- en comptant le nombre de lignes du tableau (sans celle du total), nous avons le *nombre de modalités de la variable*. Nous n'en avons ici retenu que trois, mais nous aurions pu les décomposer en différentes séries de baccalauréat : ES, L, S… pour les bacs généraux, etc.
- sur la ligne « total » : l'*effectif de cette population* (689 021 personnes).

Il est bon de prendre cet automatisme quant à la lecture de tableaux : je regarde le titre et en déduis la population et la variable analysées (et

1. Il faut être vigilant concernant les données sur « la France » et se poser systématiquement la question de leur étendue. On l'a vu dans les tableaux précédents : le champ est parfois la France métropolitaine, parfois la France + DROM (avec ou sans Mayotte).

possiblement l'unité dans laquelle les données sont exprimées), je regarde les notes de bas de tableaux pour connaître le champ (en particulier espace et définition, et peut-être aussi des précisions concernant la population), à partir du nombre de lignes (hors total) je connais le nombre retenu de modalités de la variable, je regarde le total pour connaître l'ampleur de la population concernée ou enquêtée ; je peux à partir de là prendre connaissance des informations inscrites dans chaque case du tableau.

Nous pouvons calculer la répartition par type de baccalauréat, et la faire figurer dans ce tableau en ajoutant une colonne (tableau 2.1b).

Tableau 2.1b Répartition des bacheliers 2021 par type de baccalauréat (en effectifs et %)

Type de baccalauréat	Effectifs	en %
Baccalauréat général	371 705	53.9
Baccalauréat technologique	136 296	19.8
Baccalauréat professionnel	181 020	26.3
Total	689 021	100.0

Le type de bac le plus souvent obtenu est le bac général, il représente donc le *mode* de la distribution, ou la *catégorie modale*. Les données pourraient être présentées seulement en pourcentages, mais il est alors indispensable d'indiquer la *base* ou effectif total. Le lecteur peut ainsi juger de la taille de la base, peut reconstituer approximativement les différents effectifs, voire effectuer d'autres calculs que ceux présentés par l'auteur. La convention est d'écrire N pour la base (tableau 2.1c).

Tableau 2.1c Répartition des bacheliers 2021 par type de baccalauréat (en %)

Type de baccalauréat	en %
Baccalauréat général	53.9
Baccalauréat technologique	19.8
Baccalauréat professionnel	26.3
Total	100.0 N = 689 021

On peut ainsi calculer que (689 021 × 53.9) / 100 = 371 382.3, soit 371 382 personnes, ont obtenu un bac général en 2021, au lieu de 371 705 (marge d'erreur liée à l'arrondi).

Pour la répartition des bacheliers par PCS, nous construisons directement l'équivalent du tableau 2.1b.

Tableau 2.2 Répartition des bacheliers 2021 par catégorie socioprofessionnelle du responsable (en effectifs et %)

PCS	Effectifs	En %
Agriculteurs exploitants	7 615	1.1
Artisans, commerçants, chefs d'entreprise	54 264	7.9
Cadres, professions intellectuelles supérieures	155 150	22.5
Professions intermédiaires	101 025	14.7
Employés	142 639	20.7
Ouvriers	96 270	14.0
Retraités	9 436	1.4
Autres personnes sans activité professionnelle	59 072	8.6
Indéterminé	63 550	9.2
Total	689 021	100.1

Champ : France métropolitaine + DROM.

Source : Ministère de l'Éducation nationale, Repères et références statistiques, 2022, p. 221.

La PCS la plus fréquente est celle des cadres et professions intellectuelles supérieures, elle représente le mode de la distribution.

Les PCS

La *nomenclature* des « catégories socioprofessionnelles » (CSP) a été construite par des statisticiens et démographes de l'Insee au début des années 1950 pour être appliquée au recensement de 1954. Elle donne une image de la répartition de la population active en grands groupes professionnels, et va devenir pendant près de trente ans la grille d'analyse mise en œuvre dans presque toutes les enquêtes réalisées en France par l'administration (en particulier les quatre recensements de 1954, 1962, 1968 et 1975), la recherche universitaire ou les organismes d'études privés pour repérer la position ou l'origine sociale d'un individu.

Une réorganisation de cette nomenclature est entreprise à partir de la fin des années 1970, pour aboutir en 1982 à la version dite des « professions et catégories socioprofessionnelles » (PCS). Une légère refonte a été effectuée en 2003 consistant pour l'essentiel en un ajout de postes au troisième niveau (voir ci-après) pour intégrer de nouveaux métiers ; on parle de la nomenclature PCS 2003. Cette dernière, comme celle de 1982, est constituée de *huit grands groupes dont six « groupes professionnels » codés à un chiffre* : « 1. Agriculteurs exploitants, 2. Artisans, commerçants et chefs d'entreprise, 3. Cadres et professions intellectuelles supérieures, 4. Professions intermédiaires, 5. Employés, 6. Ouvriers » + « 7. Retraités, 8. Autres personnes sans activité professionnelle ». Ces grands groupes peuvent être détaillés en *quarante-deux « catégories socioprofessionnelles » codées à deux chiffres* (couramment regroupées dans les enquêtes en 24 postes), le groupe 2 est ainsi composé des catégories « 21. Artisans, 22. Commerçants, 23. Chefs d'entreprise de 10 salariés ou plus ». La population active est composée des six premiers grands groupes auxquels s'ajoute la catégorie « chômeurs n'ayant jamais travaillé » (codés 81), soit trente-deux catégories. La population inactive est constituée des groupes 7 et 8 (non compris la catégorie 81). Finalement le *troisième niveau codé à trois chiffres et une lettre* est celui des « *professions* » détaillées, au nombre de 489 en 1982, puis de 455 en 2003. On trouve ainsi, en continuant sur le même exemple, « 215a. artisans boulangers-pâtissiers de 0 à 9 salariés, 215b. artisans bouchers de 0 à 9 salariés, 215c. artisans charcutiers de 0 à 9 salariés, etc. »

Comme Alain Desrosières et Laurent Thévenot (1996, ouvrage dont nous conseillons fortement la lecture) l'ont montré, cette nomenclature exprime la structuration en groupes professionnels particulière à la France (les « cadres » sont ainsi un groupe qui n'existe qu'en France : Boltanski, 1982). Chaque pays a construit sa propre nomenclature professionnelle en fonction de sa propre histoire sociale, économique, institutionnelle… Il était donc compliqué de réaliser des comparaisons internationales en utilisant des nomenclatures professionnelles. Face à cela, un groupe de travail européen a travaillé plusieurs années et a abouti, en juin 2016, à la mise en place d'une nomenclature européenne ESeG (*European Socio-economic Groups*) à partir de la nomenclature internationale ISCO (*International Standard Classification of Occupations*).

C'est la nomenclature ESeG qui est désormais utilisée par Eurostat, l'organisme qui produit les statistiques officielles de l'Union européenne, autrement dit l'équivalent de l'Insee au niveau européen.
Pour, d'une part, améliorer l'articulation de la PCS 2003 avec ces nomenclatures européenne et internationale et, d'autre part, actualiser la nomenclature en intégrant des nouveaux métiers, une nomenclature rénovée, se différenciant surtout de la précédente par le niveau trois et la création d'un 4e niveau, s'applique depuis 2020 : la PCS 2020. Il est important de se familiariser avec les PCS et de leur « donner chair » ; nous vous invitons à télécharger le « *Guide de la PCS 2020* » sur le site de l'Insee et à chercher la PCS niveaux 1 à 4 de personnes de votre connaissance.

La « PCS Ménage »

La quasi-totalité des enquêtes caractérise un ménage par la profession d'un de ses individus, pendant longtemps cela a été le « chef de famille », c'est aujourd'hui la « personne de référence ». Cette situation est insatisfaisante à au moins deux niveaux :
- toutes les enquêtes ne définissent pas pareillement la « personne de référence », ce qui empêche la comparabilité et la cumulativité. Dans l'enquête annuelle de recensement, les ménages sont définis en fonction de la personne de référence, elle-même déterminée non plus par son sexe (l'homme, s'il y en a un) mais par son âge (la plus âgée du ménage). Dans l'Enquête Emploi, les ménages sont également définis par la personne de référence, mais celle-ci reste définie en fonction du sexe (l'homme). Enfin, dans les autres enquêtes réalisées par l'Insee auprès des ménages (logement, patrimoine, emploi du temps, etc.), la personne de référence est déterminée en fonction des revenus que chaque conjoint potentiel apporte au ménage : on retient le principal apporteur de ressources ;
- en plus des problèmes liés à l'hétérogénéité des pratiques, les usages actuels sont insatisfaisants puisqu'ils réduisent la situation socioprofessionnelle d'un ménage ou d'un couple à un seul individu. On ne rend ainsi pas compte de la spécificité des ménages seuls par rapport aux couples d'une part, et d'autre part des différences entre les situations des couples homogames (de même PCS) et hétérogames (de PCS différentes).

Face à cela, un travail important a été mené à partir de 2018 en vue de produire une « PCS Ménage » au sein du Conseil national de l'information statistique

(CNIS), qui est l'organisme chargé de la concertation entre les producteurs et les utilisateurs de la statistique publique. Ce travail est achevé et la PCS Ménage est disponible depuis 2022 (Amossé et Cayouette-Remblière, 2022), autant dire que l'on dispose, pour l'instant, de très peu d'enquêtes l'utilisant. Mais elle a un avenir intéressant, elle constitue un pas très important et permet d'envisager une large gamme de nouvelles investigations, au niveau du ménage donc, sur des questions classiques de la sociologie. Consistant à regrouper les PCS des deux personnes du ménage, elle peut être utilisée rétrospectivement sur des enquêtes plus anciennes.

Les 7 groupes et 16 sous-groupes de la PCS Ménage

I. Ménages à dominante cadre

I-A. Cadres homogames

I-B. Cadre avec profession intermédiaire

II. Ménages à dominante intermédiaire

II-A. Cadre avec employé ou ouvrier

II-B. Cadre avec inactif ou sans conjoint

II-C. Profession intermédiaire ou cadre avec petit indépendant

II-D. Professions intermédiaires homogames

III. Ménages à dominante employée

III-A. Profession intermédiaire avec employé ou ouvrier

III-B. Profession intermédiaire avec inactif ou sans conjoint

III-C. Employés homogames

IV. Ménages à dominante petit indépendant

IV-A. Petits indépendants homogames, ou avec inactif ou sans conjoint

IV-B. Petit indépendant avec employé ou ouvrier

V. Ménages à dominante ouvrière

V-A. Ouvrier avec employé

V-B. Ouvriers homogames

VI. Ménage d'un employé ou ouvrier

VI-A. Employé avec inactif ou sans conjoint

VI-B. Ouvrier avec inactif ou sans conjoint

VII. Ménage d'inactifs

VII-A. Inactifs homogames ou sans conjoint

Nous vous invitons également à déduire de cette grille la PCS Ménage de quelques ménages de votre connaissance.

Ainsi, en 2021, sur 100 bacheliers, 1.1 sont fils d'agriculteurs, 7.9 enfants d'artisans, commerçants et chefs d'entreprise, etc. Mais 1.1 % de bacheliers fils d'agriculteurs, est-ce beaucoup ? À quelle population de référence peut-on comparer cette donnée ? Le plus pertinent, semble-t-il, serait de la mettre en rapport avec le pourcentage d'enfants d'agriculteurs parmi la population en âge d'obtenir le baccalauréat (mettons, comme dans le chapitre précédent, 17 ans). Pouvons-nous trouver facilement cette donnée ? Deux sites internet « de base » sont à connaître en matière d'informations statistiques sur la France et sa population : celui de l'Insee, dont nous avons déjà parlé, et celui de l'Ined. Nous n'y trouvons pas directement cette information ; en revanche, nous trouvons sur le site de l'Insee la répartition de la population active par PCS (tableau 2.3).

Tableau 2.3 Répartition de la population active 2021 par PCS (en effectifs et en %)

PCS	Effectifs	En %
Agriculteurs exploitants	430 000	1.4
Artisans, commerçants, chefs d'entreprise	1 830 000	6.1
Cadres, professions intellectuelles supérieures	6 492 000	21.8
Professions intermédiaires	7 208 000	24.2
Employés	7 756 000	26.0
Ouvriers	5 872 000	19.7
Non renseigné	205 000	0.7
Total	29 792 000	99.9

Champ : France métropolitaine + DROM (hors Mayotte).
Source : Insee, Enquête Emploi 2021.

Cela ne nous donne toutefois qu'un ordre d'idée très approximatif, pour deux raisons essentielles. Premièrement, certaines PCS ont probablement plus d'enfants que d'autres. Deuxièmement, les deux tableaux ne sont pas directement comparables : les trois dernières modalités du tableau 2.2 n'ont aucun sens défini, un retraité a pu être ouvrier ou cadre supérieur, une personne sans activité professionnelle peut être un rentier ou un employé au chômage, etc. Or ces trois « catégories » représentent 19.2 % des bacheliers (1.4 + 8.6 + 9.2), ce qui laisse une grande part d'indétermination quant à la population générale : que ces 19.2 % soient majoritairement des enfants d'ouvriers ou des enfants de cadres changerait considérablement la répartition. Cette grande part d'indétermination est due au mode de recueil des données : on demande aux élèves ou à leurs parents de remplir une fiche d'informations (sur papier ou sur internet) dans laquelle figurent, entre autres, les questions « profession du père » et « profession de la mère ».

Le tableau 2.3 a toutefois l'avantage de donner une vision globale de la population active française ; vous devriez mémoriser ces ordres de grandeur :

- les agriculteurs représentent un peu plus de 1 % de la population active ;
- les non-salariés ou indépendants (agriculteurs, artisans, commerçants et chefs d'entreprise, et les professions libérales intégrées à la catégorie des cadres et donc non visibles dans ce tableau) environ 10 %, ce qui signifie que la population active française est salariée à environ 90 % ;
- les cadres ou professions intellectuelles supérieures représentent plus de 20 %, soit plus d'un cinquième de la population active ;
- les populations d'employés (plus de 25 %, soit plus d'un quart de la population active) et d'ouvriers (près de 20 %, soit un cinquième de la population active), très proches par leurs niveaux de vie et de diplôme, dominent le paysage (plus de 45 %) ;
- les professions intermédiaires représentent moins du quart de la population active.

Cela étant, pour trouver des points de repère plus pertinents et moins problématiques, un autre site internet doit être consulté : celui du ministère de l'Éducation nationale, avec l'avantage que nous comparerions des données issues de la même institution et probablement recueillies de la même manière. Dans la mesure où, aujourd'hui, pratiquement tous les enfants sont admis au collège, la population des élèves de 6e sept ans avant l'année d'obtention du bac (temps « normal » du cursus 6e – terminale) peut être considérée comme une bonne approximation de la population de référence. C'est le choix que nous avions fait pour la première édition de cet ouvrage, mais nous ne trouvons plus, depuis quelques années, ce type d'informations sur le site internet du ministère de l'Éducation.

Finalement, une source d'information beaucoup plus précise et ne nécessitant pas la recherche des points de repère les plus pertinents existe, il s'agit des *suivis de cohortes*. Une *cohorte* est un ensemble de personnes qui connaissent un même événement durant une même année civile. Les personnes ayant obtenu leur baccalauréat en 2021 constituent ainsi une cohorte, tout comme les enfants entrant en 6e en 2014, ou les femmes donnant naissance à leur premier enfant en 2021, ou encore les couples se mariant en 2022. Une *génération* est un type particulier de *cohorte*, puisque le même événement connu la même année est alors la naissance. Réaliser un *suivi de cohorte* consiste à suivre une cohorte (ou un *échantillon* de cette cohorte) pendant un certain nombre d'années considéré comme pertinent afin d'analyser les différences de trajectoires et les variables pouvant expliquer ces différences. En matière éducative, et d'un point de vue national, on suit généralement pendant huit à neuf ans une cohorte d'élèves entrés en 6e la même année.

Le suivi de cohortes dans les enquêtes sur l'éducation

Ce sont des démographes, dans le cadre de l'Ined, qui réalisent, sous la direction d'Alain Girard et Henri Bastide, la première grande enquête quantitative sur le déroulement des scolarités : ils suivent pendant dix ans 20 000 élèves sortant de CM2 en juin 1962. Cette enquête mettra en évidence statistiquement les inégalités de trajectoires et de réussite scolaire en fonction de l'origine sociale des enfants (premières publications de résultats en 1970).
Le ministère de l'Éducation nationale poursuivra cette initiative en constituant des échantillons d'environ 14 000 élèves de 6e en 1972, 1973 et 1974, représentatifs des élèves des collèges publics et privés, qui seront suivis jusqu'à l'obtention du baccalauréat. La réalisation de suivis de cohortes sera poursuivie régulièrement en l'étendant à des cohortes entrant en CP, à des cohortes ayant obtenu le bac, et dernièrement (2021) à une cohorte entrant en école maternelle.
Les enquêtes comprennent généralement une prise d'information annuelle auprès du directeur d'école ou chef d'établissement, les scores obtenus aux évaluations nationales, une enquête postale auprès des familles au cours de la deuxième ou troisième année d'observation, et une interrogation annuelle individuelle par voie postale ou téléphonique des jeunes ayant obtenu le bac et ce jusqu'à leur inscription dans une formation bac + 5. C'est à ce dernier

élément que l'on doit l'utilisation du terme *panel* : « panel 1989 », « panel 1995 », « panel petite section 2021 » qui se réfère généralement aux enquêtes par questionnaires répétés à des périodes régulières sur un même échantillon (type d'enquête d'usage fréquent en sociologie politique en particulier pour étudier l'évolution des intentions de vote).

Les résultats de l'observation de ces cohortes sont diffusés dans des publications du ministère de l'Éducation, en particulier dans les *Notes d'information* téléchargeables gratuitement sur son site.

Ce type d'enquête est appelé *analyse longitudinale* ; elle se réalise soit, comme ci-dessus, en *suivant des individus sur une certaine période* (*suivi de cohortes* ou *panels*), soit en interrogeant des individus *rétrospectivement* sur les événements de leurs x dernières années (mais on se trouve là confronté aux limites et à la sélectivité de la mémoire humaine). Elle se différencie de l'analyse portant sur des événements précis survenus durant une année civile donnée (nombre et types de bacs obtenus en 2021) et pouvant donner lieu aux calculs de pourcentages souvent appelés *taux* ; on parle alors d'*analyse transversale*. Ces deux types d'analyse (*longitudinale* et *transversale*) sont à la base de l'analyse démographique, elles ont chacune leur intérêt et leurs limites et sont souvent utilisées en complémentarité.

Le Centre d'études et de recherches sur les qualifications (CÉREQ) réalise également de grosses enquêtes longitudinales : les *enquêtes Génération*. La première d'entre elles est « Génération 1992 » ; réalisée en 1997-1998, il s'agit d'une enquête nationale auprès de 27 000 jeunes sortis de formation initiale en 1992 à tous les niveaux de diplômes. L'objectif est d'analyser les cinq premières années de vie active au regard notamment du parcours scolaire et des diplômes obtenus ; elle s'effectue par entretiens téléphoniques portant sur différents aspects de la vie des cinq dernières années. Il s'agit donc d'une enquête longitudinale rétrospective. Notons que le terme « génération » est impropre, il aurait fallu parler de « cohorte » : le même événement connu la même année par les différents individus est la sortie du système scolaire. Elle est reconduite tous les 3 à 4 ans, ses modalités ont pu changer au cours des ans. Les résultats peuvent être consultés sur le site du CÉREQ. Les résultats de l'enquête Génération 2017 ont été publiés en décembre 2022.

À noter : on trouve dans les enquêtes ci-dessus les deux types d'échantillonnage les plus souvent effectués (Blöss et Grossetti, 1999, p. 42-49 ; Combessie, 2001, p. 45-53 ; Lévy, 1979, p. 13-24). Un *échantillon* est un sous-ensemble de la population générale ; on le construit soit par tirage *aléatoire simple* (méthode probabiliste) en tirant simplement au sort un certain nombre d'individus ou en choisissant une caractéristique sans conséquence sur le phénomène étudié (les enfants nés tel jour de chaque mois), soit par *stratification* (méthode des *quotas*) en divisant à partir de différentes variables la population en sous-populations à l'intérieur desquelles on tire au hasard l'échantillon. Cette dernière méthode est celle généralement utilisée par les instituts de sondage, on parle alors d'*échantillon représentatif*, le plus souvent en fonction du sexe, de l'âge et de la profession. Les enquêtes Générations construisent leur échantillon de cette manière, en retenant essentiellement les variables « niveaux de formation » et « types de formation ». Finalement, un échantillonnage ou un sondage au 1/40e signifie que l'échantillon correspond au 1/40e de la population, soit pour 778 941 enfants entrant en 6e en 2005 un échantillon d'environ 19 470 enfants.

Les tableaux croisés

Les deux tableaux précédents (2.1a et 2.2 avec les seuls effectifs) portent sur deux variables différentes, mais ils ne permettent pas de répondre à une question portant *sur les deux variables à la fois*, par exemple combien d'enfants d'ouvriers obtiennent un bac général en 2021 ? On croise deux variables d'une population dans des *tableaux à double entrée* ou *tableaux croisés* ou *tableaux de contingence* (tableau 2.4). Dans le traitement d'une enquête par questionnaire, il s'agit de la deuxième opération : on observe en même temps les modalités de réponse à deux questions pour un même répondant en réalisant des *tris croisés*.

Tableau 2.4 Répartition des bacheliers 2021 par type de bac et PCS

PCS	Baccalauréat général	Baccalauréat technologique	Baccalauréat professionnel	Total
Agriculteurs exploitants	4 859	1 336	1 420	7 615
Artisans, commerçants, chefs d'entreprise	31 429	11 264	11 571	54 264
Cadres, professions intellectuelles supérieures	122 272	20 713	12 165	155 150
Professions intermédiaires	61 137	20 382	19 506	101 025
Employés	72 624	32 564	37 451	142 639

PCS	Baccalauréat général	Baccalauréat technologique	Baccalauréat professionnel	Total
Ouvriers	39 741	23 723	32 806	96 270
Retraités	4 878	2 022	2 536	9 436
Autres personnes sans activité professionnelle	22 559	13 263	23 250	59 072
Indéterminé	12 206	11 029	40 315	63 550
Total	371 705	136 296	181 020	689 021

Champ : France métropolitaine + DROM.

Source : Ministère de l'Éducation nationale, *Repères et références statistiques*, 2022, p. 221.

Ce tableau 2.4 porte sur la population bachelière 2021 (France métropolitaine + DROM) et croise deux variables qualitatives : le type de bac (3 modalités retenues) et la PCS de leur responsable (9 modalités). On retrouve, dans les totaux de lignes et de colonnes, les tableaux simples précédents. Ces totaux s'appellent *totaux marginaux* ou *effectifs marginaux*, le terme « marginal » faisant référence aux « marges » du tableau. On lit que les enfants d'ouvriers obtenant un bac général en 2021 sont au nombre de 39 741, c'est le cas de 122 272 enfants de cadres et professions intellectuelles supérieures. On a « bien l'impression » que beaucoup plus d'enfants de cadres obtiennent un bac général que ne le font les enfants d'ouvriers ; mais, pour pouvoir mener des comparaisons relativement précises, il va nous falloir, comme dans les tableaux simples, calculer des proportions et les exprimer en pourcentage. Mais quelle base choisir pour ce calcul ? Nous avons ici trois bases ou trois numérateurs possibles : les effectifs totaux, les effectifs marginaux de lignes ou les effectifs marginaux de colonnes. Ces trois types de calcul ne nous donnent pas le même ordre d'informations. Ainsi, si nous réalisons ces différents calculs avec la première case du tableau 2.4 prise comme numérateur :

1. Nous voulons savoir combien, sur 689 021 bacheliers, sont enfants d'agriculteurs et ont obtenu un bac général, soit (4 859 / 689 021) × 100 = 0.7 %. Soit sur 100 bacheliers 2021, 0.7 sont enfants d'agriculteurs *et* ont obtenu un bac général. Cette information n'est pas très intéressante. Ce type de calcul ne permet qu'une lecture modale, de type majoritaire : quelle est la situation la plus fréquente (en termes de type de bac et de PCS des parents) chez la population de référence (les bacheliers 2021) ?

On peut y répondre à partir des effectifs : les effectifs les plus nombreux se trouvent chez les enfants de cadres et professions intellectuelles supérieures (CPIS) ayant obtenu un bac général (122 272) ; en pourcentage cela signifie que (122 272 / 689 021) × 100 = 17.7 %, sur 100 bacheliers 2021, 17.7 sont enfants de CPIS et ont obtenu un bac général.

2. Nous voulons savoir combien, parmi les 7 615 bacheliers enfants d'agriculteurs, ont obtenu un bac général, soit (4 859 / 7 615) × 100 = 63.8 %. Soit sur 100 bacheliers 2021 enfants d'agriculteurs, 63.8 ont obtenu un bac général.
3. Nous voulons savoir combien, parmi les 371 705 bacheliers généraux, sont enfants d'agriculteurs, soit (4 859 / 371 705) × 100 = 1.3 %. Soit sur 100 bacheliers généraux 2021, 1.3 sont enfants d'agriculteurs.

Ces deux derniers types de calcul vont nous permettre de réaliser des comparaisons en fonction du type de baccalauréat obtenu et de l'origine sociale. On parle dans le premier cas de calcul de pourcentages en lignes, dans le second de calcul de pourcentages en colonnes ; chacun répond à une question différente.

Exercice 6

Tableau 2.5 Population active (en milliers) en 2021 (moyenne annuelle) selon le sexe et la PCS

PCS	Femmes	Hommes	Ensemble
Agriculteurs exploitants	138	292	430
Artisans, commerçants, chefs d'entreprise	568	1 262	1 830
Cadres, professions intellectuelles supérieures (CPIS)	2 761	3 731	6 492
Professions intermédiaires	3 842	3 366	7 208
Employés	5 959	1 797	7 756
Ouvriers	1 208	4 664	5 872
Indéterminée	78	126	205
Total	14 555	15 238	29 792

Champ : France métropolitaine + DROM (hors Mayotte).

Source : Insee, Enquête Emploi.

Nous allons vous faire « jongler » un peu avec les chiffres de ce tableau, avec différentes cases et différentes bases. Répondez aux questions suivantes en réalisant les calculs, puis en les expliquant par une phrase, comme dans l'exemple ci-dessous :
Quelle est la proportion (exprimée en pourcentage) de CPIS dans la population active totale ? (6 492 000 / 29 792 000) × 100 = 21.8 %. Sur 100 actifs, 21.8 sont cadres ou professions intellectuelles supérieures.

1. Que représentent les femmes dans la population active totale ?
2. Quelles sont les trois PCS dont le poids est le plus important dans la population active totale, dans la population active masculine puis dans la population active féminine (donner les pourcentages) ?
3. Quelle est la proportion (exprimée en pourcentage) de femmes parmi les CPIS ?
4. Quel est le pourcentage d'agriculteurs exploitants dans la population active masculine ?
5. Quelle est la proportion (exprimée en pourcentage) de cadres parmi les femmes ? Quelle est la proportion de femmes parmi les cadres ?
6. Si le groupe social des indépendants rassemble les PCS 1 et 2, quelle est la proportion (exprimé en pourcentage) de femmes dans ce groupe social ?

Les pourcentages en lignes

Si nous nous demandons comment se répartissent par type de baccalauréat les enfants de chaque PCS bacheliers 2021, nous prenons comme base le total des bacheliers de chacune des origines sociales, soit le *total marginal* de chaque ligne. Nous faisons une *lecture en ligne* du tableau 2.4 : sur 7 615 bacheliers enfants d'agriculteurs, 4 859 ont obtenu un bac général, 1 336 un bac technologique, 1 420 un bac professionnel ; et nous calculons des *pourcentages en lignes* : (4 859 / 7 615) × 100 = 63.8 % de bacheliers généraux, (1 336 / 7 615) × 100 = 17.5 % de bacheliers technologiques, (1 420 / 7 615) × 100 = 18.6 % de bacheliers professionnels. Je vérifie : 63.8 + 17.5 + 18.6 = 99.9 et non 100.0 du fait des arrondis successifs. On peut pour le total faire le choix d'indiquer le véritable total (soit 99.9), c'est le choix que nous avons fait pour les tableaux précédents ; on peut également faire le choix d'indiquer « 100 », c'est le choix que nous ferons pour les prochains tableaux. Nous réalisons le tableau 2.6.

Tableau 2.6 Pourcentages en lignes

PCS	Baccalauréat général	Baccalauréat technologique	Baccalauréat professionnel	Total
Agriculteurs exploitants	63.8	17.5	18.6	100 (n = 7 615)
Artisans, commerçants, chefs d'entreprise	57.9	20.8	21.3	100 (n = 54 264)
Cadres, professions intellectuelles supérieures	<u>78.8</u>	13.4	<u>7.8</u>	100 (n = 155 150)
Professions intermédiaires	60.5	20.2	19.3	100 (n = 101 025)
Employés	50.9	<u>22.8</u>	26.3	100 (n = 142 639)
Ouvriers	<u>41.3</u>	24.6	<u>34.1</u>	100 (n = 96 270)
Retraités	51.7	21.4	26.9	100 (n = 9 436)
Autres personnes sans activité professionnelle	38.2	22.5	39.4	100 (n = 59 072)
Indéterminé	19.2	17.4	63.4	100 (n = 63 550)
Ensemble	<u>53.9</u>	<u>19.8</u>	<u>26.3</u>	100 (N = 689 021)

Exerçons-nous à la lecture de ce type de tableau en expliquant le sens des cases dont les chiffres sont soulignés (par ordre des lignes). En 2021 :

- sur 100 bacheliers enfants de CPIS, 78.8 obtiennent un bac général et 7.8 un bac professionnel ;
- sur 100 bacheliers enfants d'employés, 22.8 obtiennent un bac technologique ;
- sur 100 bacheliers enfants d'ouvriers, 41.3 obtiennent un bac général et 34.1 un bac professionnel ;

- sur 100 bacheliers (toutes PCS confondues) : 53.9 obtiennent un bac général, 19.8 un bac technologique et 26.3 un bac professionnel.

La dernière ligne du tableau 2.6 n'est donc pas un total marginal mais la répartition par type de baccalauréat de l'*ensemble* de la population. Il s'agit d'une *moyenne* toutes PCS confondues. Le terme *total* est réservé à la dernière colonne, car il s'agit là réellement d'un total (cette distinction n'est malheureusement pas toujours effective dans les tableaux que l'on est amené à lire). On ne peut pas réaliser d'addition en colonnes, cela n'aurait aucun sens puisque la base du pourcentage n'est pas la même.

Que nous dit ce tableau ? Qu'il existe des différences selon la PCS d'origine. Mais il nous faut aller plus loin. Comme nous l'avons vu de nombreuses fois, les statistiques n'ont de sens que comparées à d'autres statistiques. Dans un tableau croisé, la comparaison peut se faire entre deux lignes (comparer la situation des enfants de cadres supérieurs et celle des enfants d'ouvriers par exemple) ou deux colonnes, mais elle se fait plus généralement par rapport aux *répartitions marginales*, c'est-à-dire à la situation moyenne. Si nous reprenons nos lectures de cases ci-dessus, nous constatons qu'en 2021 :

- les enfants de CPIS sont plus nombreux que la moyenne à obtenir un bac général (78.8 > 53.9), et moins nombreux à obtenir un bac professionnel (7.8 < 26.3) ;
- les enfants d'employés sont plus nombreux que la moyenne à obtenir un bac technologique (22.8 > 19.8) ;
- les enfants d'ouvriers sont moins nombreux que la moyenne à obtenir un bac général, et plus nombreux à obtenir un bac professionnel.

Les enfants de CPIS se signalent ainsi par une *surreprésentation* en bac général : le pourcentage de ces enfants obtenant le bac général est de 78.8 alors qu'il est de 53.9 pour l'ensemble des bacheliers. Le pourcentage de 53.9 que l'on obtient toutes PCS confondues, donc *indépendamment* de l'origine sociale, s'appelle « *pourcentage d'indépendance* ». C'est celui que l'on trouverait dans toutes les cases de la colonne « bac général » si l'orientation ne *dépendait* pas de l'origine sociale (si les deux variables étaient *indépendantes*), ou si toutes les PCS étaient dans une situation d'*égalité* face au baccalauréat. La surreprésentation des enfants de CPIS en bac général peut se chiffrer par la différence 78.8 – 53.9 = + 24.9 points. De la même manière, cette catégorie est *sous-représentée* en bac professionnel à raison de 7.8 – 26.3 = – 18.5 points. Le tableau 2.7 donne l'ensemble de ces *écarts aux moyennes* ou *écarts à l'égalité.*

Tableau 2.7 Écarts à l'égalité des taux d'obtention de telle et telle série de baccalauréat

PCS	Baccalauréat général	Baccalauréat technologique	Baccalauréat professionnel	Total
Agriculteurs exploitants	+ 9.9	- 2.2	- 7.7	(7 615)
Artisans, commerçants, chefs d'entreprise	+ 4.0	+ 1.0	- 5.0	(54 264)
Cadres, professions intellectuelles supérieures	+ 24.9	- 6.4	- 18.5	(155 150)
Professions intermédiaires	+ 6.6	+ 0.4	- 7.0	(101 025)
Employés	- 3.0	+ 3.0	+ 0.0	(142 639)
Ouvriers	- 12.6	+ 4.8	+ 7.8	(96 270)
Retraités	- 2.2	+ 1.6	+ 0.6	(9 436)
Autres personnes sans activité professionnelle	- 15.7	+ 2.7	+ 13.1	(59 072)
Indéterminé	- 34.7	- 2.4	+ 37.1	(63 550)
Ensemble	53.9	19.8	26.3	(N = 689 021)

Ces écarts sont comparables entre eux à l'intérieur d'une même colonne. La colonne « Total » contient les bases des calculs de pourcentages en lignes. La ligne « Ensemble » contient les pourcentages toutes PCS confondues, pourcentages moyens ou pourcentages d'indépendance. On peut reconstituer les effectifs à partir de ce tableau.

Sur une même ligne, on obtient un « profil » des enfants de la PCS, en termes de sur- et de sous-représentation. Les profils des enfants des personnes sans activité professionnelle et des indéterminés nous porteraient à penser que ces catégories sont largement peuplées d'ouvriers ; c'est d'ailleurs la conclusion à laquelle arrivent, par différents chemins, la plupart des analyses.

Finalement, le principe adopté pour la lecture d'un tableau croisé, si l'on réalise des calculs de pourcentage en lignes, est constitué de deux étapes :

- une lecture en lignes avec le calcul des pourcentages en lignes ;
- une comparaison avec les répartitions marginales de colonne.

Ceci est particulièrement important, car l'on a souvent tendance à confondre lecture majoritaire et lecture différentielle (de Singly, 1992, p. 99). Faire une *lecture majoritaire* consisterait à regarder où sont les pourcentages supérieurs à 50 (« supérieurs à la majorité »), mais alors dire que les enfants d'employés sont surreprésentés dans les baccalauréats généraux (50.9 %) est une erreur. Faire une *lecture différentielle* consiste à regarder quelles sont les catégories sur- ou sous-représentées *par différence à la moyenne* toutes PCS confondues ; les enfants d'employés sont alors sous-représentés dans les baccalauréats généraux de 3 points.

Pour aller plus loin, et de manière à peine plus compliquée, nous aurions pu travailler non pas sur les pourcentages (pourcentages observés, pourcentages d'indépendance, écarts entre les deux), mais sur les effectifs, en calculant des *effectifs théoriques* ou *effectifs d'indépendance* (les effectifs que nous aurions dû observer si les deux variables étaient indépendantes et que l'on peut faire figurer dans un *tableau d'indépendance*), puis les *écarts à l'indépendance* (écarts entre les effectifs observés et les effectifs d'indépendance). Quand on travaille sur des échantillons, le calcul du *khi-deux* ou χ^2 nous permet de décider si ces écarts sont significatifs ou pas : si sa valeur est supérieure à une limite déterminée par une table, on rejette l'hypothèse d'indépendance et on admet que les deux variables sont liées (Berthier, 1998, p. 192-194 et exercices ; Blöss et Grossetti, 1999, p. 77-113 ; Combessie, 2001, p. 76-79 ; Martin, 2020, p. 72-84).

Les pourcentages en colonnes

Revenons au tableau 2.4. Si nous nous posons la question de la composition sociale de chaque type de bac, nous prenons comme base la population de chaque baccalauréat, soit le *total marginal* de chaque colonne. Nous faisons une *lecture en colonne* : sur 371 705 bacheliers généraux en 2021, 4 859 sont enfants d'agriculteurs, 31 429 enfants d'artisans, commerçants et chefs d'entreprise, 122 272 enfants de CPIS, etc. ; et nous calculons des *pourcentages en colonnes* : (4 859 / 371 705) × 100 = 1.3 % de bacheliers généraux sont enfants d'agriculteurs. Nous réalisons le tableau 2.8.

Tableau 2.8 Pourcentages en colonnes

PCS	Baccalauréat général	Baccalauréat technologique	Baccalauréat professionnel	Ensemble
Agriculteurs exploitants	1.3	1.0	0.8	1.1
Artisans, commerçants, chefs d'entreprise	8.5	8.3	6.4	7.9
Cadres, professions intellectuelles supérieures	32.9	15.2	6.7	22.5
Professions intermédiaires	16.4	15.0	10.8	14.7
Employés	19.5	23.9	20.7	20.7
Ouvriers	10.7	17.4	18.1	14.0
Retraités	1.3	1.5	1.4	1.4
Autres personnes sans activité professionnelle	6.1	9.7	12.8	8.6
Indéterminé	3.3	8.1	22.3	9.2
Total	100 (n = 371 705)	100 (n = 136 296)	100 (n = 181 020)	100 (N = 689 021)

Exerçons-nous à la lecture de ce type de tableau en expliquant le sens des cases dont les chiffres sont soulignés (par ordre des colonnes). En 2021 :

- sur 100 bacheliers généraux, 32.9 sont enfants de CPIS, et 10.7 enfants d'ouvriers ;
- sur 100 bacheliers technologiques, 23.9 sont enfants d'employés ;
- sur 100 bacheliers professionnels, 6.7 sont enfants de CPIS, et 18.1 enfants d'ouvriers.

La dernière colonne du tableau 2.8 n'est pas un total marginal mais la répartition par PCS des parents de l'*ensemble* de la population bachelière 2021. Il s'agit d'une *moyenne* tous bacs confondus, et non pas d'un *total*. Par rapport au tableau 2.6, nous avons changé de base de calcul. Ici, on ne peut pas réaliser d'addition en lignes.

Que nous dit ce tableau ? Qu'il existe des différences de composition sociale selon les types de baccalauréat. Mais il nous faut aller plus loin. La comparaison va se faire également par rapport à la situation moyenne, soit dans ce cas aux répartitions marginales de colonnes. Si nous reprenons nos lectures de cases ci-dessus, nous constatons que :

- les bacs généraux comportent, par rapport à la moyenne des baccalauréats, plus d'enfants de CPIS (32.9 > 22.5) et moins d'enfants d'ouvriers (10.7 < 14.0) ;
- les bacs technologiques comportent, par rapport à la moyenne des baccalauréats, plus d'enfants d'employés (23.9 > 20.7) ;
- les bacs professionnels comportent, par rapport à la moyenne des baccalauréats, moins d'enfants de CPIS (6.7 < 22.5) et plus d'enfants d'ouvriers (18.1 > 14.0).

Les bacs généraux se caractérisent par une *surreprésentation* d'enfants de CPIS : la part de ces enfants dans ces bacs est de 32.9 % alors qu'elle est de 22.5 % pour l'ensemble des baccalauréats (*pourcentage d'indépendance*). Cette surreprésentation peut se chiffrer par la différence 32.9 – 22.5 = + 10.4 points. Le tableau 2.9 donne l'ensemble de ces *écarts aux moyennes*.

Tableau 2.9 Écarts à l'égalité des compositions des séries de baccalauréat

PCS	Baccalauréat général	Baccalauréat technologique	Baccalauréat professionnel	Ensemble
Agriculteurs exploitants	+ 0.2	- 0.1	- 0.3	1.1
Artisans, commerçants, chefs d'entreprise	+ 0.6	+ 0.4	- 1.5	7.9
Cadres, professions intellectuelles supérieures	+ 10.4	- 7.3	- 15.8	22.5
Professions intermédiaires	+ 1.7	+ 0.3	- 3.9	14.7
Employés	- 1.2	+ 3.2	+ 0.0	20.7
Ouvriers	- 3.3	+ 3.4	+ 4.1	14.0
Retraités	- 0.1	+ 0.1	+ 0.0	1.4
Autres personnes sans activité professionnelle	- 2.5	+ 1.1	+ 4.2	8.6
Indéterminé	- 5.9	- 1.1	+ 13.1	9.2
Total	(371 705)	(136 296)	(181 020)	(N = 689 021)

On obtient, au sein d'une même colonne, un « profil » de la composition sociale de chaque série de baccalauréat, en termes de sur- et sous-représentation. Bien sûr, on trouve les mêmes signes d'écart (+ ou –) dans les tableaux 2.7 et 2.9 ; seules les valeurs des écarts aux marges changent.

Finalement, le principe adopté pour la lecture d'un tableau croisé, si l'on réalise des calculs de pourcentages en colonnes, est constitué de deux étapes :

- une lecture en colonnes avec le calcul des pourcentages en colonnes ;
- une comparaison avec les répartitions marginales de ligne.

Que nous dit ce tableau croisé ?

Nous pouvons constater, à partir des calculs de pourcentages en lignes ou en colonnes, qu'il existe une relation statistique ou *corrélation* entre les deux variables : PCS du responsable et type de baccalauréat. Notons que pour les variables quantitatives, deux types de corrélations sont possibles : une *corrélation positive* quand les deux variables varient dans le même sens (il y a une corrélation positive entre le poids et la taille des individus, entre le PIB/habitant et l'espérance de vie) ou une *corrélation négative* quand les deux variables varient en sens inverse (il y a une corrélation négative entre le PIB/habitant et le taux de mortalité infantile ou taux de décès des enfants de moins d'un an). Un certain nombre d'outils statistiques permettent de mesurer la force du lien entre deux variables (Combessie, 2001, p. 80-82), le plus utilisé pour les variables numériques est le *coefficient de corrélation* : il varie de + 1 à – 1, + 1 étant la mesure de la corrélation positive la plus forte, – 1 de la corrélation négative la plus forte, 0 d'une corrélation nulle.

Nous avons remarqué que les tendances dégagées en termes de sur- ou sous-représentation sont les mêmes que l'on calcule par rapport aux lignes ou par rapport aux colonnes. Cela signifie-t-il que le type de calcul importe peu ? Non. D'abord, le questionnement qui est à l'origine de chaque tableau n'est pas identique. Mais surtout les deux variables que l'on met en relation dans un tableau à double entrée n'ont pas toujours le même statut : certaines sont envisagées comme des causes, on les appelle *variables indépendantes* ou *explicatives* (ce sont elles qui expliquent les variations de la deuxième variable), les autres sont dites *dépendantes*. Le plus souvent la variable indépendante apparaît en colonne, sauf si le nombre de modalités est trop important.

Finalement, ce tableau croisé nous a permis de poser un constat statistique : l'orientation d'un élève dans tel ou tel type de bac dépend en partie de la PCS de ses parents. La variable « type de baccalauréat » est la *variable dépendante*, la variable « PCS » est la *variable indépendante* ou *explicative* : le fait d'être de telle ou telle origine sociale explique en partie le fait d'accéder à et d'obtenir tel ou tel type de bac. On utilise le terme « explique » en référence à l'expression « variable explicative », mais il nous semble préférable de dire que « telle ou telle variable *dépend* en partie de telle ou telle autre ». Car il s'agit d'un constat : dans les faits ceci dépend en partie de cela ; mais *pourquoi* ceci dépend de cela, ce tableau ne nous le dit pas, il nous faudra chercher une explication sociologique à ce phénomène. C'est à travers les théories développées par Pierre Bourdieu autour de la notion de « capital culturel » et/ou celles développées par Raymond Boudon autour du « choix rationnel » que nous trouverons une explication.

Exercice 7

Tableau 2.10 « Avec un sujet comme la première communion, a-t-on plus de chances de faire une photo… ? » Répartition des enquêtés selon le niveau de diplôme et le jugement de goût

	Niveau de diplôme			
Jugement	**Inférieur au bac**	**Bac**	**Supérieur au bac**	**Total**
Laide	30	26	45	101
Insignifiante	<u>140</u>	93	<u>186</u>	419
Intéressante	170	52	82	304
Belle	255	<u>41</u>	48	344
NR	12	4	11	27
Total	607	216	372	1 195

Source : P. Bourdieu, *La Distinction*, Paris, Minuit, 1979, p. 79.

1. Le tableau 2.10 est un tableau croisé en effectifs. Quelles sont les deux variables en présence ? De quel type de variables s'agit-il ?

2. Nous souhaitons passer de ce tableau en valeurs absolues à un tableau en valeurs relatives. Construisez le tableau de pourcentages par rapport aux colonnes. Quelle est la signification des trois nombres que vous avez trouvés à la place des chiffres soulignés du tableau 2.10 ? À quel type de question, ce tableau permet-il de répondre ?
3. Réalisons maintenant des calculs de pourcentages par rapport aux lignes. Quelles sont les colonnes ou lignes « total » et « ensemble » ? Faites les calculs seulement pour les cases où se trouvent les chiffres soulignés et expliquez la signification des trois chiffres que vous avez trouvés. À quel type de question, ce tableau permettrait-il de répondre ?
4. Quel(s) type(s) de jugements se trouve(nt) surreprésenté(s) dans la population qui a un niveau de diplôme supérieur au bac ? Quel(s) type(s) de jugements se trouve(nt) surreprésenté(s) dans la population qui a un niveau de diplôme inférieur au bac ? Qu'est-ce qui vous permet dans les deux cas d'avancer ces constats ?
5. Dans l'ouvrage dont est tiré le tableau 2.10, Pierre Bourdieu prend comme objet le domaine des goûts (artistiques, culinaires, vestimentaires…). Les jugements de goûts (« j'aime ceci, je n'aime pas cela, je trouve ceci sans intérêt et cela d'une grande beauté… ») sont revendiqués par les individus comme de l'ordre du personnel et de la sphère privée. Commentez en quelques lignes les résultats à la question précédente en utilisant les termes statistiques consacrés, tels que « variable », « corrélation », « variable dépendante », « variable indépendante »… Les jugements de goûts vous semblent-ils purement de l'ordre de la sphère privée ?
6. Reprenez le tableau de l'exercice 6 et répondez à la question suivante : que peut-on dire des femmes employées ?

Il faut être très prudent quand on a affaire à une corrélation. En effet, une relation statistique constatée entre deux variables n'est pas obligatoirement une relation statistique avérée, car il se peut qu'une des deux variables (ou les deux) soit influencée par une troisième. Pour s'assurer qu'une liaison observée est une relation réelle, il faut montrer qu'elle n'est pas attribuable à d'autres variables (qui seraient en corrélation avec l'une et/ou l'autre variable de départ) ; on passe ainsi de l'*analyse bivariée* (entre deux variables) à *l'analyse multivariée* (Berthier, 1998, p. 195-198 ; Blöss et Grossetti, 1999, p. 161-170 ; Lazarsfeld, 1966, p. 15-27).

Prenons un exemple : des études ont montré que les hommes (variable 1 = le sexe = *variable indépendante*) avaient plus d'accidents de voiture (variable 2 = nombre d'accidents de voitures = *variable dépendante*) que les femmes. On peut facilement imaginer les explications avancées : ils sont moins prudents, plus casse-cou, aiment la vitesse, etc. ; mais s'agit-il d'une réelle corrélation ? Cette relation n'est-elle pas attribuable à une autre variable ? Qu'en est-il par exemple du kilométrage ? Les hommes, pour des raisons sociales et professionnelles, ne roulent-ils pas plus que les femmes, et auraient alors plus de probabilités d'avoir des accidents ? Pour vérifier cela, on va introduire la variable « kilométrage effectué dans l'année » (variable 3 ou *variable test*) et comparer le nombre d'accidents des hommes et des femmes à même nombre de kilomètres effectués. On constate alors qu'à kilométrage égal, les hommes et les femmes ont le même nombre d'accidents. On dit que l'on *neutralise*, ou que l'on *contrôle* la variable test : on observe la relation entre la variable 1 (le sexe) et la variable 2 (le nombre d'accidents) à valeur constante de la variable 3 (à même nombre de kilomètres). On réalise alors généralement un tableau à trois variables. Mais comment choisir et trouver les variables tests intéressantes et pertinentes ? En faisant des *hypothèses* et en testant ces hypothèses statistiquement, ce qui nous permettra de les *valider* (l'hypothèse est bonne : il y a une réelle relation) ou de les *invalider* (il n'y a pas de réelle relation). Qu'est-ce qui nous permet de formuler ces hypothèses ? À la fois le bon sens et l'« imagination sociologique » qui se nourrit de lectures et de culture sur la société française et les autres sociétés.

Quelques exemples de fausses relations

Dans l'exemple ci-dessus, l'une des variables (le sexe) est corrélée à une troisième (le nombre de kilomètres effectués) ; mais on peut rencontrer d'autres cas de figure.

Ainsi si l'on représente sur un graphique chaque pays en fonction de son espérance de vie moyenne (variable 1) et de son niveau de consommation de viande par habitant (variable 2), on se rend compte que plus on mange de viande, plus l'espérance de vie est élevée. On aboutirait à la même conclusion en remplaçant la viande par le tabac ou l'alcool. En fait l'espérance de vie est liée au niveau de richesse du pays, exprimé par le PIB/habitant ; il en est de même du niveau de consommation de viande, d'alcool ou de tabac. Dans ce cas, les variables 1 et 2 dépendent toutes deux de la variable 3, et varient en fonction d'elle.

La représentation sur deux cartes d'Italie au milieu des années 1990 des taux de divorce d'une part (variable 1), du nombre d'ordinateurs par ménage d'autre part (variable 2), montre « une corrélation très étroite entre la localisation des divorces et celle des ordinateurs. Faut-il en déduire que l'usage d'ordinateurs est source de divorces, ou que les couples qui s'entendent mal ont plus que les autres tendances à acheter des ordinateurs ? Il suffit de connaître un peu l'Italie pour trouver la réponse. Où divorce-t-on dans ce pays ? Surtout dans le nord, moins marqué que le sud par la tradition catholique, et avant tout dans les grandes villes de cette région. Et où y a-t-il le plus d'ordinateurs ? Surtout dans le nord, économiquement plus développé, et principalement dans les grandes villes. [...] La localisation des divorces dépend de l'influence de la religion (variable 3) et celle des ordinateurs du niveau de développement économique (variable 4). Bien que religion et niveau de développement économique soient largement indépendants, il se trouve que le Nord est à la fois moins religieux et plus riche » (Klatzmann, 1996, p. 240). Ici la variable 1 dépend et varie en fonction de la variable 3, la variable 2 de la variable 4, or, dans ce cas précis, les variables 3 et 4 évoluent de concert.

Explications sociologiques des inégalités sociales devant l'école

Le bon sens peut donner deux explications à l'effet « origine sociale » : le salaire (les enfants de cadres supérieurs réussissent mieux parce que leurs parents ont plus d'argent, achètent plus de livres, leur font suivre des cours particuliers...) et le niveau de diplôme des parents. Il va donc falloir essayer de dissocier l'effet salaire et l'effet diplôme. Prenons le tableau 2.11 issu de l'enquête Ined sur la cohorte 1962.

Tableau 2.11 Proportion d'élèves de CM2 classés comme « bons ou très bons élèves » en fonction du niveau de diplôme et du revenu mensuel (RM) de leur père en francs

Diplôme du père	RM de 400 à 1 000	RM de 1 001 à 1 400	RM de 1 401 à 2 000	RM 2 001 et plus	Ensemble
Aucun diplôme	42	36	42	...	38
CEP	40	37	46	43	39
Techniques (CAP, BEP...)	28	44	52	42	47
BEPC	55	63	60	54	63
Bac et +	...	65	68	65	68
Ensemble	39	43	53	59	48

Source : P. Clerc, « Âge, orientation scolaire et sélection », *in La Population et l'enseignement*, Paris, Ined, 1970, p. 156.

... = nombre d'élèves observés dans l'échantillon trop faible pour permettre le calcul.

Ce tableau met en relation une variable à expliquer ou variable dépendante (être classé bon ou très bon élève par son instituteur, que l'on pourrait appeler la « valeur scolaire » de l'élève) avec deux variables explicatives ou indépendantes (le niveau de diplôme et le revenu du père). Pour analyser l'effet salaire, on fait une lecture horizontale du tableau : à niveau de diplôme égal, on neutralise ainsi l'effet diplôme ; et l'on constate que l'effet salaire n'est pas évident : il n'y a pas d'augmentation systématique entre le début et la fin de chaque ligne. Pour analyser l'effet diplôme on réalise une lecture verticale : à niveau de salaire égal ; on constate alors que l'effet diplôme existe, il y a une augmentation quasi systématique (sauf pour la première colonne pour laquelle il faudra trouver une explication) et nette de début en fin de colonne.

Cette analyse multivariée montre ainsi qu'il n'y a quasiment pas d'effet salaire mais un fort effet diplôme : à diplôme identique, le salaire ne joue pas dans la réussite de l'enfant, en revanche à salaire identique le niveau de diplôme joue beaucoup sur sa réussite. Ce constat n'est, bien sûr, valable que dans un contexte historique et social donné : celui d'une société riche où l'école est gratuite. La même enquête montre que cet effet diplôme ne réside pas dans l'aide qu'apportent les parents diplômés ; là aussi, on peut tester cet effet en l'isolant (à niveau de diplôme égal), et constater qu'il n'existe pas de lien direct entre la fréquence d'intervention des parents et le niveau de réussite scolaire. L'explication, et la sociologie commencent réellement là : par quelle alchimie sociale, le diplôme va-t-il au diplôme ?

Pour rendre compte du processus qui lie milieu social et réussite scolaire, Bourdieu et Passeron (1964 et 1970) ont construit la notion d'« héritage culturel ». Cet héritage, dont bénéficient les élèves ou étudiants issus des catégories supérieures, est constitué de savoirs (familiarité avec les œuvres culturelles…), d'informations sur l'école ou l'université et leur fonctionnement (les bons choix d'options et de filières…), mais également de manières (aisance verbale…), de savoir-faire (style d'expression écrite et orale…), de goûts (pour les choses intellectuelles…), de rapports à l'école et à la culture, c'est-à-dire d'un ensemble d'attitudes que l'on attribue en général à la nature et au don. Cet héritage culturel est responsable de l'inégalité initiale des enfants devant la culture et devant l'école ; il se transmet par imprégnation quotidienne beaucoup plus que par un effort méthodique. Bourdieu a par la suite construit le concept de « capital culturel » (l'héritage culturel correspondant à l'héritage de ce « capital culturel ») qu'il décompose en trois dimensions. Le capital culturel existe :

- à « l'état incorporé » sous forme de « dispositions durables de l'organisme », tels que la présentation de soi, les manières, le langage, etc., ce que Bourdieu appellera plus tard l'*habitus* ;
- à « l'état objectivé sous la forme de biens culturels, tableaux, livres, dictionnaires, instruments », aujourd'hui ordinateurs, etc. ; il ne suffit pas de transmettre ces biens, il faut aussi transmettre la manière et l'habitude « réflexe » de s'en servir ;
- sous une « forme institutionnalisée », garantie par l'institution scolaire sous la forme de diplômes. Cette forme de capital culturel est directement convertible en capital économique par le biais du marché du travail. Mais la détention d'un titre scolaire ne garantit pas l'accès à une position déterminée, il faut aussi savoir en faire bon usage, savoir le placer, etc., différentes choses qui sont de l'ordre de l'habitus.

Les inégalités sociales de réussite scolaire et de cursus résultent donc des inégalités de répartition et de transmission du capital culturel. L'école non seulement reproduit (d'où le titre de l'ouvrage *La Reproduction*) les inégalités sociales devant la culture en se montrant indifférentes à ces différences, mais en plus, en expliquant les inégalités de réussite par les dons et le mérite des individus, les légitime. Les individus ne se perçoivent finalement pas comme le produit d'une histoire et d'une société mais comme des personnalités plus ou moins douées, plus ou moins brillantes, plus ou moins intellectuelles, plus ou moins intéressées par l'école...

Ce système analysé et dénoncé par Bourdieu, Passeron et d'autres sociologues dans les années 1960 et 1970 a connu certaines modifications, mais continue globalement à fonctionner sur ce mode.

Mais les inégalités de réussite n'expliquent pas toutes les inégalités de trajectoires scolaires : que faire par exemple du fait qu'à note scolaire égale il existe des taux de passage des paliers (6e puis 4e puis 3e...) inégaux selon l'origine sociale des parents ? L'enquête Ined l'avait déjà mis en évidence (tableau 2.12).

Tableau 2.12. Taux d'entrée en 6e en 1962 selon l'âge, la valeur scolaire et le groupe social

Âge révolu au 31 décembre 1962	Ouvrier agricole	Agric.	Ouvrier	Artisan, comm.	Employé	Cadre moy.	Prof. libérales, industriel	Cadre sup.	Ensemble
Élèves excellents ou bons :									
- moins de 11 ans	65*	69	79	94	95	84	98	98	89
- 11 ans	72	78	90	96	96	99	98	99	92
- 12 ans	60	60	79	88	91	96	96	98	80
- 13 ans	...	7	45	48	63	77*	92*	69	51
Élèves moyens :									
- moins de 11 ans	...	23	69	77	90	87*	86	90	78
- 11 ans	43	35	57	78	78	81	92	99	65
- 12 ans	27	34	45	61	59	71	96	90	50
- 13 ans	12	18	11	40	33	65*	60*	86*	20
Élèves médiocres et mauvais :									
- 11 ans	0	19	81	39	45	73	80	85	33
- 12 ans	0	6	9	18	15	29	42	52	11
- 13 ans	0	6	3	11	10	12*	16*	59*	6

Source : P. Clerc, « Âge, orientation scolaire et sélection », in La Population et l'enseignement, Ined, Paris, 1970, p. 161.

... = nombre d'élèves observés dans l'échantillon trop faible pour permettre le calcul ; * = résultat peu précis.

Ce tableau met en relation quatre variables : le taux d'entrée en 6e en 1962 (variable dépendante) selon l'âge, la valeur scolaire et le groupe social (trois variables indépendantes). Une lecture horizontale permet de neutraliser les variables âge et valeur scolaire pour n'étudier que l'effet « origine sociale ». Ainsi, le chiffre souligné (92 : 2e ligne, dernière colonne) signifie que sur 100 élèves sortis du CM2 en juin 1962, toutes PCS confondues, âgés de 11 ans classés excellents ou bons élèves par leur instituteur, 92 entrent en 6e. Intéressons-nous à la différence entre enfants d'ouvriers et enfants de cadres supérieurs. Pour les élèves excellents ou bons de 11 ans, la différence existe mais est peu marquée (90/99), elle devient plus marquée dès que l'enfant a redoublé une fois (79/98) ; pour les élèves moyens âgés de 11 ans la différence est déjà nettement plus forte (57/99), elle s'accentue fortement avec un redoublement (45/90, soit 45 points d'écart ou deux fois plus de chances d'accéder à la 6e pour un élève moyen de 12 ans, enfant de cadre supérieur que pour le même type d'élève enfant d'ouvrier) et encore plus avec deux redoublements (11/86) ; même chose pour les élèves médiocres et mauvais ayant connu un redoublement (9/52). De manière générale, la comparaison avec les chiffres de la colonne « ensemble » nous donnerait les profils en termes de sur- et sous-représentation. Ce constat a été reconduit de nombreuses fois depuis.

Comment expliquer ces différences d'orientation en fonction de l'origine sociale qui vont produire des différences de trajectoires scolaires, mais qui ne sont pas liées aux différences de valeur scolaire (imputables en grande partie aux différences de capital culturel) ? C'est à ce travail que va s'attaquer un autre grand sociologue français : Raymond Boudon. Il va considérer que l'école est un système caractérisé par une suite de points de bifurcation (paliers d'orientation). À chacun de ces points, l'individu (essentiellement les parents dans le secondaire) est un acteur qui prend des décisions, fait des choix rationnels fondés sur une anticipation de l'avenir, en fonction d'une analyse coûts/bénéfices : coûts en temps, argent et risques d'échec par rapport aux bénéfices potentiels. Cette estimation des coûts et des bénéfices est différente selon la position sociale des parents. Les familles n'ignorent pas que l'orientation se fonde sur des critères scolaires, et leurs demandes s'adaptent aux notes et à l'âge de l'enfant. Mais quand l'élève est moyen, cette auto-sélection est plus ou moins forte selon le milieu social : quand la situation est incertaine, les familles d'ouvriers se montrent plus prudentes et renoncent à demander les filières générales ; à l'inverse pour les élèves un peu « justes », seules les familles de milieu aisé osent demander ces orientations. Ces demandes familiales sont largement suivies par les conseils de classe ; en ne corrigeant pas à la hausse les demandes de ceux qui se sont fortement auto-sélectionnés, ces conseils entérinent les différences sociales véhiculées par ces demandes.

Les inégalités sociales de trajectoires scolaires sont donc à la fois des inégalités sociales de réussite et des inégalités sociales d'orientation. Il est donc préférable de considérer les approches de Bourdieu et Boudon, non comme opposées (ce fut souvent et longtemps le cas) mais comme complémentaires (Ferréol, sous la dir. de, 1994, chap. 9). D'autant que nous avons ci-dessus largement simplifié : on ne peut pas associer aussi étroitement les inégalités de réussite aux explications de Bourdieu et les inégalités d'orientation aux explications de Boudon ; dans les secondes, entre pour une large part l'action de l'habitus des parents, dans les premières entre pour une part l'effet des stratégies des parents dans le choix d'options. En effet, ces choix aboutissent à un tri des élèves, tri à la fois scolaire (bons élèves…) et social (origine sociale), et à la constitution implicite de classes de niveaux : bonne classe avec l'allemand première langue ou les classes européennes, etc. Or des enquêtes statistiques ont montré que l'on progresse plus dans les « bonnes classes » ; les inégalités sociales vont ainsi se cumuler et se sédimenter (Duru-Bellat, 2002).

De nombreux sociologues de l'éducation ont considéré que ces deux approches s'étaient peu intéressées aux processus concrets de reproduction ou de non-reproduction des inégalités au sein de l'école, et ont développé des recherches en ce sens (Cacouault et Œuvrard, 2001, p. 54-64). Finalement, le Conseil national d'évaluation du système scolaire a montré que non seulement l'école reproduit les inégalités sociales mais les amplifie (Cnesco, 2016).

Correction exercice 6

1. (14 555 000 / 29 792 000) × 100 = 48.9 % ; les femmes représentent 48.9 % de la population active totale.

2. Les PCS qui ont le poids le plus important dans la population active totale (on réalise les calculs à partir de la dernière colonne) sont les employés (26.0 % de la population active totale), les professions intermé-

diaires (24.2 %) et les CPIS (21.8 %) ; dans la population active masculine (attention on réalise les calculs à partir de la deuxième colonne) ce sont les ouvriers (30.6 % de la population active masculine), les CPIS (24.5 %) et les professions intermédiaires (22.1 %) ; dans la population active féminine (on réalise les calculs à partir de la première colonne), ce sont les employées (40.9 % de la population active féminine), les professions intermédiaires (26.4 %) et les CPIS (19.0 %).

3. (2 761 000/ 6 492 000) × 100 = 42.5 % ; sur 100 cadres et professions intellectuelles supérieures 42.5 sont des femmes.

4. (292 000 / 15 238 000) × 100 = 1.9 % ; sur 100 hommes actifs, 1.9 sont agriculteurs exploitants.

5. (2 761 000 / 14 555 000) × 100 = 19.0 % ; sur 100 femmes actives, 19 sont cadres.

(2 761 000/ 6 492 000) × 100 = 42.5 % ; sur 100 CPIS, 42.5 sont des femmes.

6. (138 000 + 568 000) / (430 000 + 1 830 000) × 100 = 31.2 %. Les femmes représentent 31.2 % des indépendants.

Correction exercice 7

1. Les deux variables sont le niveau de diplôme et le jugement de goût, deux variables qualitatives.

Tableau 2.13 Pourcentages en colonnes

	Niveau de diplôme			
Jugement	**Inférieur au bac**	**Bac**	**Supérieur au bac**	**Ensemble**
Laide	4.9	12.0	12.1	8.5
Insignifiante	23.1	43.1	50.0	35.1
Intéressante	28.0	24.1	22.0	25.4
Belle	42.0	19.0	12.9	28.8
NR	2.0	1.9	3.0	2.3
Total	100.0 (n = 607)	100.1 (n = 216)	100.0 (n = 372)	100.1 (N = 1 195)

2. Sur 100 enquêtés dont le niveau de diplôme est inférieur au bac, 23.1 pensent qu'avec un sujet comme la première communion on a plus de chance de faire une photo insignifiante ; c'est le cas de 50 % des enquê-

tés dont le niveau de diplôme est supérieur au bac. Sur 100 enquêtés dont le niveau de diplôme est égal au bac, 19 pensent qu'avec un sujet comme la première communion on a plus de chance de faire une belle photo. Ce tableau nous indique comment se répartissent par jugement de goût les individus ayant le même niveau de diplôme, il permet de répondre à la question « Pour chaque niveau de diplôme, comment se répartit le jugement esthétique ? »

3. La colonne « Total » est la dernière colonne du tableau ; la ligne « Ensemble » est la dernière ligne.

(140 / 419) × 100 = 33.4 %

(186 / 419) × 100 = 44.4 %

Sur 100 personnes qui ont répondu « insignifiante », 33.4 ont un niveau de diplôme inférieur au bac et 44.4 un niveau supérieur au bac.

(41 / 344) × 100 = 11.9 %. Sur 100 personnes qui ont répondu « belle », 11.9 ont un niveau de diplôme égal au bac.

Ce tableau nous indiquerait comment se répartissent par niveau de diplôme les individus ayant le même jugement de goût, et permettrait de répondre à la question : « Pour chacun des jugements esthétiques, comment se répartissent les différents niveaux de diplôme ? »

4. Les jugements « laide » et « insignifiante » sont surreprésentés dans la population qui a un niveau de diplôme supérieur au bac, tandis qu'ils sont sous-représentés dans la population qui a un niveau de diplôme inférieur au bac. C'est en comparant aux répartitions marginales (la colonne « ensemble ») que nous pouvons avancer ces constats. Ainsi pour les bacs +, la modalité « laide » est surreprésentée de 12.1 – 8.5 = 3.6 points, celle « insignifiante » de 50.0 – 35.1 = 14.9 points. Pour les diplômes inférieurs au bac, les modalités « intéressante » et « belle » sont surreprésentées.

5. Ce tableau croise deux variables : le jugement de goût à propos d'une photo et le niveau de diplôme ; nous constatons qu'il existe une corrélation entre ces deux variables, le niveau de diplôme étant la variable indépendante, le jugement de goût la variable dépendante. Il faudrait conforter ce constat dans d'autres domaines des goûts (artistiques plus largement, culinaires, vestimentaires…) et peut-être sur un échantillon plus important. Il semblerait en tout cas que les jugements de goût ne

relèvent pas strictement de la sphère privée, mais dépendent en partie de la situation sociale de l'individu.

6. (5 959 000 / 7 756 000) × 100 = 76.8 %. Les femmes représentent 76.8 % des employés, alors qu'elles représentent 48.9 % de la population active totale ; elles sont donc surreprésentées dans cette catégorie. On peut arriver à la même conclusion en calculant la part des employés au sein de la population active féminine (5 959 000 / 14 555 000) × 100 = 40.9 %, en la comparant à la part des employés au sein de la population active totale (7 756 000 / 29 792 000) × 100 = 26.0 %. Dans tous les cas, on ne peut dire quelque chose de cette catégorie qu'en comparant aux répartitions marginales.

Chapitre 3

Réussite et démocratisation scolaires

Nous allons, dans ce chapitre, prendre un peu de hauteur et réfléchir à deux phénomènes : celui de la réussite scolaire et celui de la démocratisation de l'enseignement. Ce dernier nous permettra d'aborder plus en détail la question du traitement des variables quantitatives et de faire connaissance avec quelques nouveaux outils. Mais les deux grands objectifs de ce chapitre sont, premièrement, d'apporter des éléments pour une analyse critique de l'utilisation des statistiques dans le débat public, deuxièmement, d'alimenter notre réflexion sur la manière dont on peut construire une connaissance d'un phénomène social à partir de statistiques. Nous serons après cela en mesure de quitter le domaine scolaire pour tenter une généralisation des idées apparues tout au long de cette première partie quant à l'utilisation des données chiffrées.

Réussir à l'école, réussir à l'université

La notion de réussite est indissociable de celle d'échec. Or c'est au cours des années 1960 et 1970, que celle-ci s'impose au centre des débats sur l'école, au moment même où s'étend la scolarisation dans le secondaire :

> « Si les façons de faire, les références culturelles, les conduites attendues restent exactement ce qu'elles ont été, une part importante du nouveau public éprouve de telles difficultés qu'elle est rapidement éliminée comme inapte. Non seulement le retard, mais l'échec devient un problème social. »
>
> (Isambert-Jamati, 1985, p. 162.)

Avant ces années-là, on n'échouait pas scolairement lorsqu'on n'accédait pas au lycée, c'était plus ou moins dans l'ordre des choses.

> « À partir du moment où l'échec scolaire est ressenti comme un vrai problème, comme un enjeu reconnu légitime, il devient, du même coup, autant un objet de luttes qu'un moyen de luttes. »
>
> (Lahire, 1993, p. 46.)

Certains s'en servent pour promouvoir ou critiquer telle ou telle réforme, telle ou telle méthode pédagogique (comme les critiques de la méthode globale d'apprentissage de la lecture), pour demander des moyens supplémentaires, etc.

Le même phénomène s'est reproduit avec l'université à partir des années 1990, et pareillement peu après une augmentation considérable du nombre d'étudiants et une ouverture à de nouveaux publics. L'échec à l'université est devenu un problème social au tournant des années 2000, problème aux enjeux politiques forts depuis « le mouvement anti-CPE » de 2006 qui est parti des étudiants et que beaucoup ont mis sur le compte du « malaise des universités » ; ce sera également le cas du mouvement contre la réforme des universités de l'automne 2007. La plupart des analyses de l'enseignement supérieur mettent l'accent sur le problème de la première année universitaire et de ses taux d'échec et d'abandon importants. C'est d'ailleurs ainsi que Valérie Pécresse a justifié la mise en place accélérée de son « Plan licence » pour le mois de février 2008, le présentant comme une réponse aux inquiétudes à la base des mouvements étudiants. C'est également comme solution à ces taux d'échec et d'abandon importants que le gouvernement d'Emmanuel Macron et la ministre de l'Enseignement supérieur, Frédérique Vidal, ont justifié l'adoption de Parcoursup en 2018.

Nous centrerons cette partie sur la question de l'enseignement supérieur[1]. Nous analyserons les statistiques utilisées et leur mode de construction, puis nous réfléchirons à ce que ces statistiques oublient ou occultent, et à la conception de la réussite qui est à leur base.

Les indicateurs transversaux

Nous trouvons, dans différents documents, des références aux « taux d'échec », « taux de réussite », « taux d'abandon » ou « taux de sortie » (« sans suite à l'université »), et inversement au « taux de survie ». Pour essayer d'y voir plus clair, nous allons partir de statistiques locales : celles d'une université particulière.

• Dans le cadre de l'université X

Dans cette université, un certain nombre de taux sont calculés à partir de différentes populations définies de la manière suivante :

- les inscrits administratifs : étudiants inscrits dans le cadre d'un cursus menant à un diplôme national et ayant acquitté leurs droits d'inscription ;
- les présents à l'examen ; la présence à l'examen est définie de la façon suivante : on ne compte qu'une fois les étudiants par diplôme même s'ils ont participé aux deux sessions (la première session étant la session « normale », la seconde étant la session de rattrapage pour les examens non passés ou non réussis lors de la première) ; toute absence à un examen (pour maladie par exemple) fait compter l'étudiant comme absent de manière générale. Un

1. Nous avons choisi de ne pas réactualiser cette partie par rapport à la première édition de cet ouvrage. Elle a en effet sa cohérence, en particulier en matière de données fournies par des institutions différentes et que l'on ne retrouve plus systématiquement aujourd'hui. Par exemple, concernant le devenir des étudiants et les taux de réussite et d'abandon, l'université X que nous prenons comme exemple ne fournit plus ces données. Pour réactualiser et nourrir la réflexion sur les questions d'échec et d'abandon à l'université, nous conseillons vivement la lecture de Bodin et Orange (2013, p. 109-149) et de Hugrée et Poullaouec (2022, p. 57-81).

étudiant ajourné en session 1 et absent en session 2 est considéré comme présent dans l'indicateur annuel ;
- les admis : il s'agit des étudiants qui ont obtenu leur année entière en session 1 ou en session 2 ; ceux qui ont obtenu 80 % ou 90 % de leur année ne sont pas comptabilisés comme admis.

Nous voyons déjà, dans ces définitions, les limites de ces catégories, limites essentiellement liées à celles des outils informatiques, en particulier au logiciel de gestion des scolarités (Apogée). Ainsi sont considérés absents tous ceux pour qui la moyenne ne peut pas se faire automatiquement sur Apogée, or la moyenne ne peut être lancée dès qu'il y a absence à une unité d'enseignement.

Comment, à partir de ces populations, calculer un taux de réussite en première année ? En mettant les admis au numérateur ; mais que met-on au dénominateur (c'est à nouveau la question du choix de la population de référence qui se pose) ? Les inscrits ? Les présents aux examens ? Voyons ce que cela donne avec des chiffres précis.

Pour une composante de l'université regroupant cinq filières de sciences humaines et sociales (SHS), nous nous trouvons pour l'année 2005-2006 avec :
- un nombre d'inscrits de 1 707 ;
- un nombre de présents de 867 ;
- un nombre d'admis de 487.

Si nous calculons le *taux de réussite* en première année à partir du nombre d'inscrits, nous obtenons (487 / 1 707) × 100 = 28.5 %, soit sur 100 étudiants inscrits en première année dans ces filières, 28.5 réussissent leur année. Si nous calculons à partir du nombre de présents : (487 / 867) × 100 = 56.2 %, soit sur 100 étudiants inscrits en première année dans ces filières et présents à tous les examens, 56.2 obtiennent leur année. Nous n'avons pas pris la même base, vous voyez à quels écarts cela nous conduit. Quel calcul peut-on considérer comme le plus pertinent ? Sûrement le dernier, parce que l'on ne peut pas réussir à des examens auxquels on ne se présente pas. Cela dit, l'information concernant le nombre de « disparus » entre inscriptions et examens est importante, on peut calculer un *taux de présence* rapportant le nombre de présents au nombre d'inscrits, soit (867 / 1 707) × 100 = 50.8 %.

Les définitions mêmes des catégories sont, nous l'avons vu, imparfaites, ce qui n'empêche pas ces calculs de nous donner des ordres de grandeur intéressants : un inscrit sur deux est présent aux examens (tel que défini par les logiciels de gestion), un peu plus d'un présent aux examens sur deux obtient l'intégralité de sa première année. Notons qu'il s'agit d'une moyenne sur cinq filières, il peut exister des situations très différentes d'une filière à l'autre, soit pour l'un des deux taux, soit pour les deux. Le personnel de l'université sait, d'autre part, par ses pratiques de surveillance et de corrections d'examens, qu'il existe une « déperdition » importante entre la première et la seconde session, ce que ne nous permettent pas de voir les définitions des catégories ci-dessus. Si l'on pouvait ne prendre en considération que les étudiants qui participent réellement aux deux sessions quand ils ont échoué à la première, on arriverait à un taux de réussite de près de 80 %. Alors que peut-on tirer de tout cela ? Essayons déjà de comparer avec une autre composante SHS de l'université, ne comprenant, pour des raisons historiques, qu'une filière. Pour l'année 2005-2006 :

- un nombre d'inscrits de 223 ;
- un nombre de présents de 136 ;
- un nombre d'admis de 107.

D'où un taux de présence de 61 % et un taux de réussite sur les présents aux examens de 78.7 %, soit des taux bien plus importants que ceux de la première composante. Que peut-on en déduire ? Que la seconde composante est plus « performante » que la première ? Que c'est essentiellement lié à un effet de taille ? Cela peut vouloir dire beaucoup d'autres choses, par exemple :

- que les étudiants de la seconde composante sont, à l'entrée à l'université, d'un bien meilleur niveau que ceux de la première (cela ne nous dirait alors pas grand-chose de la performance intrinsèque des deux composantes, puisque cela dépendrait de facteurs « préexistants » à la première année universitaire) ;
- que les étudiants de la seconde composante s'inscrivent dans cette discipline en étant beaucoup plus motivés et donc beaucoup plus « accrochés » à leur première année universitaire ;
- que les enseignants de la seconde composante encadrent mieux leurs étudiants, les « accrochent » plus, etc., et seraient donc plus « performants » ;
- que les enseignants de la première composante sont plus sélectifs que ceux de la seconde, leur niveau d'exigence est plus élevé, et « donc » les formations et les diplômes qu'ils délivrent sont de « meilleure qualité » ;

- ou un peu des quatre explications, ou un peu de deux sur quatre, ou peut-être encore autre chose à quoi nous n'avons pas pensé. On peut donc interpréter ces quelques chiffres de manières très diverses.

Nous pourrions également comparer dans le temps car nous disposons de ces statistiques depuis 1998-1999 (mise en place efficace d'Apogée). Comparons les données de cette année-là avec celles de 2005-2006 en calculant les taux d'accroissement de chacun de ces taux sur la période. Première composante, 1998-1999 : 1 612 inscrits, 871 présents et 562 admis, soit un taux de présence de 54.0 % et un taux de réussite sur les présents de 64.5 %. D'où des taux d'accroissement négatifs de – 5.9 % pour le taux de présence [(50.8 – 54.0 / 54.0) × 100] et – 12.9 % pour le taux de réussite [(56.2 – 64.5 / 64.5) × 100]. Mais 1998-1999 et/ou 2005-2006 peuvent être des années particulières, il serait donc préférable d'analyser les évolutions d'année en année pour vérifier qu'il existe réellement une seule et même tendance.

Quant à une comparaison avec d'autres universités, les définitions des catégories n'étant pas toujours les mêmes, elles s'avèrent particulièrement difficiles. C'est pourquoi le ministère utilise d'autres indicateurs.

• Dans le cadre du ministère

Le ministère de l'Éducation nationale publie des taux de réussite pour chaque diplôme qu'il délivre : le taux de réussite au brevet est ainsi calculé en rapportant les admis aux présents, le taux de réussite au baccalauréat également, est considéré présent dans ce dernier « tout candidat qui a participé au moins à une épreuve ». En ce qui concerne l'enseignement supérieur, le ministère fait de même : il ne fournit des statistiques qu'en termes de résultats aux diplômes et non pas en termes de résultats aux examens annuels, le nombre de diplômes délivrés étant une donnée fiable.

Le système d'information et de suivi de l'étudiant (SISE) est composé de deux opérations annuelles (deux « remontées SISE ») : un recensement individuel des inscriptions – dans lequel figurent un certain nombre de variables socio-démographiques (sexe, année de naissance, PCS des parents…) ainsi que des variables concernant la scolarité antérieure de l'étudiant (série, année et académie du bac…) – « remonte » de chaque université au mois de janvier pour l'année universitaire en cours, puis un recensement individuel des résultats aux diplômes « remonte », depuis 1998, au ministère au mois de mai pour l'année universitaire précédente. À chaque étudiant est affecté, depuis 1995, un « identifiant national étudiant » ou INE, reprenant le numéro BEA (base élèves académique) qui figure sur le relevé de notes du bac et qui a été attribué à chaque enfant au cours de sa scolarité, en général au collège. Chaque année, la Direction de l'évaluation et de la prospective du ministère effectue un couplage des fichiers SISE Effectifs et SISE Résultats et propose des statistiques de réussite au DEUG (diplôme bac + 2), en fonction des disciplines, des types de bac, du sexe, de l'âge, et des universités. Depuis la rentrée 2002, la mise en place de la réforme LMD (licence = bac + 3 ; master = bac + 5 ; doctorat = bac + 8) s'est réalisée progressivement pour concerner toutes les universités à la rentrée 2006. Pendant ces quatre années universitaires, les universités n'étant pas dans une situation identique, le ministère n'a pas publié de taux de réussite mais des probabilités de réussite que nous ne détaillerons pas ici.

Une note d'information (n° 03.32) de la DEP de 2003 annonçait ainsi qu'« en 2001, les trois quarts des étudiants obtiennent le DEUG ». Ce taux élevé est *a priori* surprenant, la situation de l'université ci-dessus — qui connaissait en 2000, toutes disciplines confondues, un taux de réussite (sur les présents) en première année de 65 % et un taux de réussite sur les inscrits de 40 % — serait alors très marginale, et le problème de l'échec à l'université serait à relativiser. Ce taux élevé du ministère est en fait lié à la population prise en compte au dénominateur. On peut ainsi lire dans l'encadré « Définitions et source » de la dernière page de cette note d'information que « le taux de réussite au DEUG rapporte le nombre de diplômés au *nombre d'entrants confirmés* », et plus loin que « les entrants confirmés sont les étudiants qui ont poursuivi leurs études en premier cycle, un an après leur entrée. Ainsi, les effets de la volatilité étudiante en première année de premier cycle ne sont pas pris en compte dans les taux de réussite ». Une lecture attentive de la première page nous apprend, d'autre part, dans une note de bas de page, que « les taux de réussite calculés ici ne prennent pas en compte le parcours des bacheliers professionnels et des non-bacheliers car ils sont très peu nombreux à entreprendre des études universitaires générales ». Finalement, le *champ* de l'enquête est constitué des étudiants confirmés, hors bacs pros et non bacs, *inscrits* et non pas présents ; car les chiffres de présence aux examens ne « remontent » pas au ministère, la définition de la présence pouvant différer d'une université à l'autre. Ce taux de réussite n'est donc en rien comparable à celui calculé par l'université X.

Les indicateurs longitudinaux

• Dans le cadre de l'université X

Nous disposons, pour cette université, de données issues d'un suivi sur un an (« situation un an après ») des étudiants de première année néo-entrants de chaque filière, et pour chaque année universitaire depuis 1998-1999. Il s'agit d'un *suivi de cohorte* et d'une *analyse longitudinale*, la cohorte considérée étant les « néo-entrants » (les étudiants s'inscrivant pour la première fois en première année universitaire dans cette université).

La situation un an après (2005-2006) des néo-entrants 2004-2005 en première année d'une filière SHS est la suivante :

- inscrits en deuxième année : 127 ;
- réinscrits en première année : 37 ;
- inscrits en première année d'un autre diplôme : 19 ;
- non réinscrits dans l'université : 130 ;
- total néo-entrants 2004-2005 : 313.

Nous pouvons, à partir de ces données, calculer un certain nombre de taux. Ceux qui viennent le plus rapidement à l'esprit sont : le taux de passage en deuxième année, le taux de redoublement, le taux de réorientation, et le taux de non-réinscription :

- taux de passage : (127 / 313) × 100 = 40.6 %;
- taux de redoublement : (37 / 313) × 100 = 11.8 %;
- taux de réorientation : (19 / 313) × 100 = 6.1 %;
- taux de non-réinscription : (130 / 313) × 100 = 41.5 %.

Sur 100 néo-entrants 2004-2005 en première année de telle filière de l'université X, l'année 2005-2006 : 40.6 sont inscrits en deuxième année de la même filière dans la même université, 11.8 sont inscrits en première année de la même filière dans la même université, 6.1 sont inscrits en première année d'une autre filière de la même université, et 41.5 ne sont plus inscrits dans l'université X. Ce dernier chiffre peut paraître énorme, il est souvent assimilé au mieux à un « taux de sortie », au pire à un « taux d'abandon ». Essayons de donner corps à cette catégorie en trouvant des exemples d'individus ou de situations particulières qui en relèveraient :

- des situations de réel abandon des études et de recherche de travail sans formation très précise (un bac général par exemple), qui aboutissent à des successions de petits boulots précaires, et/ou de temps partiels non choisis et mal payés (Quick, MacDo, caissières ou vigiles dans la grande distribution, etc.) ;
- des individus entrés en première année d'une licence SHS dans l'optique de passer les concours du travail social (assistante sociale, éducateur spécialisé...), ceux d'écoles de journalisme ou d'instituts d'études politiques (IEP) et qui les réussissent au cours de leur première année d'université ;
- des individus entrés en première année d'une licence SHS par défaut, en souhaitant faire tel ou tel BTS dépendant d'une autre université, mais ayant été refusés ; ils refont leurs dossiers en fin de première année (obtenue ou pas) et sont sélectionnés ;
- des individus qui ont réussi leur première année, ont déménagé, et sont inscrits en deuxième année dans une autre université.

Les catégories « abandon » ou « sortie » sont donc des catégories très hétérogènes, qui n'ont pas grand sens, en tout cas pas celui qu'on leur donne *a priori* : on y trouve des situations de réel abandon des études, mais pour d'autres cette « sortie » ou « non-réinscription » est synonyme de « réussite » de leurs projets. Il serait toutefois important de disposer d'un ensemble de données sur les « réels » abandons, car ils peuvent être particulièrement douloureux pour les individus concernés (Beaud, 2002) ; il est toujours très difficile d'avoir des informations sur les « événements » qui sortent d'un « système ».

De manière générale, on peut essayer d'élargir, d'agrandir le territoire du système, mais se pose alors la question de la coopération d'institutions différentes, avec leurs traditions, leurs modes de fonctionnement, leur système d'information et leur volonté de garder pour elles leurs informations sur elles-mêmes. Dans tous les cas, on ne peut pas élargir indéfiniment le système ; pour ceux qui en sortent réellement, la seule solution est de les retrouver grâce aux coordonnées fournies au moment de leur inscription (on perd donc ceux qui ont déménagé) et de réaliser auprès d'eux une enquête téléphonique ou par courrier, mais c'est coûteux en temps, en argent, et pas tout le monde ne répond. Les objectifs de connaissance se trouvent ainsi confrontés à des limites parfois très matérielles.

• Dans le cadre du ministère

Nous trouvons chaque année dans les *Repères et références statistiques* publiés par le ministère deux pages consacrées à « provenance et devenir un an après des entrants en première année de l'enseignement supérieur universitaire ». Le champ est ici celui des étudiants s'inscrivant pour la première fois en première année de l'enseignement supérieur à l'université (y compris en IUT, écoles d'ingénieurs et diplômes d'universités), il est donc différent de celui concernant les taux de réussite en DEUG. On nous donne, par grandes disciplines, le « taux de poursuite dans la discipline » regroupant les taux de passage et les taux de redoublement tous lieux confondus, intégrant donc les déménagements et inscriptions dans une autre université, le « taux de réorientation vers une autre discipline » et le « taux de sortie », soit la proportion d'entrants non réinscrits à l'université l'année suivante. Nationalement, les disciplines de sciences humaines et sociales connaissent, en moyenne, pour les entrants de 2004-2005, un taux de poursuite dans la discipline de 60.4 %, un taux de réorientation de 8.8 % et un taux de sortie de 30.8 %.

• Un suivi de cohorte, mais quelle cohorte ?

À partir d'une même population, on peut construire différentes cohortes. Prenons pour exemple la population des étudiants inscrits administrativement en première année de sociologie dans l'université X en 2005-2006 : il s'agit bien d'une cohorte. Mais cette population est relativement hétérogène : on y trouve des redoublants et des nouveaux arrivants. Avec ces derniers, je peux construire une autre cohorte. Mais, parmi eux, certains ont déjà fait une année universitaire dans d'autres disciplines de l'université X ou dans une autre université ; je peux donc construire une autre cohorte des étudiants qui s'inscrivent pour la première fois dans l'université X et en première année de sociologie à la rentrée 2005, ce que l'université X appelle les « néo-entrants ». Mais, dans cette population, il y a des gens pour qui c'est la première inscription dans l'enseignement supérieur, d'autres qui ont déjà fait une première année par exemple en administration économique et sociale qui dépend d'une autre université, pourquoi englober ceux-là et exclure ceux qui ont fait une première année dans une discipline présente dans l'université X ? Etc.

Les populations à la base des statistiques, comme les catégories, dépendent plus ou moins largement du point de vue du « constructeur » de ces statistiques, de son « territoire », et de ce qui l'intéresse d'analyser : le plus souvent les entrées et les sorties de son territoire et les conditions dans lesquelles se font les sorties.

Ainsi, en tant qu'enseignante-chercheure enseignant beaucoup en première année, je me suis rapidement intéressée aux statistiques de l'université dans laquelle je travaille. Je souhaitais mieux connaître la population de « mon » amphi, de « mes étudiants de première année », en particulier savoir quels types de baccalauréat ils avaient obtenu, c'est important d'un point de vue pédagogique. J'ai également souhaité connaître leur situation un an après, j'ai alors été étonnée et déçue de ne trouver des données que pour les « néo-entrants » en première année de sociologie, qui représentaient seulement 70 % des inscrits administratifs. Si je devais réaliser une enquête sur « mes étudiants », je la réaliserais probablement à partir de la liste des *inscrits administratifs*.

Du point de vue de l'université, « ses étudiants de première année » sont ceux qui arrivent chez elle ; il est important de savoir ce qu'ils font à partir de ce moment-là, quel est « l'effet établissement », quel est le taux de réorientation, etc. On part donc des *néo-entrants* et on essaie de les suivre dans l'établissement. Et pour l'instant, une fois sortis, on les perd.

Le rectorat produit, lui aussi, des statistiques. Sa mission en termes d'enseignement supérieur est de coordonner l'offre de formation de l'académie : il doit essayer de comprendre où sont les manques, les doublons, les problèmes… « Ses étudiants » sont ceux qui sortent de l'enseignement secondaire de l'académie ; on veut savoir ce qu'ils deviennent, si les formations supérieures existant dans l'académie couvrent les besoins, etc. On part donc, dans les statistiques produites sur l'enseignement supérieur, des « *néo-bacheliers* » ou bacheliers de l'année, et on essaie de les suivre dans l'académie.

Le ministère est censé coordonner l'offre de formation nationalement et localement, mais également impulser des politiques en vue d'une meilleure réussite. Son point de vue de l'enseignement supérieur concerne les sorties de l'enseignement secondaire national et les entrées dans l'enseignement supérieur. Pendant longtemps, le champ de l'enseignement supérieur pour lequel le ministère fournissait des données incluait l'ensemble des filières qui dépendaient de lui (pas ou peu d'informations sur les formations qui dépendaient d'autres ministères : ministère de l'Agriculture, de la Santé, de la Culture, etc.) et en particulier du système universitaire qui ne comprend pas les écoles de commerce, de gestion et vente, les STS, etc. Sa population de départ était donc les « *entrants à l'université* » (étudiants s'inscrivant pour la première fois en première année de premier cycle à l'université, y compris IUT) ; et l'on regardait qui ils étaient, ce qu'ils devenaient un an après, combien en sortaient, etc. Depuis quelques années, le ministère a fait un gros travail d'élargissement du champ de l'enseignement supérieur en intégrant les étudiants des filières qui dépendent d'autres ministères, des STS et des écoles privées.

Le terme de « territoire » est approprié : le territoire d'un enseignant c'est son amphi, le territoire d'une université c'est l'ensemble de ses filières, le territoire d'un rectorat c'est l'ensemble des filières de l'académie, le territoire du ministère de l'Éducation nationale ce sont les filières d'enseignement supérieur qui lui sont rattachées, et en particulier le système universitaire. Les statistiques que produit chacune de ces institutions, comme celles que je pourrais produire en tant que sociologue sur « mes étudiants », ne portent pas sur les mêmes populations, elles ne sont donc pas comparables sans prise en compte de ces différences ; et, même en les prenant en compte, il est souvent difficile, comme nous l'avons vu à propos des projections, de les faire coïncider.

Il s'agit d'un problème particulièrement important, il serait ainsi facile de penser que l'université X connaît, en SHS et par rapport à la moyenne nationale, un taux de réussite particulièrement bas et un taux de non-réinscription particulièrement élevé. De quoi affoler les enseignants de ladite université, faire fuir les étudiants qui souhaitaient s'y inscrire et qui ont la possibilité de s'inscrire ailleurs. On rencontre systématiquement ce problème dans les comparaisons ou mises en relation de statistiques ; or, nous l'avons noté, une statistique n'a de sens que comparée à quelque chose d'autre. La question du contenu et de l'homogénéité des définitions, des catégories, des populations, et des modes de calcul doit donc être la première à se poser, face à des statistiques de manière générale, et encore plus quand ces dernières sont produites par des institutions différentes, voire des pays différents.

Problèmes de comparaisons

Les lois de décentralisation administrative de 1982 ont étendu les compétences des collectivités locales en matière d'éducation, notamment sur la construction et le fonctionnement des établissements : les communes ont compétence sur les écoles, les départements à travers leurs conseils départementaux sur les collèges, les régions à travers leurs conseils régionaux sur les lycées. Cette décentralisation semble porteuse de nouvelles formes d'inégalités : « Certaines écoles doivent fonctionner avec environ 70 francs par an et par élève quand d'autres disposent de 700 francs pour les mêmes missions. Comment justifier ces écarts qui portent atteinte à l'égalité des élèves devant l'accès au savoir ? » (*Le Monde de l'éducation*, novembre 2000, p. 30). Mais la comparaison des dépenses engagées par les communes constitue un exercice périlleux. En effet, d'une commune à l'autre, les dépenses ne sont pas imputées aux mêmes catégories comptables. Ainsi les dépenses de transport scolaire peuvent figurer au budget éducation ou à celui des transports, celles liées aux projets pédagogiques dans les musées au budget éducation ou au budget culture, celles liées à l'éducation sportive (location des infrastructures, paiement des animateurs sportifs municipaux) au budget éducation ou au budget sport, etc. Les comparaisons sont donc particulièrement hasardeuses.

Depuis la fin des années 1980, l'OCDE rassemble différentes données nationales en matière d'éducation, tente de les homogénéiser pour faciliter la *comparaison internationale* des systèmes éducatifs, et publie annuellement *Regards sur l'éducation* qui sert de référence en matière de statistiques internationales, en particulier en matière de dépenses d'éducation. Or, si l'on prend soin de lire les petites notes en dessous des tableaux et les quinze pages d'annexe méthodologique, on se rend compte, par exemple, que ces statistiques ne prennent parfois en compte que les seuls établissements publics d'éducation (Suisse, Italie, Portugal, Canada), ou les seules dépenses réalisées par le ministère de l'Éducation non compris les dépenses réalisées par d'autres ministères (écoles de santé du ministère de la Santé, écoles militaires du ministère de la Guerre, etc., c'est le cas de la Corée) ou d'autres collectivités publiques (fonds fédéraux en Autriche), que la forte augmentation des dépenses par étudiant en Belgique entre 2003 et 2004 est due au fait que les données 2004 incluent le coût des retraites du personnel de l'éducation, tandis que l'augmentation en Italie est liée aux augmentations de salaires des enseignants. De manière générale, la hauteur des salaires des enseignants du supérieur influe de manière conséquente sur la dépense par étudiant, sans avoir un effet évident sur la qualité de l'enseignement. Autre phénomène plus important : la dépense dans un système éducatif non marchand est évaluée par la somme de ses coûts de production, tandis que celle d'un système éducatif marchand est évaluée par son prix ; cela revient à sous-estimer les dépenses d'éducation d'un pays où le système d'enseignement, en particulier supérieur, est très majoritairement non marchand (comme la France) par rapport à celles d'un pays où le système d'enseignement est très largement marchand (comme les États-Unis). Or ces statistiques sont très largement utilisées par les analystes pour montrer la supériorité de certains pays et l'indigence d'autres en matière d'« économie de la connaissance » et de concurrence internationale.

Classements et palmarès

Depuis une trentaine d'années se développe la mode des classements et palmarès en tous genres (lycées, hôpitaux, villes, régions, universités, etc.) et leur publication par les médias. Le palmarès des lycées a été l'un des premiers : la DEP publie annuellement depuis 1994 des indicateurs de résultats des lycées, et la presse les prend pour base dans l'élaboration de palmarès.

Les indicateurs calculés par la DEP par lycée et par sections sont essentiellement au nombre de trois : le taux de réussite au bac, le taux d'accès au bac et la proportion de bacheliers parmi les sortants. Le premier rapporte le nombre d'admis au baccalauréat sur le nombre de présentés. Ces calculs par série de bac sur de petits établissements se font très souvent sur une base d'effectifs faibles (20 à 50 élèves), les variations du taux de réussite peuvent être importantes d'une année sur l'autre sans toujours être significatives ; on trouve, sur le site du ministère, ces indicateurs pour les cinq dernières années, mais seulement pour l'année précédente dans les palmarès publiés. Le second indique la proportion d'élèves entrant en seconde, ou en première, conduits en terminale et obtenant le bac, quel que soit le nombre d'années nécessaires. Ainsi, si un lycée s'arrange pour éliminer les « mauvais élèves » (par exemple en les orientant vers une section non présente dans l'établissement), il aura un taux de réussite élevé mais un taux d'accès faible. Mais les élèves qui quittent l'établissement pour cause de déménagement sont considérés comme des élèves que le lycée n'a pas pu, pas voulu ou pas su conduire au baccalauréat. Le troisième donne, parmi les élèves qui ont quitté l'établissement, qu'elles qu'en soient les raisons, la proportion de ceux qui l'ont quitté avec le bac.

La DEP calcule, pour ces trois indicateurs, des « taux attendus » qui tentent de prendre en compte le type d'élèves du lycée en termes de catégorie socioprofessionnelle du chef de famille et d'âge des lycéens. À partir de cette répartition et des taux constatés au niveau national et académique, on détermine le taux attendu pour chaque série du lycée. Ce taux correspond aux résultats qu'aurait l'établissement si ses élèves réussissaient comme la moyenne des lycéens de même profil en France ou dans l'académie. La différence entre le taux obtenu par le lycée et le taux attendu est appelée la « valeur ajoutée » par l'établissement, soit ce que ce dernier apporte en positif ou négatif à la scolarité de l'élève, par rapport à la moyenne des établissements de population comparable. Le dispositif tâche donc de prendre en compte différents critères de ce qui peut être appelé « bons résultats d'un lycée » en le rattachant aux caractéristiques de ses élèves.

Ces résultats sont rendus publics chaque année au printemps pour l'année précédente, et ce pour chaque lycée public et une partie (non précisée) des lycées privés sous contrat. Ils donnent lieu à un battage médiatique important : de nombreux quotidiens, hebdomadaires et mensuels élaborent un palmarès des lycées en reprenant une partie des indicateurs de la DEP (souvent le seul taux de réussite au bac), y ajoutant parfois leurs propres critères. Il en est de même du palmarès des meilleures prépas (CPGE) à partir des résultats aux concours, et depuis 2005 du palmarès des universités à partir de leur valeur ajoutée en matière de taux de réussite au DEUG en deux ans hors « abandons » en première année. La question du choix du « meilleur » établissement scolaire ou universitaire pour ses propres enfants étant, pour les familles qui choisissent, une question importante, la publication de ces palmarès rencontre un large écho dans l'opinion publique. Chaque établissement, proviseur et équipe pédagogique, souhaite figurer le plus haut possible dans le classement ; les enjeux sont symboliques (image du lycée et de son équipe), pratiques (attirer les meilleurs élèves), voire financiers pour les établissements privés (dont certains ont des frais d'inscription élevés) et pour les établissements publics dont la dotation est calculée en fonction du nombre d'élèves, du nombre d'options et du nombre d'heures d'enseignement à assurer.

Il peut donc être tentant d'agir sur les indicateurs. Agir sur le taux de réussite est simple : il faut agir sur le dénominateur en se séparant des éléments peu susceptibles d'obtenir le bac. Mais cela se repère dans le taux d'accès au bac et la proportion de bacheliers parmi les sortants, même si ce ne sont pas les indicateurs qui sont les plus regardés quand ils figurent dans les palmarès. Cette méthode d'action sur le taux de réussite semble particulièrement répandue dans certaines CPGE présentes dans des lycées :

> « Des établissements refusent de présenter leurs élèves les moins performants à certains concours, pour accroître leur pourcentage de réussite ! Ces derniers ont la ressource de se présenter en candidats libres, mais que de formalités en plus, alors que c'était si simple par l'intermédiaire du lycée ! Ainsi leurs échecs éventuels ne pèseront pas dans le taux de réussite de l'établissement. Au vu de ces pratiques, on mesure à quel point les chiffres publiés perdent toute signification ! »
>
> (Busser et Cohen, 1998, p. 95.)

Agir sur le taux d'accès au bac et sur la proportion de bacheliers parmi les sortants est plus difficile, mais peut se faire par des politiques d'orientation en interne. On trouve ainsi sur le site internet de *L'Étudiant*, après le palmarès des lycées 2007, le courriel suivant d'un parent d'élève :

> « Je veux rebondir sur cette étude, mes enfants fréquentent le lycée Saint-Paul de Lens. Leur inscription dans cet établissement n'est due qu'à notre volonté de leur offrir les meilleures conditions de travail possibles pour leur préparer un avenir correct (nous en avons la possibilité, ceci n'est pas le cas de tout le monde). Je viens encore d'assister à des conseils de classe, et je suis écœuré quand je me rends compte que l'orientation des élèves sur tel ou tel bac n'est faite que pour atteindre un taux de réussite de 100 %. Je résume, si tel élève est un peu juste pour faire la scolarité qu'il souhaite, on l'oriente vers une section (même sans débouchés futurs) plus "facile" pour qu'il ait un bac quel qu'il soit, et voilà comment on obtient des bons taux de réussite. »

La publication de ces palmarès est susceptible de produire des effets pervers de cet ordre. Elle est également susceptible de renforcer la stigmatisation de certains établissements, provoquant la fuite de « bons élèves » vers les établissements voisins, accentuant ainsi les inégalités entre lycées. Elle peut également produire une démobilisation des équipes enseignantes, là où l'action pédagogique est probablement la plus nécessaire.

On peut considérer que ces indicateurs, en mettant en avant certains éléments, en occultent d'autres. C'est un des reproches que fait le Syndicat national de l'enseignement secondaire (SNES) sur son site internet aux indicateurs ministériels et à leur utilisation :

> « Une telle utilisation, qui n'a jamais été fortement récusée par le ministère, a permis de faire l'impasse sur ce qui est déterminant pour améliorer la réussite des élèves, à savoir les moyens d'une politique ambitieuse au service de tous. Impasse sur la lourdeur des effectifs par classes, sur les disparités dans ce domaine, sur les disparités dans l'offre de formation, les qualifications des personnels, les dotations d'établissements, etc. »

C'est également un des reproches que fait le collectif Abélard à :

> « l'indicateur de réussite aussi réducteur et ambigu que le simple taux de passage de première en deuxième année de DEUG [...]. Il n'est jamais question de prendre en compte la hiérarchisation scolaire des filières et l'augmentation de la ségrégation (sociale et scolaire) entre établissements supérieurs et filières. Cette hiérarchisation et cette ségrégation s'objectivent ensuite dans le type d'emplois, comme de revenus, auxquelles elles permettent d'accéder. Il n'est pas question non plus de chercher à mesurer les connaissances effectivement transmises en les rapportant à l'état des connaissances disciplinaires à un moment donné. Le taux d'échec en DEUG est porté au passif des universités [...]. Tous les modernisateurs y voient un argument décisif justifiant leur réforme. »
>
> (Abélard, 2003, p. 71-72.)

Finalement, ces indicateurs portent en eux une certaine conception de ce qu'est la réussite au lycée, et de ce qu'est un « bon lycée ». Réussir au lycée, c'est obtenir le baccalauréat ; or « un bon lycée est certes celui dans lequel on réussit, mais il est aussi, et peut-être surtout, celui dans lequel on s'épanouit » (proviseur de lycée, *Pénombre*, 2000, p. 17). Ainsi la vie associative, culturelle, sportive, la qualité des relations sociales au sein d'un lycée n'entrent pas dans l'évaluation.

Le pays le plus… Problème de synthèse de classements

« À la suite de douze épreuves sportives, les pays A, B et C se sont réparti les médailles d'or, d'argent et de bronze comme l'indique le tableau 3.1. Quel pays a, finalement, été "le meilleur" ?

Tableau 3.1

Pays	Or	Argent	Bronze	1 Or seul	2 Toutes médailles	3 Pondération
A	7	1	2	7 (1er)	10 (3e)	25 (2e)
B	3	1	10	3 (2e)	14 (1er)	21 (3e)
C	2	10	0	2 (3e)	12 (2e)	26 (1er)

Si on ne prend en compte que les victoires, c'est-à-dire le nombre de médailles d'or, A l'emporte devant B et C.
Si on prend en compte toutes les médailles, sans distinguer leur couleur, c'est B qui l'emporte devant C et A.
En pondérant les médailles, attribuant 3 points à une médaille d'or, 2 à une médaille d'argent et 1 à une médaille de bronze, c'est C qui gagne devant A et B…
Selon la façon de « synthétiser » ou de pondérer les résultats, on obtient trois types de classements possibles entre les trois pays, puisque chacun est tour à tour 1er, 2e et 3e… »

Source : Alain Gély, *Lettre blanche de Pénombre*, n° 34, juillet 2003, p. 10.

La démocratisation de l'enseignement

Se poser la question de la démocratisation scolaire revient à tenter d'évaluer l'évolution au cours du temps d'une inégalité : l'inégalité face à l'école. En France, le débat sur la démocratisation de l'enseignement est fortement marqué par l'idéal républicain de l'égalité des chances scolaires. Les articles d'historiens, d'économistes, de spécialistes de sciences de l'éducation et de sociologues sur la question sont nombreux ; les méthodologies et les indicateurs utilisés diffèrent, tout comme souvent les conclusions.

Constats et critiques

De nombreux auteurs constatent que les accès au bac et aux études supérieures se sont ouverts aux enfants issus des classes populaires. L'édition 2006 de *L'État de l'école* réalisée par le ministère de l'Éducation nationale et consultable sur son site nous informe ainsi que « dans les générations 1940, plus de deux enfants de cadres sur trois étaient titulaires d'un bac, pour seulement 6 % des enfants d'ouvriers. Parmi les dernières générations, nées autour de 1980, près de la moitié des enfants d'ouvriers sont bacheliers. La progression a été particulièrement rapide en l'espace de dix ans, entre les générations nées de 1964 à 1968, et de 1974 à 1978. Le fort développement quantitatif de la fin des années 1980 a contribué, de ce point de vue, à la réduction des inégalités scolaires. Grâce aux progrès accomplis dans l'enseignement secondaire, l'enseignement supérieur a considérablement élargi son recrutement au cours des années 1990. En l'espace de deux décennies, les possibilités de suivre des études supérieures ont plus que triplé pour les enfants d'ouvriers » (p. 32). La démocratisation de l'enseignement ou la réduction des inégalités scolaires est donc ici mesurée, comme dans beaucoup d'approches, par les taux d'accès à différents niveaux d'études en fonction de l'origine sociale, cette dernière étant approchée par la PCS d'origine.

• Critiques méthodologiques

Cette façon d'analyser la démocratisation de l'enseignement pose différents problèmes de méthodes. On peut tout d'abord se demander si appréhender le milieu social par la seule PCS du père (pour les données anciennes) puis du responsable de l'enfant n'est pas trop réducteur. Cela dit, ce sont les seules informations sur l'origine sociale facilement disponibles dans les statistiques produites par le ministère. Faire d'autres choix (PCS du père et de la mère, niveau d'étude des deux parents) conduit à réaliser des enquêtes bien plus complexes retraitant des informations en provenance des enquêtes Emploi ou Formation – Qualification professionnelle (enquête FQP) de l'Insee.

Il est, d'autre part, fréquent de limiter l'investigation à l'évolution de la situation des enfants de cadres d'une part, et des enfants d'ouvriers d'autre part. Ce choix tient au fait que ces deux groupes sont chacun relativement homogènes et qu'ils occupent en termes de revenu et de niveau de diplôme des positions opposées dans l'échelle sociale. Mais « ne retenir que deux catégories extrêmes aboutit à amplifier la mesure des inégalités » (Merle, 2000, p. 18). Cela a conduit certains auteurs à préférer des comparaisons englobant l'ensemble des élèves ou étudiants dans une partition binaire de l'espace social : milieu populaire *versus* milieu moyen et supérieur. Mais tous les auteurs ne réalisent pas les mêmes regroupements, en particulier en ce qui concerne les enfants d'agriculteurs et les enfants d'employés positionnés, selon les recherches, dans l'un ou l'autre de ces milieux. Nous préférons, pour des raisons sociologiques, à l'instar de Pierre Merle qui argumente clairement ce choix (2000, p. 18-20), le regroupement suivant : milieu populaire = ouvriers, employés, retraités et inactifs ; milieu moyen et supérieur = toutes les autres catégories. Depuis quelques années, les analyses se sont complexifiées et différencient non plus deux mais trois ou quatre catégories, voire plus. Le ministère de l'Éducation a produit ainsi et utilise depuis quelques années quatre regroupements : origine sociale très favorisée, favorisée, moyenne et défavorisée. Dans tous les cas, il faut vérifier à la lecture d'un texte sur la démocratisation de l'enseignement comment ont été effectués les regroupements, ce choix peut influencer le diagnostic porté.

Ces comparaisons dans le temps doivent tenir compte des transformations de la structure de la population active au cours de la période étudiée : la population étudiante était ainsi composée de 5.7 % d'enfants d'agriculteurs en 1960 quand les agriculteurs représentaient 16 % de la population active, elle était en 2005 composée de 2.3 % d'enfants d'agriculteurs quand ces derniers représentaient 2.5 % de la population active totale. On aurait tort de conclure à partir des deux pourcentages (5.7 % d'enfants d'agriculteurs parmi les étudiants en 1962, et 2.3 % en 2005) à une diminution en quarante ans de la poursuite dans l'enseignement supérieur des enfants d'agriculteurs ; beaucoup moins nombreux en 2005, ils accédaient en fait à cette date beaucoup plus largement aux études supérieures que quatre décennies auparavant. Il s'agit d'un *effet de structure*. On pourrait y ajouter un « effet de composition », car le groupe des agriculteurs n'a pas seulement diminué sur la période, il s'est transformé de l'intérieur : il comporte une part croissante d'agriculteurs de grandes exploitations. Si bien qu'il est difficile de savoir si les enfants d'agriculteurs réussissent mieux que quarante ans auparavant, ou si les agriculteurs de petites exploitations dont les enfants réussissaient peut-être moins bien ont vécu l'exode rural et sont devenus pour beaucoup ouvriers.

Effet de structure

Soit deux entreprises : la première (entreprise A) emploie trois quarts d'hommes payés 1 800 € net par mois et un quart de femmes payées 1 500 € ; la seconde (entreprise B) emploie un quart d'hommes payés 1 900 € net par mois et trois quarts de femmes payées 1 600 €. Dans l'entreprise A, le salaire moyen est de 1 725 € ; dans l'entreprise B, il est de 1 675 € ; on fait dans les deux cas une moyenne pondérée, pour l'entreprise A : [1 800 (salaire masculin) × 0.75 (part des hommes)] + [1 500 × 0.25] = 1 350 + 375 = 1 725 €. Autrement dit, les salaires sont, pour chaque sexe, supérieurs dans l'entreprise B, bien que le salaire moyen y soit plus bas. Il s'agit d'un *effet de structure* : la proportion supérieure de femmes dans l'entreprise B fait baisser la moyenne, tandis que la proportion supérieure d'hommes dans l'entreprise A fait augmenter la moyenne alors que les salaires y sont, pour chaque sexe, plus bas.

Il s'agit bien évidemment d'un exemple très simplifié et fictif (dont l'idée nous a été donnée par Lévy, 1979, p. 79) mais se basant sur des données réelles (Godet, 2023) : en 2021 dans le secteur privé, le salaire net mensuel moyen pour un poste d'ouvrier à temps complet est de 1 912 € pour les hommes et 1 638 € pour les femmes, cet écart, à temps de travail identique, est particulièrement élevé au sein de la PCS des ouvriers.

En 2021, le revenu salarial moyen des femmes est inférieur de 24 % à celui des hommes dans le secteur privé : 18 630 euros annuels pour les premières contre 24 640 euros pour les seconds. Ce chiffre de 24 % est celui qui est diffusé par les médias. Comment le calcule-t-on ? Comme un taux de variation : on calcule l'écart absolu et on le divise par le salaire moyen masculin (combien cet écart représente-t-il par rapport au salaire masculin et combien cela représente-t-il ramené à 100) : [(18 630 - 24 640) / 24 640)] x 100 = - 24.4 %, les femmes touchent ainsi en moyenne 24.4 % de moins que les hommes. Mais un autre calcul est possible, on peut se demander combien en moyenne les hommes touchent-ils de plus que les femmes, on rapporte alors l'écart au salaire féminin : [(24 640 – 18 630) / 18 630)] x 100 = + 32.3 %, les hommes touchent ainsi en moyenne 32.3 % de plus que les femmes. Ces deux calculs sont justes mais ne produisent pas le même effet, il est bon de les donner tous les deux.

Cela dit, ces écarts reflètent d'abord des différences de volume de travail annuel car les femmes sont à la fois moins souvent en emploi au cours de l'année et davantage à temps partiel. Cependant, à temps de travail identique, le salaire moyen des femmes est inférieur de 15 % à celui des hommes, ce qui signifie également que celui des hommes est supérieur de 17.3 % à celui des femmes.

Les comparaisons dans le temps sur des périodes relativement longues posent le problème de savoir si l'on compare bien des choses comparables : ainsi, le changement des nomenclatures des CSP aux PCS par l'Insee en 1982 pose problème (par exemple, au sein des PCS, les contremaîtres ne font plus partie des ouvriers mais des professions intermédiaires) alors que les modes de recueil et de codification de cette information par le ministère ont pu diverger dans le temps ; si l'on compare les taux d'accès au bac des années 1950-1960 à ceux d'aujourd'hui on doit, comme nous l'avons vu dans le premier chapitre, se poser la question de la différence de valeur de ce diplôme entre le début et la fin de période, on ne doit pas non plus oublier que son contenu même a changé (avoir le bac jusqu'aux années 1970 c'était avoir le bac général, ce n'est le cas aujourd'hui que d'environ la moitié des bacheliers).

Finalement, une étude croisant à différentes dates deux variables (taux de réussite à un niveau d'études et PCS) et souhaitant évaluer l'évolution des inégalités entre ces dates se trouve confrontée à un problème encore plus épineux : les différentes mesures (écarts, rapports ou taux de croissance) peuvent apporter des réponses contradictoires (Combessie, 2001, p. 84-93 ; Novi, 1998, p. 118-124). On trouve ainsi dans *L'État de l'école* les informations synthétisées dans le tableau 3.2.

Tableau 3.2 Taux d'accès à l'enseignement supérieur des jeunes de 20/21 ans selon leur origine sociale (1984 et 2005)

	1984	2005	Taux de variation
Enfants de cadres	49	78	+ 59%
Enfants d'ouvriers	10	39	+ 290%
Écarts (en points)	39	39	
Rapport	4.9	2.0	

Source : Ministère de l'Éducation nationale, *État de l'école*, 2006.

Les possibilités ou chances d'accès à l'enseignement supérieur des enfants d'ouvriers ont augmenté de 290 % en vingt ans, elles ont quasiment quadruplé (« plus que triplé », disait le commentaire de *L'État de l'école*), celles des enfants de cadres ont augmenté de 59 %. Cela pourrait nous amener à conclure à une démocratisation de l'accès à l'enseignement supérieur. Les rapports entre les taux d'accès des enfants de cadres et ceux des enfants d'ouvriers à chaque date nous amèneraient vers la même conclusion : les enfants de cadres avaient 4.9 fois plus de chances d'accéder à l'enseignement supérieur que les enfants d'ouvriers en 1984 (49/10), ils n'ont plus que deux fois plus de chances en 2005 (78/39). Mais le calcul des écarts entre le taux d'accès des enfants de cadres est celui des enfants d'ouvriers nous indique que l'écart aux deux dates s'est maintenu : 39 points ; cela donnerait à penser que les inégalités sont restées constantes.

Une telle évaluation de la démocratisation de l'enseignement pose donc des problèmes méthodologiques complexes, mais elle pose également des problèmes de portée plus générale sur lesquels nous allons maintenant réfléchir.

Exercice 8

Nous possédons les informations suivantes (tableau 3.3).

Tableau 3.3 Dépense moyenne par élève en euros (1986 et 2004)

	Primaire	Collège	Lycée	STS	CPGE	Université hors IUT	IUT	Moyenne enseignement supérieur
1986	2 650	4 700	6 000	6 700	9 100	5 200	8 400	6 740
2004	4 810	7 400	10 300	12 300	13 700	6 700	9 200	8 940

Source : Ministère de l'Éducation nationale.

On se propose d'étudier l'évolution entre les deux dates des inégalités de coûts de quelques filières de l'enseignement supérieur (STS, CPGE, université, IUT).

1. Calculez pour les STS, CPGE, IUT et la moyenne de l'enseignement supérieur, les écarts absolus de coûts entre elles et l'université aux deux dates, puis le rapport entre leur coût et le coût de l'université également

aux deux dates, enfin le taux de croissance des coûts de chacune de ces filières sur la période. Présentez ces résultats dans un tableau.
2. Commentez vos résultats.

Nous possédons les informations suivantes (tableau 3.4).

Tableau 3.4 Dépense annuelle moyenne par élève ou étudiant en euros 2020 en fonction des niveaux d'études

École maternelle en 2005	5 820
École primaire en 2010	6 260
Collège en 2015	8 940
Lycée général et technologique en 2020	11 140
Lycée professionnel en 2020	12 680
Enseignement supérieur en 2019 :	
Licence universitaire	3 730
Classe préparatoire aux grandes écoles (CPGE)	13 400
Licence pro universitaire	6 540
Master universitaire	5 430
DUT	9 750
STS	12 370
Formation universitaire d'ingénieurs	10 850

Sources : Les données pour les enseignements primaires et secondaires proviennent de : Ministère de l'Éducation nationale, *Repères et références statistiques*, 2022, p. 337. Les données pour l'enseignement supérieur proviennent de : Conseil d'analyse économique (CAE), « Les coûts des formations dans l'enseignement supérieur français : déterminants et disparités », *Focus* n° 074, décembre 2021, p. 18. Ces dernières permettent de prendre connaissance des inégalités au sein des universités (le ministère ne fournissant que des données moyennes pour l'université dans son ensemble), à noter que les modes de calcul entre le ministère et le CAE diffèrent : le ministère comptabilisant l'intégralité des salaires des enseignants-chercheurs, le CAE ne prenant en compte que 50 % de leur traitement correspondant aux 50 % de leur temps de travail officiellement consacré à leurs activités d'enseignement (les 50 % autres étant consacrés à des activités de recherche).

3. Les dépenses changent peu d'une année à l'autre. Nous pouvons supposer que vous étiez scolarisé en école maternelle autour des années 2005, en école primaire autour de 2010, au collège autour de 2015, au

lycée autour de 2020 et dans l'enseignement supérieur après 2019. Si vous avez été scolarisé en France, vous pouvez donc calculer à partir de ce tableau la dépense publique correspondant à vos années de scolarisation de votre entrée en maternelle à aujourd'hui. Pensez bien sûr à multiplier chaque montant par le nombre d'années passées dans chaque niveau d'études.

• Critiques théoriques

La démocratisation de l'enseignement est donc souvent conçue comme le développement de l'accès des enfants de catégorie sociale modeste à des niveaux de diplôme supérieurs. Cette manière de concevoir le phénomène pose différents problèmes. Tout d'abord, les inégalités sociales ne sont pas seulement des inégalités de « classe », mais sont également des inégalités de sexe, des inégalités géographiques, etc. Or, bien que certaines recherches anglo-saxonnes aient assez tôt posé la question à partir de différentes variables (sexe, origines géographique et nationale), les études françaises se sont longtemps focalisées sur la seule origine sociale des élèves.

Nous avons d'autre part constaté dans les chapitres précédents une très forte augmentation quantitative de la population bachelière puis de la population étudiante. Nous avons également constaté une différenciation forte des séries de baccalauréat en fonction de la PCS d'origine. Le développement de l'obtention du bac chez les enfants d'origine modeste suffit-il alors à parler de démocratisation ? Ces deux types de réflexion ont incité les chercheurs à affiner la notion.

Antoine Prost a ainsi distingué deux aspects : la *démocratisation quantitative* et la *démocratisation qualitative*. La première correspond au sens couramment donné au terme de démocratisation quand on parle de démocratisation de l'automobile, des vacances ou de l'ordinateur : un bien se démocratise si le taux d'accès à ce bien s'accroît ; il s'agit donc d'un synonyme de massification. La démocratisation dans ce sens-là est incontestable. La deuxième renvoie à la diminution des inégalités sociales de parcours scolaire, à la réduction des écarts de trajectoire ; si l'on s'en tient à la variable « origine sociale », il s'agit de l'affaiblissement de la corrélation entre diplôme obtenu et origine sociale. De manière générale, la plupart des études s'accordent sur deux points.

Premièrement « la démocratisation quantitative ne supprime pas les inégalités, elle les déplace seulement » (Prost, 1986) : les écarts entre groupes sociaux observés en 1962 à l'entrée en 6e se sont déplacés à l'entrée en seconde pour les élèves des années 1970, puis à l'obtention du bac pour ceux des années 1980 ; on parle ainsi de « translation des inégalités » (Duru-Bellat et Mingat, 1992). Deuxièmement, les inégalités de parcours se sont dans une large mesure substituées aux inégalités d'accès, cela signifie que les différentes filières d'un niveau de diplôme (par exemple le bac) jouent le rôle différenciateur exercé antérieurement par l'accès à ce diplôme. Mais la situation n'est pas identique à tous les niveaux de scolarité.

Cela a amené Pierre Merle (2000) à proposer, à partir du binôme précédent, une typologie de la démocratisation différenciant trois situations possibles quand la démocratisation quantitative est effective. Le premier cas de figure correspond à l'existence d'une démocratisation et quantitative et qualitative. Merle parle de « démocratisation égalisatrice », soit une égalisation des conditions sociales d'accès par exemple aux différentes séries de bac. Le second type correspond à une situation inverse : la démocratisation quantitative s'accompagne d'une augmentation des écarts sociaux d'accès dans les différentes filières ; Merle parle de « démocratisation ségrégative ». Enfin, un troisième type, la « démocratisation uniforme », renvoie à une sorte de *statu quo* des positions de chaque catégorie sociale : la démocratisation quantitative ne modifie pas, à l'intérieur de chaque filière, les parts respectives de chaque groupe social.

Merle utilise ensuite cette typologie pour analyser les évolutions des enseignements secondaires et universitaires de 1985 à 1995, période marquée, comme nous l'avons vu, par une très forte démocratisation quantitative. Ces analyses amènent à conclure à une démocratisation uniforme pour le premier cycle de l'enseignement secondaire (6e-3e), voire à une démocratisation ségrégative si l'on prend en compte le niveau des compétences scolaires (mesuré par les évaluations nationales réalisées en 6e et 3e) car les écarts de compétences scolaires entre groupes sociaux ont tendance à augmenter. Le second cycle est, quant à lui, caractérisé par une démocratisation ségrégative (tant au niveau de l'origine sociale que du sexe). Ainsi, si l'on compare la composition sociale des terminales scientifiques avec celles des terminales technologiques, en particulier STT, on constate :

- que les terminales scientifiques se sont légèrement démocratisées, non pas du fait d'une modification de leur composition sociale mais en raison de la modification de la structure sociale de la population de référence (la catégorie des cadres et professions intellectuelles supérieures a augmenté dans la population active totale) : ainsi la part des élèves d'origine supérieure en terminale S est passée de 28.4 % pour l'année scolaire 1984-1985 à 29.2 % pour 1994-1995, tandis que leur part au sein des jeunes de 20-24 ans (enquête FQP) est passée de 10.6 % à 15.8 % sur la même période ;
- que la part des élèves d'origine populaire en terminale STT a augmenté : passant de 58.0 % en 1984-1985 à 62.6 % en 1994-1995 alors que leur part dans la population de référence diminuait (de 51.5 % à 47.6 %) ;
- « les terminales scientifiques se démocratisent modérément, les terminales STT se prolétarisent sensiblement » (Merle, 2000, p. 37). De manière générale, « de 1985 à 1995, le recrutement social des classes terminales se transforme selon la règle suivante : plus une série présente un recrutement populaire, plus son recrutement se prolétarise, si bien que les écarts sociaux de recrutement entre les séries scolarisant principalement des élèves d'origine moyenne et supérieure et les séries populaires augmentent de façon sensible sur la période » *(ibid.*, p. 38).

Cette dimension ségrégative de la démocratisation s'accentue encore dans l'enseignement supérieur. On comprend combien le choix de l'évolution des taux d'accès selon les catégories sociales est insuffisant pour conclure à une démocratisation. En effet, les filières en son sein y sont encore plus différenciées (par exemple CPGE et université, et au sein de l'université entre par exemple filières lettres et filière médecine, voir tableau 3.5), et l'échec en première année universitaire touche en grande partie les bacs professionnels et technologiques, pour la grande majorité enfants d'origine populaire.

Tableau 3.5 Répartition des étudiants français par origine sociale et groupes de disciplines en 2021-2022, en %

PCS	ENS	CPGE	Écoles de Commerce	Santé	Droit et Science politique	Sciences	Université (moyenne)	Économie, AES	Arts, lettres, langues, SHS	STS	Ensemble
Agriculteurs, Artisans, commerçants, chefs d'entreprise	6.8	10.4	18.6	8.8	9.9	8.8	8.8	10.6	7.7	11.7	10.5
Cadres, professions intellectuelles supérieures	62.6	53.1	49.4	48.8	36.1	34.6	33.1	28.1	26.8	15.5	34.7
Professions intermédiaires	10.6	12.6	8.7	13.0	13.6	16.7	15.3	14.3	16.0	14.6	14.1
Employés	7.5	10.9	11.6	10.7	17.2	17.0	17.6	19.5	19.9	19.6	17.2
Ouvriers	2.1	6.8	4.8	5.8	9.1	10.6	10.3	12.8	11.2	22.5	10.9
Retraités et inactifs	10.3	6.2	6.9	13.0	14.2	12.3	14.8	14.7	18.4	16.0	12.6
Total	100.0	100.0	100.0	100.0	100.0	100.0	100.0	100.0	100.0	100.0	100.0

Champ : France métropolitaine + DROM

Source : Ministère de l'Éducation nationale, *Repères et Références statistiques 2022*, p. 183. La nomenclature utilisée dans ce tableau (en 6 modalités, regroupant deux PCS différentes : les agriculteurs et les artisans, commerçants, chefs d'entreprise) est celle fournie dans ce document.

Nous avons classé les colonnes (et donc les filières et groupes de disciplines) en fonction de la part des enfants de cadres supérieurs en leur sein, en partant de la plus forte présence. ENS signifie Écoles normales supérieures, CPGE Classes préparatoires aux grandes écoles, AES Administration économique et sociale, SHS Sciences humaines et sociales, et STS Sections de techniciens supérieurs.

« Les séries de bacs et les filières universitaires, très différemment "classées" dans les hiérarchies scolaires, offrent également des débouchés très différents en termes de cursus scolaires ultérieurs, de chances de réussite dans l'enseignement supérieur et d'insertion professionnelle. Pour toutes ces raisons, il est nécessaire de prendre en considération ces hiérarchies scolaires dans l'analyse de la démocratisation de l'enseignement » (Merle, 2000, p. 20.) Ne pas le faire revient à occulter ces hiérarchies, à faire comme si elles n'existaient pas, les objectifs politiques de « 80 % d'une génération au bac » (Chevènement, 1985) ou « 50 % d'une classe d'âge diplômée de l'enseignement supérieur » (Fillon, 2004) semblent alors insuffisants pour conduire à une égalisation des chances devant l'école et devant le monde professionnel :

> « L'enjeu politique des indicateurs de la démocratisation est d'assimiler l'égalisation des chances à l'augmentation du nombre d'élèves inscrits et reçus, [...]. Cette confusion permet de maintenir, voire de renforcer, le quasi-monopole des groupes sociaux privilégiés sur le système scolaire et sur l'accès aux filières les plus rentables socialement et professionnellement. Dans le même temps, elle ouvre aux catégories populaires l'accès à des diplômes dont la non-possession est discriminante, mais qui sont dotés d'une faible valeur sociale et professionnelle [...]. En revanche, l'égalisation des conditions d'encadrement et de la valeur économique accordée par l'État aux différentes catégories d'élèves et d'étudiants n'est pas abordée. »
>
> (Garcia et Poupeau, 2003, p. 86-87.)

Une autre manière d'analyser la démocratisation

Il est également possible d'analyser la démocratisation scolaire en analysant l'évolution des inégalités en matière d'âge de sortie et de durée des études. On se demande alors si l'allongement général des études a bénéficié à tous de la même manière, ou a permis de diminuer ou d'augmenter les écarts en la matière. Cette approche a l'avantage de contourner le problème de la différence de valeur de chaque diplôme au cours du temps. Elle a l'inconvénient de ne pas prendre en compte les différences de valeur scolaire et professionnelle des filières de même niveau.

Notre choix de la présenter ici tient au fait qu'elle nous permet d'aborder un certain nombre de questions quant au traitement des variables quantitatives non abordées jusqu'alors et très utilisées dans l'analyse de l'évolution des inégalités.

• L'analyse de variables quantitatives

Les indicateurs de tendance centrale

Un indicateur de tendance centrale permet de résumer les informations sur une variable quantitative par une seule valeur ; bien évidemment ce résumé a pour corollaire une perte d'informations. Le plus connu de ces indicateurs est la *moyenne*. Dans sa version la plus simple, on la calcule en faisant la somme des valeurs observées et en la divisant par le nombre de valeurs. Ainsi un étudiant qui aurait obtenu les notes suivantes à un examen 8, 12 et 13 obtient une moyenne de 11 (8 + 12 + 13 = 33 ; 33 / 3 = 11). Cette moyenne résume la totalité des notes obtenues, mais nous fait perdre l'information sur ces différentes notes. On peut également calculer des *moyennes pondérées*, si chacune des valeurs n'a pas la même pondération. Ainsi, si dans le même exemple, la première note correspond à une discipline de coefficient 5, la seconde à une discipline de coefficient 3 et la dernière à une discipline de coefficient 2 ; la moyenne de l'étudiant sera : [(8 × 5) + (12 × 3) + (13 × 2)] / 10 (la somme des coefficients : 5 + 3 + 2) égale à 10.2 ; c'est le système du baccalauréat. Ces types de moyenne s'appellent des *moyennes arithmétiques*. La moyenne simple étant une moyenne pondérée où les pondérations sont toutes égales à 1. Il est important de noter que la moyenne est très sensible à la présence de valeurs extrêmes : une note de 1/20 à un examen peut faire chuter la moyenne, comme une note de 19/20 la faire grandement augmenter. D'autres types de moyennes existent : moyenne géométrique, harmonique ou quadratique que nous n'expliquerons pas ici (Lévy, 1979, p. 67-76).

La *médiane* est un autre indicateur de tendance centrale. C'est la valeur qui partage la distribution en deux groupes de même effectif. Ainsi, si l'on considère un effectif initial de 100 000 enfants, l'âge médian de sortie du système scolaire sera l'âge auquel 50 000 enfants y sont encore présents tandis que 50 000 en sont déjà sortis. La médiane est beaucoup moins sensible aux valeurs extrêmes, ce qui la fait souvent préférer dans l'analyse.

Le *mode* correspond finalement à la modalité de la variable la plus fréquente. On peut également l'utiliser, comme nous l'avons vu dans le chapitre 1, dans l'analyse de variables qualitatives.

Les indicateurs de dispersion

Quand on s'intéresse non plus à la tendance centrale mais aux écarts, aux disparités ou aux inégalités, on utilise des indicateurs de dispersion. En statistiques et dans la réalisation d'enquêtes en sciences sociales, les plus utilisés sont la *variance*, l'*écart type* et le *coefficient de variation* ; tous donnent la même information mais sous une forme mathématique différente. Notre objectif n'est pas ici d'apprendre à les calculer (Blöss et Grossetti, 1999 ; Combessie, 2001 ; Lebaron, 2006 ; Martin, 2020). Sachons au moins les interpréter : plus la valeur d'un écart type est grande, plus les disparités sont importantes. Les *écarts* ou *intervalles interquantiles* sont d'un usage beaucoup plus courant dans les médias y compris les médias spécialisés. Pour toute variable quantitative, par exemple l'âge ou le revenu, on peut dresser un classement du plus jeune au plus âgé, du plus pauvre au plus riche, puis définir des *quantiles* ou des *fractiles*, soit des parts égales de la population.

Si l'on découpe la population ou la distribution en quatre, on parle de *quartiles* ; si on la découpe en dix, il s'agit de *déciles*, en cent de *centiles*. Les plus utilisés, les déciles (D1, D2, … D9), sont les valeurs de la variable entre lesquelles se situe un dixième de la population. Par exemple, un dixième des ménages ont des revenus inférieurs au premier décile (D1), un dixième a des revenus compris entre le premier et le deuxième décile (entre D1 et D2), et un dixième ont des revenus supérieurs au neuvième décile (D9). Le cinquième décile (D5) correspond à la *médiane*, c'est le quantile qui divise la population exactement en deux (le milieu du classement) : le revenu médian est tel que la moitié de la population gagne moins et l'autre plus.

Pour mesurer les inégalités, on calcule les *intervalles interdéciles*, le plus souvent la différence entre le dernier et le premier décile (D9 – D1), ou encore les *rapports interdéciles*, le plus souvent le rapport entre le dernier et le premier décile (D9/D1). Ces deux types de calcul ont l'avantage de ne pas prendre en compte les 10 % les moins et les 10 %

les plus ; cela les rend peu sensibles aux valeurs extrêmes. Pour analyser l'évolution d'une inégalité, on regarde l'évolution de l'intervalle interdécile (les écarts ont-ils augmenté ou diminué ?) et/ou l'évolution du rapport interdécile.

Tableau 3.6 Répartition du revenu disponible mensuel des ménages par décile en 2018 (en euros)

D1	D2	D3	D4	D5	D6	D7	D8	D9
1 152	1 485	1 806	2 147	2 552	3 013	3 540	4 237	5 438

Source : Insee, Enquête Revenus fiscaux et sociaux, 2018.

Le revenu disponible des ménages comprend les revenus d'activité, les revenus du patrimoine (revenus fonciers et revenus de valeurs et de capitaux mobiliers tels qu'ils apparaissent dans la déclaration fiscale) et les prestations sociales, moins les impôts directs. En 2018, 10 % des ménages ont un revenu disponible inférieur à 1 152 euros mensuel ; 10 % ont entre 1 152 et 1 485 (soit 20 % ont moins de 1 485 €) ; etc. ; et 10 % ont un revenu supérieur à 5 438 €. Le revenu médian est de 2 552 € (D5) ; le revenu moyen (qui ne figure pas dans le tableau) de 3 139 € (largement plus élevé que le revenu médian, les hauts revenus tirant la moyenne vers le haut). Si l'on écarte les 10 % des ménages qui gagnent le moins et les 10 % qui gagnent le plus, la différence de revenu entre ceux qui gagnent le moins et ceux qui gagnent le plus au sein des 80 % est de 4 286 € (5 438 – 1 152) ; le rapport interdécile est de 4.7 (5 438/1 152), ce qui signifie que si l'on écarte les 10 % des ménages qui gagnent le moins et les 10 % qui gagnent le plus, le revenu entre les extrêmes des 80 % restants varie dans une proportion de 1 à 4.7 : ceux qui gagnent le plus ont, en moyenne, un revenu 4.7 fois supérieur à ceux qui gagnent le moins. On peut ensuite comparer aux mêmes données d'années antérieures.

Exercice 9

Nous possédons les informations suivantes sur la distribution par âge (au cours de l'année universitaire) d'une première année de filière de Sciences humaines et sociales (tableau 3.7).

Tableau 3.7 Répartition par âge des inscrits dans une première année SHS

Âge	Effectif	Effectif cumulé	Âge	Effectif	Effectif cumulé
17	2	2	27	3	227
18	15	17	34	2	229
19	50	67	35	3	232
20	53	120	42	3	235
21	50	170	55	1	236
22	26	196	58	2	238
23	13	209	59	1	239
24	8	217	62	2	241
25	5	222	68	1	242
26	2	224			

L'effectif cumulé est calculé en faisant pour un âge donné la somme des effectifs des âges égaux et inférieurs.

1. Donnez ou calculez pour cette distribution des âges le mode, la médiane et la moyenne.
2. Constituez des quartiles, soit quatre classes d'âge avec des effectifs sensiblement équivalents.

• L'évolution des inégalités de durée des études

L'âge médian de fin d'études n'a cessé de croître du milieu du XIXe siècle à aujourd'hui, il était inférieur à 11 ans dans les années 1850, près de 13 ans en 1946, a atteint 16 ans en 1960, et est supérieur à 20 ans depuis la fin des années 1990. On peut se demander si cet allongement général des études a bénéficié à tous de la même manière. C'est la question que va se poser Merle, mais sur une période plus courte, en comparant deux années scolaires : 1988-1989 et 1998-1999 (tableau 3.8). La période d'étude est intéressante, puisqu'en 1987 32.4 % d'une génération obtenait le baccalauréat, c'était le cas de 61.7 % en 1998.

Tableau 3.8 Évolution de l'âge de sortie du système scolaire par décile de 1988-1989 à 1998-1999 (en années)

	D1	D2	D3	D4	D5	D6	D7	D8	D9
1988-1989	16.0	17.2	17.8	18.4	18.9	19.5	20.1	21.1	22.9
1998-1999	17.2	18.1	18.9	19.6	20.4	21.3	22.4	23.5	25.1
Variation	+ 1.2	+ 0.9	+ 1.1	+ 1.2	+ 1.5	+ 1.8	+ 2.3	+ 2.4	+ 2.2

Source : P. Merle, 2002, p. 644.

Tous les déciles d'âge de fin d'études ont augmenté sur la période étudiée. Mais si l'on se situe par rapport à la médiane (D5), l'augmentation est plus faible pour chacun des quatre premiers déciles que pour chacun des quatre déciles supérieurs. Le calcul des intervalles et des rapports interdéciles va permettre de préciser ce constat (tableaux 3.9 et 3.10).

Tableau 3.9 Intervalles interdéciles des âges de sortie du système scolaire en 1988-1989 et 1998-1999 (en années)

	D9-D1	D8-D2	D7-D3	D6-D4
1988-1989	6.9	3.9	2.3	1.1
1998-1999	7.9	5.4	3.5	1.7
Variation	+ 1.0	+ 1.5	+ 1.2	+ 0.6

Source : P. Merle, 2002, p. 645.

Tableau 3.10 Rapports interdéciles des âges de sortie du système scolaire en 1988-1989 et 1998-1999

	D9/D1	D8/D2	D7/D3	D6/D4
1988-1989	1.43	1.23	1.13	1.06
1998-1999	1.46	1.30	1.19	1.09

Source : P. Merle, 2002, p. 645.

Tous les intervalles et rapports interdéciles ont augmenté de 1988 à 1998 :

« L'intervalle interdécile s'est accru d'une année au cours de la période : il est passé de 6.9 ans à 7.9 ans. Cet écart a augmenté de façon encore plus sensible si l'on écarte les 20 % des élèves qui ont les parcours les plus brefs et les 20 % qui ont les cursus les plus longs (D8-D2 est passé de 3.9 ans en 1988 à 5.4 ans en 1998, soit 1.5 ans de plus). Sur la période, les élèves les plus longtemps scolarisés ont bénéficié d'un allongement de leur scolarité plus important que celui dont ont bénéficié les élèves les moins scolarisés : les inégalités de durées de scolarisation se sont donc accrues. »

(Merle, 2002, p. 645.)

Et ce constat ne vaut pas que pour les situations extrêmes (D1 et D9). Mais ces inégalités sont-elles des inégalités sociales ? Pour répondre à la question, Merle s'est intéressé au recrutement social d'une part des SEGPA (sections d'enseignement général et professionnel adapté qui ont succédé aux CPPN et aux SES, et qui accueillent en collège les élèves en grande difficulté scolaire), CAP et BEP qui scolarisent la très grande partie des élèves les moins formés (D1, voire D1 et D2), d'autre part des second et troisième cycles universitaires et des écoles d'ingénieurs pour les formations les plus longues. Or ces différentes formations n'ont pas connu, durant cette période, de modification sensible de leur recrutement ; regardons celui de 1998-1999 (tableau 3.11).

Tableau 3.11 Origine sociale des élèves scolarisés dans les formations les plus courtes et les plus longues en 1998-1999 (en %)

	Catégories populaires	Dont ouvriers et chômeurs	Catégories moyennes et sup.	Dont cadres
SEGPA	88.0	68.3	12.0	1.6
CAP	79.3	57.4	20.7	3.9
BEP	75.6	52.8	24.4	4.7
2[d] cycle universitaire	22.5	11.0	77.5	36.7
3[e] cycle universitaire	15.2	6.1	84.8	45.2
Ecoles d'ingénieurs	15.1	6.0	84.9	48.9

Source : P. Merle, 2002, p. 648.

« Ces données montrent nettement que les formations courtes scolarisent très majoritairement des élèves d'origine populaire (88 % des élèves de SEGPA sont issus de catégories populaires, 68.3 % sont enfants d'ouvriers ou de chômeurs, etc.) alors que les élèves d'origine plus favorisée sont surreprésentés dans les études longues (84.9 % des élèves ingénieurs sont issus des catégories moyennes et supérieures, 48.9 % sont enfants de cadres alors que les cadres représentent 13.6 % de la population active) [...]. Il faut donc conclure à une augmentation des inégalités face à l'école compte tenu de la stabilité du recrutement social sur la période. » (*ibid.*, p. 648.)

Rappelons pour terminer que cette analyse ne constitue qu'une tentative rigoureuse d'élaboration d'un constat sur la démocratisation scolaire, mais n'explique pas cet accroissement des inégalités.

Correction exercice 8

1. (Voir tableau 3.12)

Tableau 3.12

	STS	CPGE	IUT	Université hors IUT	Moyenne ens[t] sup
Écart absolu avec l'université, 1986	1 500	3 900	3 200		1 540
Écart absolu avec l'université, 2004	5 600	7 000	2 500		2 240
Rapport avec l'université, 1986	1.288	1.750	1.615		1.296
Rapport avec l'université, 2004	1.836	2.045	1.373		1.334
Taux d'accroissement en %	+ 83.6%	+ 50.5%	+ 9.5%	+ 28.8%	+ 32.6%

2. Dans ce cas, les différentes mesures (écarts absolus, rapports et taux d'accroissement) apportent des réponses convergentes :

- les inégalités de coûts entre filières STS et CPGE d'une part, et université d'autre part se sont accrues entre 1986 et 2004 : une année en STS coûtait ainsi à l'État en 1986 1 500 € de plus qu'une année d'études à l'université (1.288 fois plus), en 2004 elle coûtait 5 600 € de plus (1.836 fois plus), une année en CPGE coûtait en 1986 3 900 € de plus qu'une année d'études à l'université (1.75 fois plus), en 2004 elle coûtait 7 000 € de plus (2.045 fois plus). On comprend bien cette augmentation des inégalités après avoir calculé les différents taux d'accroissement : les coûts des filières STS ont augmenté sur la

période de 83.6 %, ceux des filières CPGE de 50.5 %, tandis que ceux des filières universitaires n'augmentaient que de 28.8 % ;
  - les IUT constituent une exception : leur coût ayant moins augmenté (+ 9.5 %) que ceux des filières universitaires, les écarts avec celles-ci ont diminué, une année en IUT coûtait ainsi 3 200 € de plus qu'une année à l'université en 1986 (1 615 fois plus), en 2004 l'écart n'était plus que 2 500 € (1.373 fois plus) ;

3. Les parcours scolaires des uns et des autres peuvent varier, mais si l'on part sur trois années en école maternelle, cinq années en primaire, quatre années au collège et trois années au lycée, une scolarité de la première année de maternelle au bac signifie une dépense publique d'environ 120 000 euros. À vous de préciser les comptes pour l'enseignement supérieur en fonction de votre parcours, de faire les comptes pour l'ensemble de votre fratrie… L'objectif de cet exercice n'est évidemment pas de vous culpabiliser, mais de répondre partiellement à la question « à quoi servent les dépenses publiques ? ».

Ce tableau permet également de mettre en lumière au moins deux éléments :

- le peu d'investissement du système scolaire français dans ses écoles maternelle et primaire (en comparaison avec le secondaire et en particulier le lycée), alors que les inégalités scolaires se construisent essentiellement à ces niveaux ;
- le sous-investissement dans les filières universitaires généralistes, en particulier en licence. Si l'on compare les dépenses pour un étudiant en licence universitaire avec celles pour un étudiant en CPGE à partir du mode de calcul du CAE et non plus celui du ministère, alors les écarts se creusent : l'État dépense 3.6 fois plus pour un étudiant en CPGE.

Correction exercice 9

1. L'âge modal de cette promotion est 20 ans (classe dans laquelle les effectifs sont les plus nombreux : 53 étudiants). L'âge médian est 21 ans (âge du sujet qui se trouve au centre de la distribution, soit l'âge du 121e sujet). La moyenne à calculer est ici une moyenne pondérée : multipliant chaque âge par le nombre d'individus qu'il concerne (on obtient

la fréquence de chaque âge), ajoutant chacun de ces résultats, et divisant le total par le nombre total d'individus soit 242. On a donc : $[(17 \times 2) + (18 \times 15) + (19 \times 50) + \ldots + (62 \times 2) + (68 \times 1)] / 242 = 5\,406 / 242 = 22.3$ ans est l'âge moyen.

2. Pour chercher les coupures les plus pertinentes (nous ne pourrons ici que nous approcher de l'idéal), on utilise la distribution des effectifs cumulés ; le partage en quatre groupes fait que chaque quartile contiendra approximativement 242 / 4 = 60.5 individus, on retiendra le découpage suivant : 17-19 ans (67 individus), 20 ans (53 individus), 21 ans (50 individus), 22-68 ans (72 individus) ; nous avons donc Q1 = 20, Q2 = 21 (la médiane) et Q3 = 22.

Deuxième partie

Des taux aux phénomènes sociaux

Nous avons vu, tout au long de la première partie, combien l'analyse d'un phénomène social est complexe et ne peut se résumer à la prise en compte de deux ou trois données chiffrées. Elle pose forcément de nombreux problèmes, et soulève un certain nombre d'enjeux. Nous souhaitons, dans cette partie, avancer vers une utilisation des statistiques la plus rigoureuse et la plus heuristique possible, qu'il s'agisse de réfléchir à un phénomène et de l'étudier à travers les analyses souvent divergentes réalisées par d'autres, ou qu'il s'agisse d'en faire soi-même l'analyse en produisant une enquête.

Chapitre 4

Idées générales sur les statistiques et applications

Nous allons, dans ce chapitre, récapituler et formaliser les problèmes et enjeux rencontrés depuis le début de cet ouvrage, afin de pouvoir les poser systématiquement lors de toute réflexion utilisant des données chiffrées. Nous essaierons ensuite de mettre en œuvre ces idées générales à propos de phénomènes sociaux particuliers : richesse et pauvreté d'un pays, chômage et délinquance. Il ne s'agira bien évidemment pas d'une analyse exhaustive de ces phénomènes, chacun ayant donné lieu à de multiples études et publications. Nous nous en tiendrons à ce qui sert ici notre problématique.

Idées générales

Quels calculs effectuer et quelles données utiliser ?

Nous l'avons plusieurs fois noté, il est nécessaire de réfléchir à la pertinence, à la validité et aux limites des calculs réalisés à partir des données brutes. Cette réflexion nécessite une maîtrise minimale des outils statistiques. Elle doit être menée quand on effectue soi-même des calculs, mais également quand on lit des calculs réalisés par d'autres. Plusieurs éléments sont à prendre particulièrement en considération :

- le choix de la population de référence et la pertinence du lien entre numérateur et dénominateur (exemples de mon ménage et de ses véhicules, du chômage des jeunes, du taux de réussite en première année universitaire) ;
- le choix des dates de départ et d'arrivée dans le calcul des taux de variation et des indices de croissance (exercice 5 portant sur l'évolution du nombre de mariages et de PACS) ;
- le choix des pondérations (exemple du classement des pays en fonction du nombre de médailles obtenues aux épreuves sportives).

Nous devons, d'autre part, nous souvenir que les calculs réalisés dépendent des questions que nous nous posons (calcul de la part des chômeurs chez les 16-25 ans ou de leur taux de chômage, calcul des pourcentages en lignes ou en colonnes dans des tableaux croisés).

Rappelons-nous également qu'il est préférable de connaître à la fois la valeur absolue et la valeur relative, la variation absolue et la variation relative (voir l'évolution des crimes et délits dans deux communes, et l'exercice 3 portant sur l'évolution de la structure de la population française).

Rappelons-nous, pour terminer, qu'une moyenne peut cacher des différences de situation importantes ; il est donc souhaitable, soit de décomposer cette moyenne en fonction des variables qui nous intéressent (taux de bacheliers par type puis par série, taux de bacheliers national puis par académies, taux d'accroissement de la population au niveau national, régional et départemental), soit de compléter cet indicateur par d'autres calculés à partir des mêmes données mais moins sensibles aux valeurs extrêmes, comme le mode ou la médiane. On peut également s'intéresser non plus à la tendance centrale mais à la dispersion, on calculera alors des indicateurs de dispersion en découpant la population en quantiles et en calculant des intervalles ou rapports interquantiles. De manière générale, il est souvent judicieux d'utiliser plusieurs de ces statistiques, afin d'avoir une vue plus complète de la situation.

Quels points de comparaison ?

Toute donnée statistique, cela a été notre leitmotiv, n'a de sens que comparée à une autre donnée statistique. Pour répondre aux questions « est-ce beaucoup ? », « est-ce plus ou moins que… ? », il faut chercher des points de repère, contextualiser les données. Les exemples du nombre de véhicules possédés par mon ménage, tout comme celui du pourcentage de bacheliers fils d'agriculteurs nous l'ont bien montré.

Comparer : le déficit de la Sécurité sociale

Le très célèbre « trou de la sécu » est évalué pour l'année 2006 à 8.7 milliards d'euros, il s'agit du déficit du régime général de la Sécurité sociale. Si l'on en croit nos premières impressions et les commentaires attachés à ce chiffre, ce déficit est considérable ; mais quels points de repère, quelles comparaisons pourraient lui donner sens ?

- on pourrait le mettre en rapport avec les ressources annuelles de la « sécu ». Il est très difficile d'y voir clair dans les « comptes sociaux » car le champ couvert n'est pas toujours le même : il peut s'agir des comptes de la protection sociale, des comptes de la Sécurité sociale ou encore des comptes du régime général de la Sécurité sociale, et parfois les chiffres sont donnés en étant assimilés au mauvais champ. Mettons en rapport intelligemment un numérateur et un dénominateur, choisissons au dénominateur les ressources du seul régime général, soit environ 300 milliards d'euros : $(8.7 / 300) \times 100 = 2.9\,\%$. Le déficit du régime général de la Sécurité sociale représentait 2.9 % de ses ressources ;
- on pourrait également le mettre en rapport avec le budget de l'État français et certains de ses postes ; le budget 2006 s'élevait ainsi à 330 milliards d'euros, 80 d'entre eux étaient consacrés à l'enseignement et la recherche, 35 à la défense, le déficit était de l'ordre de 47 milliards, soit, pour un niveau de ressources similaire, cinq fois supérieur à celui de la sécu ;
- ou avec certaines politiques : les exonérations de cotisations patronales de Sécurité sociale représentaient, en 2006, 23.8 milliards d'euros ; le coût des mesures de réduction d'impôts prises en 2007 (réduction de l'impôt sur le revenu et des droits de succession, bouclier fiscal) était estimé à 14 milliards d'euros de manque à gagner pour l'État pour l'année 2008 (*Alternatives économiques*, juillet-août 2007, p. 13) ;

- ou bien encore avec certains faits économiques : la fraude fiscale annuelle était estimée entre 29 et 40 milliards d'euros par le Conseil des prélèvements obligatoires ou entre 42 et 51 milliards d'euros par le Syndicat national unifié des impôts (*Alternatives économiques*, avril 2007, p. 60) ; le président de la Réserve fédérale américaine, Ben Bernanke, estimait provisoirement en janvier 2008 à 100 milliards de dollars le montant des pertes dues à la crise des crédits immobiliers à risque dits subprimes ; à la même date, la première banque américaine, Citi, annonçait, en lien avec la crise des subprimes, 9.8 milliards de dollars de pertes au quatrième trimestre 2007 ;
- finalement, un esprit malicieux pourrait le rapporter au coût de la guerre en Irak. Là aussi les estimations diffèrent, mais prenons la plus basse et la plus officielle, celle du Congress Budget Office qui estimait que la guerre elle-même coûtait de 6 à 9 milliards de dollars par mois et l'occupation de l'Irak de 1 à 4 milliards de dollars par mois, soit en ajoutant les deux (et pour un dollar au plus haut mi-septembre 2007 égal à 0,72 €) de 5 à 9 milliards d'euros par mois. Le trou annuel de la sécu 2006 représentait donc un mois à un mois et demi de guerre et occupation de l'Irak.

Le choix de tel ou tel point de comparaison, on le voit, n'est pas anodin.

Pour une réflexion complète et actualisée sur la question, nous conseillons vivement la lecture de Duval, 2020.

Ces exemples nous ont également montré combien le choix de ces points de repère pouvait être délicat. Se demander si l'on compare bien des choses comparables ou si l'article que nous lisons met en relation des choses réellement comparables est indispensable.

Comparer : le nombre de moissonneuses-batteuses en France et au Japon

L'annuaire statistique de la FAO (1990) nous indique que le Japon possédait, en 1988, huit fois plus de moissonneuses-batteuses que la France (1 254 / 152). Ceux qui connaissent l'agriculture française savent qu'elle est bien équipée et même parfois suréquipée, cette différence semble alors étrange. Peut-être s'expliquerait-elle par une plus grande superficie cultivable au Japon (ce qui serait certainement le cas d'une comparaison France/URSS ou France/États-Unis). Mais non : les superficies en céréales susceptibles d'être moissonnées à l'aide de moissonneuses-batteuses s'élèvent à 9,3 millions d'hectares en

France contre 2,5 millions d'hectares au Japon. Il y a donc en France une moissonneuse-batteuse pour 60 hectares environ, au Japon une pour deux hectares, soit trente fois plus !

Mais il ne s'agit pas du même matériel dans les deux pays : la plupart des tracteurs japonais ressemblent aux petits tracteurs que l'on voit dans les jardins (et non dans les champs) français, les moissonneuses-batteuses y sont le plus souvent de toutes petites machines tandis qu'elles sont en France des machines gigantesques. Même si la fonction remplie est la même (moissonner et battre les céréales), ces matériels ne sont absolument pas comparables, et ces données non plus. On ne peut donc pas déduire de ces chiffres que l'agriculture japonaise est mieux équipée que l'agriculture française.

Source : Exemple tiré de Klatzmann, 1996, p. 128-130.

Quelle définition des catégories et du phénomène étudié ?

Toute statistique est basée sur une définition des catégories de population qu'elle découpe. Ces définitions se sont construites historiquement et localement. Cela signifie qu'elles ne sont valables que dans des conditions historiques et locales données, par exemple l'université X aujourd'hui, son organisation particulière des examens, son utilisation du logiciel informatique d'inscription des étudiants « Apogée », et ses définitions d'inscrits, présents et admis à l'examen. Les limites en termes de pertinence de ces découpages peuvent être liées à des questions très matérielles, tels que les outils informatiques utilisés.

L'analyse de l'urbanisation ou définir l'urbain

On analyse généralement l'urbanisation par deux de ses aspects : son degré et son rythme de croissance. Le degré est mesuré par le taux d'urbanisation, qui est le rapport entre la population urbaine et la population totale à la même date. Le rythme de croissance se mesure par le taux d'accroissement urbain (moyen annuel), dans le calcul duquel entre l'effectif de population urbaine aux deux dates. Ces calculs se basent donc sur une donnée démographique et statistique qu'est la population urbaine, ou population résidant dans des villes ou localités urbaines.

Mais qu'est-ce qu'une ville ? Les critères peuvent être très différents d'un pays à l'autre ou d'une époque à l'autre ; des informations précises sont difficiles à trouver.

Il semblerait qu'une trentaine de définitions existent de par le monde. Les critères les plus fréquents sont :

- le volume de la population : 10 000 habitants en Italie ou au Portugal, 2 000 en France jusqu'en 1990 (l'Insee a ajouté un critère depuis), 200 en Suède et au Danemark ;
- la densité de population : plus de 400 habitants au kilomètre carré au Canada, plus de 4 000 habitants au kilomètre carré au Japon ;
- la proportion de population non agricole, c'est le cas de la Belgique et de la Hollande ;
- un mélange de différents critères : localité de plus de 5 000 habitants avec plus de 1 000 habitants au mile carré, soit 386 habitants au kilomètre carré et plus des trois quarts des actifs masculins employés hors de l'agriculture en Inde.

De ces définitions de l'urbain découlent généralement les définitions du rural : sont rurales les localités qui sont au-dessous des seuils de l'urbain. Ces définitions dépendent largement de l'histoire de chaque pays et de son découpage administratif : la France est le pays qui possède le plus grand nombre de communes (environ 35 000 en 2023) et donc les plus petites unités administratives. Une fusion des petites communes, thème récurrent de la vie politique française mais processus lent à se réaliser (il y avait 36 000 communes au milieu des années 2000), nécessiterait un changement du seuil retenu.

À noter : l'Insee a adopté une nouvelle définition du rural en 2020 qui n'est plus conçu comme du non urbain mais se base sur des critères de densité de la population.

De manière générale, les découpages dépendent du point de vue du « constructeur », de son « territoire », et de ce qui l'intéresse d'analyser, rappelons l'exemple des données de l'université X, d'un rectorat et du ministère de l'Éducation quant aux étudiants de première année. Cela nous oblige à entrer dans le détail des définitions de catégories, à porter notre attention aux notes de bas de pages ou aux notes de tableaux, comme nous avons pu le faire pour les dépenses d'éducation engagées par les communes françaises ou celles engagées par les différents pays de l'OCDE. Cela rend la comparaison de statistiques en provenance d'institutions différentes difficile, et celles en provenance de pays différents particulièrement délicates, d'autant que l'on a affaire, dans ce cas, à des systèmes politiques, économiques, sociaux, éducatifs différents. Ces découpages peuvent également évoluer dans le temps, soit pour « s'adapter » à la société (prise en compte du responsable de l'enfant et non plus systématiquement du père), soit suite à la mise en œuvre de politiques particulières. Cela rend les comparaisons dans le temps difficiles et souvent marquées par ce que l'on appelle des « *ruptures de série* » (voir les exemples sur la mesure de la pauvreté et sur celles du chômage ci-après).

Plus généralement, toute statistique se base sur une définition du phénomène dont elle parle, cela nous est apparu nettement en matière de réussite et démocratisation scolaires. Cette définition est liée à une certaine conception du progrès, de l'égalité ou des inégalités, et donc liée à des conceptions politiques au sens large, morales, éthiques. Ces conceptions sont le plus souvent implicites et semblent aller de soi. On peut et on doit les déduire, comme nous l'avons fait dans le chapitre précédent, des indicateurs.

Définir la pauvreté

La pauvreté comporte plusieurs dimensions : insuffisance de ressources monétaires, conditions de vie dégradées, ressources culturelles et sociales insuffisantes, etc. Elle est le plus souvent appréhendée à partir de sa dimension monétaire, mais définir la pauvreté monétaire n'est pas si simple : être pauvre, c'est disposer d'un revenu inférieur à un montant donné appelé « seuil de pauvreté », alors quel seuil retenir ?

Deux grandes approches existent : l'« approche absolue » et l'« approche relative ». La première est essentiellement utilisée au Canada, aux États-Unis et dans les pays en développement ; elle définit comme pauvres les individus qui ne disposent pas d'un revenu leur permettant d'acquérir le « panier » de biens et services essentiels à la vie quotidienne. Mais ce panier de consommation dépend du lieu où vit l'individu et de l'époque, il est donc relatif. La Banque mondiale définit les pauvres comme étant les ménages qui disposent de moins de 2.15 dollars par jour (données de l'automne 2022) ; ces seuils sont significatifs surtout pour les pays à faible revenu. L'approche relative situe l'individu

dans la société : sont pauvres ceux dont le niveau de revenu est inférieur à une fraction (le plus souvent 40 %, 50 % ou 60 %) de la médiane, le niveau du seuil évolue donc avec le revenu médian. L'aspect relatif de la pauvreté est ainsi souligné mais sont négligés les aspects non monétaires (Eyraud, 2023, où est développée, entre autres, une recherche exemplaire d'ATD Quart Monde). En France, nous utilisons, comme dans toute l'Union européenne, l'approche relative ; le seuil de pauvreté était, pour 2020, de 940 € (seuil à 50 %) ou de 1 128 € (seuil à 60 %) pour une personne vivant seule. Selon le seuil retenu, le nombre de personnes considérées comme pauvres varie de manière conséquente : 4.9 millions en 2020 avec le seuil à 50 % ou 8.9 millions avec le seuil à 60 % (données Insee), soit dans le premier cas un « taux de pauvreté » de 7.6 % (sur 100 personnes résidant en France en 2020, 7.6 vivent en dessous du seuil de pauvreté de 50 % du revenu médian), dans le second de 13.9 %.
On le voit la question de la définition et de ses possibles changements est d'importance. Le gouvernement annonçait au printemps 2008 qu'il adoptait un nouvel indicateur « le taux de pauvreté ancré dans le temps ». Ce taux « part du taux de pauvreté (à 60 % du revenu médian) à l'année N (2000 par exemple). Pour 2001, on ne calculera plus le taux de pauvreté en fonction du revenu médian de 2001, mais en fonction de celui de 2000 revalorisé de l'inflation. Comme l'inflation augmente moins vite que le revenu médian, la pauvreté ainsi calculée diminue naturellement de façon importante d'une année sur l'autre [...]. Il revient finalement à mesurer la pauvreté de manière absolue et non plus relative » (*Alternatives économiques*, 2008). Pour en apprécier les effets, imaginons cet indicateur « ancré en 2000 ». Le taux de pauvreté « ancré dans le temps » serait alors, en 2005, de 9.7 % (et non plus 12.1 %), le nombre de pauvres de 5.7 millions au lieu de 7.1 millions (Gadrey, 2008). Certains ont crié à la manipulation...

Finalement, définir un phénomène ou une catégorie de population revient à les délimiter, à définir un intérieur et un extérieur. Des frontières que l'on dessine dépendra le nombre d'individus ou d'objets comptabilisés. On peut ainsi « jouer » sur les définitions pour faire évoluer les chiffres, inclure ou exclure des populations (exemple du taux de réussite en classes préparatoires). On ne peut donc comprendre une donnée statistique sans connaître la définition sur laquelle elle se base et les populations qu'elle prend en compte. La question de leur contenu et de leur homogénéité est primordiale en matière de comparaison.

Exercice 10

Les articles de journaux relatifs à l'immigration et l'intégration font couramment appel à des termes variés : étrangers, immigrés, seconde génération, Français, etc. Voici quelques questions qui doivent vous permettre d'affiner vos connaissances. Avant d'y répondre, vous donnerez les définitions nécessaires à ces réponses (on peut les trouver sur les sites de l'Insee ou de l'Ined).

a. Peut-on être étranger et immigré ?
b. Est-on toujours immigré quand on est étranger ?
c. Est-on toujours étranger quand on est immigré ?
d. Peut-on être immigré et Français ?
e. Peut-on être étranger sans être immigré ?
f. Peut-on être immigré sans être étranger ?
g. Peut-on être immigré et né en France ?
h. L'expression « immigré de la deuxième génération » a-t-elle un sens ?

Source : Pénombre, 1999, p. 82-84.

Quel processus de construction ?

De manière générale, on peut différencier deux types de sources (Desrosières, 2005) : les enquêtes directes (recensements, sondages, enquête Emploi, enquête Génération…) et les sources administratives. Leurs finalités sont différentes : les premières ont pour but de décrire un phénomène social ou d'apporter des connaissances sur ce phénomène, les secondes sont issues de fichiers de gestion dont l'objectif est de traiter des cas individuels (gestion de la scolarité d'un individu par exemple). Les enquêtes sont coûteuses à réaliser et fonctionnent par échantillonnage (panel au 1/40 du ministère de l'Éducation nationale). Les secondes sont moins coûteuses et couvrent la quasi-totalité, voire la totalité de la population concernée (population bachelière, population étudiante…) ; elles permettent ainsi des découpages géographiques fins et une connaissance localisée des phénomènes.

Mais l'utilisation à des fins de connaissance des données en provenance de sources administratives soulève un certain nombre de problèmes. Elles dépendent ainsi de l'état de développement du système statistique national, qui dépend lui-même du degré de développement économique et du niveau de développement de l'État. Elles résultent également des questions que l'État se pose, de ce qu'il considère à une époque comme un problème social, des informations qu'il pense nécessaires pour gérer sa population et résoudre ses problèmes.

Elles reposent, d'autre part, sur les découpages institutionnels et administratifs propres à un pays et à un moment donné. En France ou en Corée, certains établissements d'enseignement supérieur dépendent d'autres ministères que de celui de l'Éducation nationale : ministères de l'Agriculture, de la Défense, etc., leurs populations et leurs budgets ne figurent pas systématiquement dans les statistiques de l'enseignement supérieur. D'autres systèmes de statistiques scolaires ne prennent en compte que les seuls établissements publics (Suisse, Italie, Portugal…).

Elles sont également tributaires de définitions et de catégories réglementaires, chaque changement de réglementation étant susceptible de perturber la continuité des séries temporelles. Elles dépendent finalement du mode de recueil des données. L'existence de 19.2 % de bacheliers dont on ne connaît pas la PCS d'origine ne peut se comprendre que si l'on sait que ces statistiques sont basées sur la déclaration des parents, dans le cadre d'une procédure d'inscription où la réponse à cette question est très secondaire.

On retrouve ces différents problèmes dans les données en provenance d'enquêtes, même si c'est de façon plus nuancée ou différente. « Ce qui vaut particulièrement pour des statistiques administratives […] doit être généralisé à l'usage de toutes les sources statistiques comme "produit fabriqué" » (Champagne *et al.*, 1999, p. 160). Les exemples des chiffres du chômage nous le montreront clairement. Il est donc particulièrement important et nécessaire, dans les deux cas, de chercher à comprendre le processus de fabrication.

Finalement, les deux dernières idées générales (définition et processus de construction) nous amènent à attirer votre attention sur un terme très utilisé, y compris dans le titre de cet ouvrage, celui de « données » statistiques. Parler de « données » peut porter à confusion : le « réel » nous « donnerait » ces informations, il ne nous resterait plus qu'à les interpréter ; or les statistiques ne sont absolument pas données mais sont le produit d'une construction (d'où le titre d'un article de Robert Salais « La donnée n'est pas un donné… », 2010), plus ou moins complexe, que l'analyse doit prendre en compte.

La pluridimensionnalité d'un phénomène social

Un phénomène social est toujours pluridimensionnel, cela signifie qu'il possède plusieurs dimensions. Vous allez rapidement saisir les implications de cette idée quant à l'utilisation des statistiques. Lazarsfeld (1965), grand sociologue américain, a proposé une démarche pour construire le plus rigoureusement possible une manière de concevoir un phénomène ; il appellera cette manière de concevoir un *concept*. Il décrit de la façon suivante les étapes à suivre :

- on commence par réfléchir aux différents aspects, composantes ou *dimensions* du phénomène ;
- puis on cherche des *indicateurs* permettant d'appréhender, de mesurer chacune de ces dimensions ; on ne peut pas juger d'une dimension par un seul critère, il faut, pour chacune, trouver plusieurs indicateurs ;
- enfin on construit un *indice* qui permet de faire la synthèse des données obtenues au cours des étapes précédentes. Cette étape n'est pas toujours atteinte dans l'étude des phénomènes sociaux.

Le schéma de pensée est alors le suivant (fig. 4.1).

Figure 4.1 Concept, dimensions, indicateurs, indice

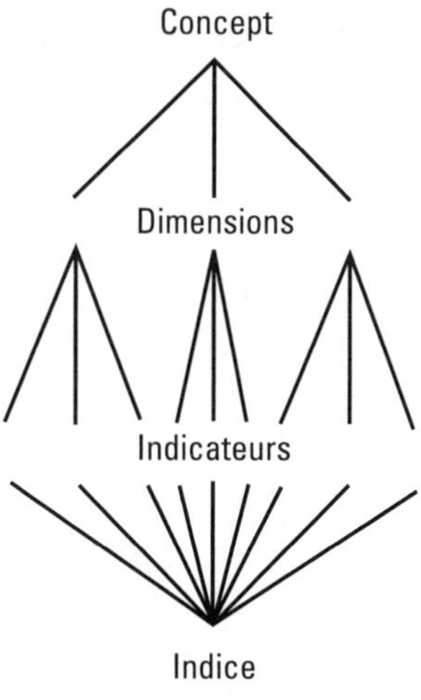

Prenons, pour commencer, un exemple non sociologique mais très parlant : celui d'un jury de concours de beauté (Grawitz, 1990, p. 432).

Pour noter chacune des candidates, le jury va décomposer le phénomène ou *concept* de « beauté » en retenant, mettons, trois *dimensions* : les proportions du corps, le charme du visage, la grâce des gestes. Il définit ensuite *plusieurs indicateurs* pour chaque dimension : le rapport poids/taille, la proportion jambes/taille, etc., pour la première ; la beauté des yeux, du nez, du sourire, l'éclat du visage, etc., pour la seconde… Il réalise finalement une moyenne (pondérée ou non, selon qu'il considère que chacun des éléments a ou n'a pas la même importance) des notes obtenues à chaque indicateur, moyenne générale qui est *la* « note de beauté » obtenue par chaque candidate, ou *indice* de beauté.

Reprenons maintenant l'exemple de la démocratisation de l'enseignement. Les politiques et les analyses assimilent généralement démocratisation à augmentation de la proportion d'une génération atteignant ou obtenant tel niveau de diplôme, le baccalauréat par exemple. Ainsi la politique française de ces dernières années en matière de démocratisation de l'enseignement supérieur a consisté à vouloir atteindre le pourcentage de 50 % d'une génération diplômée de l'enseignement supérieur. Nous nous trouvons face au schéma de pensée suivant (fig. 4.2).

Figure 4.2. Concept, indicateur. La démocratisation de l'enseignement

Phénomène social : démocratisation de l'enseignement supérieur

|

Indicateur : passer de 35 % d'une génération diplômée de l'enseignement supérieur à 50 %

Il manque à la fois l'étape de réflexion sur les *dimensions* de ce phénomène et la recherche de *plusieurs* indicateurs permettant d'appréhender chacune des dimensions retenues.

Nous rejoignons ici la question de la définition du phénomène développée plus haut. On doit donc toujours, devant une analyse utilisant des données chiffrées, se poser les questions suivantes :

- comment est défini le phénomène dans cette étude ?
- quelles sont les dimensions prises en compte ?
- l'auteur n'a-t-il pas oublié des dimensions importantes ?
- quels sont les indicateurs utilisés pour rendre compte des dimensions du phénomène ?

- ces indicateurs sont-ils pertinents ou sont-ils les plus adéquats pour appréhender cette dimension ? L'étape de recherche des différentes dimensions étant, malheureusement, souvent oubliée, la question est alors celle de la pertinence de la relation entre indicateur(s) et phénomène.

Notons, pour terminer ce point, que les notions d'« indicateur » et d'« indice » ont, chez Lazarsfeld, un sens très précis ; alors qu'elles sont parfois utilisées l'une pour l'autre dans différents textes. La notion d'« indicateur » peut, d'autre part, renvoyer à un sens plus large, pour dire d'une donnée qu'elle résume bien une notion plus abstraite et plus vaste ; ainsi l'on considère généralement que l'espérance de vie à la naissance est un bon indicateur du niveau de développement sanitaire d'un pays et de l'état de santé de sa population.

Les statistiques indissociables des enjeux sociaux

Finalement, les statistiques sont indissociables des enjeux sociaux, tant au niveau de leur construction qu'au niveau de leur diffusion et de leur utilisation (Eyraud, 2023). La manière dont elles se sont historiquement construites est en effet marquée par des enjeux économiques, financiers, politiques, voire symboliques, pouvant se résumer à la question : « Qui sera à l'intérieur de la catégorie et qui en sera exclu ? » Les chiffres sont, de manière générale, utilisés dans les débats publics et politiques pour orienter ou essayer d'orienter les décisions, pour légitimer une décision, et pour évaluer une politique ou un gouvernement. Ces différents éléments sont également à prendre en compte dans l'analyse.

Comparer : le niveau des prélèvements obligatoires

La part des prélèvements obligatoires dans le produit intérieur brut (PIB) est une statistique très utilisée dans le débat public, en particulier quand il s'agit de montrer que l'on paye trop d'impôts en France. On nomme d'ailleurs souvent cette statistique la « pression fiscale et sociale » ; elle varie en France, des années 1980 au début des années 2020, de 45 % à 47 %. Mais qu'est-ce qu'un prélèvement obligatoire ?

Selon la définition de l'OCDE, les prélèvements obligatoires correspondent aux « versements effectifs vers des administrations publiques, effectuées de façon non volontaire et sans contrepartie immédiate ». La redevance télévision ou la taxe d'enlèvement des ordures ménagères, qui disposent d'une contrepartie directe, ne sont donc pas comptabilisées comme prélèvements obligatoires. Les assurances automobile ou habitation, pourtant obligatoires, ne sont pas non plus comptabilisées comme tels, car elles ne sont pas payées à des administrations publiques. Les comparaisons internationales sont délicates, car selon les pays certains versements peuvent être ou non obligatoires, avec ou sans contrepartie immédiate (le coût d'enlèvement des ordures ménagères peut par exemple être intégré aux impôts locaux) ou être effectués à des administrations publiques ou à des organismes privés. Ainsi en 2021, la part des prélèvements obligatoires dans le PIB est en France de 47 %, en moyenne dans la zone euro de 42.2 %, alors que la moyenne dans les pays de l'OCDE est de 34.1 % (il s'agit pour la moyenne de l'OCDE des « recettes fiscales » et non plus des « prélèvements obligatoires », l'OCDE ayant changé dernièrement l'indicateur utilisé, mais l'Insee continue d'utiliser celui de prélèvements obligatoires). Cet écart tient à l'importance de la protection sociale obligatoire dans les pays de la zone euro, alors que la plupart des autres pays de l'OCDE, et notamment les États-Unis, ont des systèmes de protection sociale non obligatoire, les cotisations aux régimes d'assurance-maladie et aux fonds de pension ne sont pas comptées comme des prélèvements obligatoires (ni comme des recettes fiscales) même s'ils pèsent parfois tout aussi lourdement sur les entreprises et leurs employés.

Sources : Insee et OCDE.

Exercice 11

Nous possédons les tableaux 4.1 et 4.2. Essayez de mettre en relation les informations qu'ils nous apportent.

Tableau 4.1 Taux de chômage des immigrés et non-immigrés selon le sexe en 2005

	Hommes	Femmes	Ensemble
Actifs immigrés	15	22	18
Actifs non immigrés	8	10	10

Source : Insee, Enquête Emploi 2005.

Tableau 4.2 Taux de sous-emploi en fonction de la nationalité et du sexe en 2004

Nationalité	Hommes	Femmes	Ensemble
Africaine	9.1	24.9	15.1
Européenne	1.3	10.9	5.1
Française	1.7	8.1	4.7
Maghrébine	4.3	16.8	7.9

Source : S. Arnault, « Le sous-emploi concerne 1.2 millions de personnes », *Insee Première*, octobre 2005, n° 1046, p. 2. « Le sous-emploi regroupe ici l'ensemble des personnes travaillant à temps partiel, souhaitant travailler davantage, disponibles pour le faire, et cherchant ou non un autre travail. »

Exercice (non corrigé)

Lisez l'article de Christophe Terrier, « Visit France » paru dans la *Lettre blanche de Pénombre*, n° 35 de décembre 2003 (que vous trouverez sur le site de Pénombre), et retrouvez, à propos du tourisme, les idées générales que nous venons de développer.

Réalisez le même exercice en lisant les parties suivantes (mesures de la croissance, du chômage et de la délinquance).

Mesures de la croissance, mesures de la richesse

Dans les médias et le débat public, quelques indicateurs occupent une place centrale, il s'agit en particulier du taux de croissance, du taux de chômage, du taux d'inflation, des indices boursiers (CAC 40 et autres), des chiffres de la délinquance et de ceux nous parlant de pouvoir d'achat (indice des prix à la consommation, taux d'inflation…). Nous allons ici nous intéresser au taux de croissance avant de nous pencher sur le taux de chômage puis sur les chiffres de la délinquance.

Le taux de croissance reste le principal symbole de la réussite d'un pays, et un élément central de toutes les projections économiques et sociales (budget de l'État, de la Sécurité sociale, etc.). La croissance est généralement appréhendée à partir du PIB ou produit intérieur brut. C'est son taux de variation d'une année à l'autre ou d'un trimestre à l'autre que l'on nomme « taux de croissance ». Ce dernier est censé représenter le rythme auquel s'accroît la richesse d'une économie.

Mais qu'est-ce que le PIB ?

En simplifié, le PIB mesure la production finale de biens et de services réalisée une année donnée, dans un pays donné et échangés sur le marché. Ainsi seules les opérations qui se sont soldées par un échange sur le marché sont considérées comme productives ; s'il n'y a pas de vente de produits, il n'y a pas de création de richesse. Un changement a eu lieu dans la définition en 1976 : la production des administrations, telles que l'Éducation nationale, jusqu'alors non comptée, le devient à hauteur des coûts de ces administrations (puisque leurs produits ne sont pas échangés sur le marché, mais c'est le cas de leurs consommations intermédiaires).

Cette définition inclut et exclut un certain nombre d'activités humaines. Prenons quelques exemples. Si un parent fait faire ses devoirs à son enfant, il ne participe pas à la création de richesses nationales telles que définies par le PIB ; c'est le cas en revanche si la même activité donne lieu à l'embauche par chèque emploi service universel (CESU) d'un jeune étudiant. Même chose pour les tâches ménagères. Autrement dit, le PIB exclut le travail domestique ; comme ce dernier est encore largement le fait des femmes, cela a fait dire à certaines que le PIB était machiste. Cette exclusion est conséquente : Chadeau et Fouquet (1981) ont estimé que la valeur de l'activité domestique représentait, selon les hypothèses de calcul, de 32 % à 77 % du PIB. Vous faites les courses pour votre voisine qui a une jambe dans le plâtre, cette activité ne fait pas augmenter le PIB, ce serait le cas si vous étiez payé pour cela ; le PIB ne comptabilise pas le bénévolat. Une catastrophe naturelle ou une guerre font, à moyen terme, augmenter le PIB des pays touchés, de par les travaux publics d'infrastructures et les travaux privés de reconstruction qu'elles génèrent. De la même manière, la destruction organisée de la forêt amazonienne est une activité qui fait progresser le PIB mondial. Le PIB ne comptabilise pas les pertes en patrimoine, que celui-ci soit naturel ou humain ; au contraire, il compte positivement les activités économiques que ces pertes génèrent.

Dans le PIB, est donc inscrite une manière de concevoir la production, la richesse économique et la croissance. Cette conception correspond à une certaine vision de la richesse et du progrès, et véhicule une échelle de valeurs généralement laissée dans l'ordre de l'implicite. Cette conception s'est construite dans un certain contexte historique : elle s'appuie sur l'héritage de la science économique du XIXe siècle confrontée au problème de pénurie, et prend forme, dans le cadre d'un système de comptabilité nationale, aux lendemains de la Seconde Guerre mondiale, à un moment où la priorité allait à la reconstruction matérielle. Finalement, ce système de comptabilité nationale et son résumé qu'est le PIB se sont largement diffusés dans le monde économique, social et politique au cours des années 1960, « dans un contexte fordiste caractérisé par une production et une consommation de masse de biens fortement standardisés, le taux de croissance du PIB était perçu par la grande majorité des citoyens comme l'indice essentiel de réussite de notre société. Tout accroissement de celui-ci semblait alors signifier une avancée vers une meilleure satisfaction des besoins de chacun » (*Alternatives économiques*, 2001, p. 72).

La France : deuxième ou douzième sur quinze ?

« Voici l'essentiel d'un échange entendu sur *France 2*, le 11 mars 2002, à un mois d'une échéance électorale importante :

J. Chirac : "Les statistiques — encore elles, naturellement, mais on ne peut pas y échapper — de l'Union européenne montrent que nous sommes le douzième pays pour ce qui concerne la richesse par habitant. Nous étions, il y a encore quelques années, le troisième ou le quatrième. On a décroché parce qu'on travaille de moins en moins, et comme on travaille moins, on n'a pas de progression de notre pouvoir d'achat au niveau où on aurait pu l'escompter."

Qu'en est-il en fait ?

Au début de l'année 2002, quand ont été connus les travaux d'Eurostat sur les "parités de pouvoir d'achat", des titres-chocs sont apparus dans la presse. Par exemple : "Les Français sont moins riches que les autres" (*Le Monde*, 15 janvier 2002).

Les propos de Jacques Chirac en mars faisaient écho à ces articles... en oubliant quelques mises au point parues en février avec, il est vrai, un écho bien moindre que les premiers titres : "Les marges d'incertitude sur les mesures de PIB sont, en elles-mêmes, grandes, et sans doute supérieures à ces quelques pour cent qui font la différence dans le classement Eurostat [...]. La marge d'incertitude, dans de telles comparaisons, est de l'ordre de 10 à 15 % selon les cas, la fiabilité des classements est proche de 0" (*Le Monde*, 23 janvier 2002.)

Le 14 mars, trois jours après le débat télévisé, *Libération* indiquait : "Une énorme bourde s'est glissée dans les calculs d'Eurostat [...] qui a intégré, en France, une hausse de plus de 47 % des prix à la construction en 1997." En fait, il est vrai que le "PIB par habitant en standard de pouvoir d'achat" plaçait la France au douzième rang sur quinze en 1998, alors qu'elle se situait au deuxième rang en 1992 selon les chiffres publiés par l'Office statistique européen. Toujours selon ce même indicateur, cette année-là, le Luxembourg arriverait en tête avec un indice 176 (pour une moyenne européenne fixée à 100 par convention). Le grand-duché précéderait le Danemark, qui affiche 121. La France serait douzième, on l'a vu, avec un indice égal à 99. Le quinzième est la Grèce avec 68. On remarque au passage :

- qu'il y a plus de différence entre le premier et le second qu'entre le second et le dernier ;
- que le pays le plus proche de la moyenne, la France, est classé douzième sur quinze.
- Pourquoi ces bizarreries apparentes ? Pour répondre à cette question, il faut en poser deux autres :
- quel indicateur de "richesse" utilise-t-on ?
- comment l'a-t-on calculé ?
- ... et en ajouter aussitôt une troisième : quel usage peut-on faire des chiffres ainsi obtenus, en termes de palmarès ?

La définition

Le PIB par habitant utilise au numérateur le PIB (production intérieure au cours d'une année) et au dénominateur la population du pays.

Numérateur : admettons ici que le PIB est pertinent pour apprécier la richesse réelle d'un pays (ce que d'aucuns contestent fortement).

Dénominateur : le choix du PIB par habitant n'est nullement indéfendable. En revanche, si on voulait apprécier la productivité du travail, à laquelle Jacques

Chirac fait allusion, il faudrait comparer le PIB à la population active et non à la population du pays. Dans le cas du Luxembourg, cette population active est en grande partie frontalière et étrangère, ce qui contribue à expliquer le très haut niveau du PIB par habitant.

Pour la France, dont la démographie est un peu plus vaillante que chez la plupart de ses voisins, la croissance de la population contribue à expliquer l'évolution défavorable de son classement au cours des années quatre-vingt-dix. Par ailleurs, pour effectuer des comparaisons internationales, il faut une référence commune. On ne peut utiliser la monnaie d'un pays, car les fluctuations monétaires bouleverseraient les données, sans commune mesure avec les variations des niveaux de vie. On définit donc des "standards de pouvoir d'achat" en utilisant des "paniers" de biens et de services, dont on mesure les prix dans les différents pays que l'on désire comparer. Ce qui, on le devine, pose des problèmes théoriques et pratiques redoutables...

Sur le plan théorique, les deux grandes méthodes "reconnues" divergent notablement. Bornons-nous à indiquer que l'une de ces méthodes attribue à chaque produit un même prix dans tous les pays, la structure du "panier de la ménagère" étant spécifique à chacun. L'autre utilise un panier représentatif commun à tous les pays, avec des prix différents. Pour certains pays comme la Turquie ou la Russie, l'écart peut avoisiner vingt points ! Eurostat précise d'ailleurs — mais cette précaution est souvent « oubliée » par les utilisateurs — que les marges d'incertitude sont de l'ordre de cinq points... À condition que les calculs ne soient pas trop arbitraires, voire entachés d'erreurs !

Les calculs

En effet, si on postule — hypothèse audacieuse — qu'on a défini un indicateur unanimement reconnu et une méthode de construction universellement admise, il reste à voir comment sont construits les indicateurs et séries statistiques utilisés [...]. Or, dans le cas de la France, il est simplement arrivé que le consultant chargé par Eurostat d'évaluer les prix de la construction a changé en 1997. Il en est résulté un bond de plus de quarante points de cet indice pour la France entre 1996 et 1997 ! À elle seule, cette rupture de série lui fait perdre trois ou quatre rangs.

La construction du "palmarès" et son utilisation

Admettons, hypothèse de plus en plus forte, que les méthodes et calculs aient abouti à des résultats indiscutables, ou du moins peu discutables... Arrive alors la présentation des résultats, qui n'est évidemment pas sans importance quant à leur impact. Par exemple, Eurostat, dans sa présentation des résultats 2000-2001, cette fois-ci pour trente et un pays, mentionne que "ces indices n'ont pas pour but d'établir un classement strict des pays ; ils ne fournissent en fait qu'une indication de l'ordre de grandeur des volumes du PIB par habitant d'un pays à l'autre". Et de construire six groupes de niveau comparable assez bien différenciés. Sans évidemment être exempte de tout risque, cette approche se prête moins à des utilisations erronées ou tendancieuses...

Il reste néanmoins, *last but not least*, à utiliser et à commenter les palmarès et classements ainsi construits. Par exemple, le "programme de comparaison européenne", piloté par Eurostat, s'appuie sur les comparaisons de PIB par habitant pour attribuer à certaines régions des fonds structurels. L'enjeu n'est pas négligeable. Et, on l'a vu, il arrive que le débat public s'en empare. »

Source : Alain Gély, *Lettre blanche de Pénombre*, n° 34, juillet 2003, p. 12-13.

Deux articles peuvent utilement prolonger cette réflexion :

– GADREY Jean, « À bas la dictature du PIB ! », *Le Monde*, 23 janvier 2002.

– PIRIOU Jean-Paul, « Le reçul du PIB français : une erreur », *Le Monde*, 30 avril 2002.

À partir du PIB, « se dessine une notion de la richesse réduite à un seul aspect de la vie en société, c'est-à-dire à la production et à l'échange marchand, peinant à valoriser les services et le non-marchand, négligeant ce qui concerne la répartition des biens et services produits et laissant totalement de côté toute la dimension qualitative collective et patrimoniale de la richesse. Le coup de force, me semble-t-il, vient de là : que le dispositif de recensement des ressources mobilisables, important pour le XIXe siècle et l'après-guerre [...], soit resté le nôtre et puisse être tenu aujourd'hui pour naturel, alors qu'il est lié aux situations historiques qui l'ont vu naître [...]. Il nous faut tenter de comprendre si les indicateurs que nous continuons à utiliser aujourd'hui sont bien ceux qui nous permettent de mettre en évidence les véritables menaces qui pèsent aujourd'hui sur notre société et de mobiliser les moyens nécessaires pour y faire face » (Méda, 1999, p. 43-44). Car cette statistique, en montrant certaines choses (une croissance satisfaisante ou pas...), en occulte d'autres. Or elle sert à orienter des choix politiques et sert de base à de nombreuses décisions économiques. Pour ces différentes raisons, l'utilisation du PIB fait l'objet, en particulier depuis les années 1990, de vives critiques, et un certain nombre de travaux ont produit des indicateurs alternatifs (Gadrey et Jany-Catrice, 2016 ; Lebaron, 2011 ; Pagnon, 2022). Ces derniers sont fondés sur d'autres manières de concevoir la croissance ; ils partent plutôt des notions de développement, de développement humain ou de bien-être économique, et essaient de combiner l'économique et le social, voire l'économique, le social et l'environnement.

La plus riche

« "L'Île-de-France, région la plus riche d'Europe", titre *Le Monde* (14 août 1998), qui ne fait que reprendre le titre de l'AFP (13 août), comme le font à des variantes près des confrères : *La Croix, Les Échos, Libération, Nice Matin, Le Parisien*... Touche de prudence, *La Correspondance économique* met "la plus riche" entre guillemets. *L'Humanité* préfère décaler un peu : "L'Île-de-France, région leader de l'Union européenne" ; mais, chacun sait que c'est la richesse qui conduit le monde... En fait, c'est l'Insee qui avait donné le ton : "En termes de PIB, la France est le deuxième pays le plus riche et l'Île-de-France la première région de l'Union européenne."

Voilà des résultats qui font mouche ! Mais, que signifient-ils ?

Si l'Île-de-France a le plus grand PIB, c'est qu'elle est à beaucoup d'égards la plus grosse (en population, etc.). Si le découpage politique et administratif était autre, le résultat affiché serait différent sans que la réalité économique diffère en rien. Si l'on avait découpé la région capitale en plusieurs, leurs rangs auraient été plus modestes. À l'inverse, réunir PACA et Rhône-Alpes les mettrait ensemble à la quatrième place, au lieu de la dixième et seizième place respectivement dans ce classement européen. Un tel classement reflète avant tout le découpage. Il ne reprendrait un certain sens que si les territoires ainsi délimités avaient une certaine cohésion, une unité qui permette de l'interpréter en termes de pouvoirs. Ceci peut, dans une certaine mesure, se dire d'un pays où les acteurs économiques sont unis par une même législation monétaire, fiscale et sociale ; ce n'est pas le cas d'une région.

Plus significative, sans doute, est une « richesse » par tête. En comparant les PIB par habitant, on a une idée, non de la puissance de la région, mais du résultat de son activité, de sa performance. Ce classement était aussi proposé dans l'étude de l'Insee. C'est de lui que s'est saisie la chambre de commerce et d'industrie de Paris pour relativiser le concert médiatique (cf. *Correspondance économique* du 17 août) et plaider que, au cinquième rang seulement selon ce critère, la situation de la région n'était pas si brillante (et donc méritait assistance). »

Source : René Padieu, *Lettre blanche de Pénombre*, nº 17, décembre 1998, p. 5.

D'autres indicateurs ?

Nous ne développerons ici que deux d'entre eux : l'IDH ou indice de développement humain, le plus connu, utilisé par le PNUD ou Programme des Nations Unies pour le développement, et l'indice de bien-être économique construit par les chercheurs canadiens Osberg et Sharpe. Ces deux approches ont en commun de considérer que le PIB, même s'il est utile, se fonde sur une conception trop réductrice de la richesse d'un pays.

L'IDH préfère parler de développement humain et retient trois dimensions à cette notion : le niveau de développement économique mesuré par le PIB en parité de pouvoir d'achat par habitant, l'état de santé de la population mesuré par l'espérance de vie à la naissance, et le niveau d'instruction mesuré par deux indicateurs : le taux d'alphabétisation des adultes et le nombre moyen d'années d'étude. À chacune de ces dimensions est affectée une valeur entre 0 et 1, puis l'on effectue une moyenne de ces trois valeurs pour obtenir un IDH, indicateur synthétique ou indice, lui-même compris entre 0 et 1. On peut schématiser cette approche par la figure 4.3.

Figure 4.3 Concept, dimensions, indicateurs, indice. Le cas de l'IDH

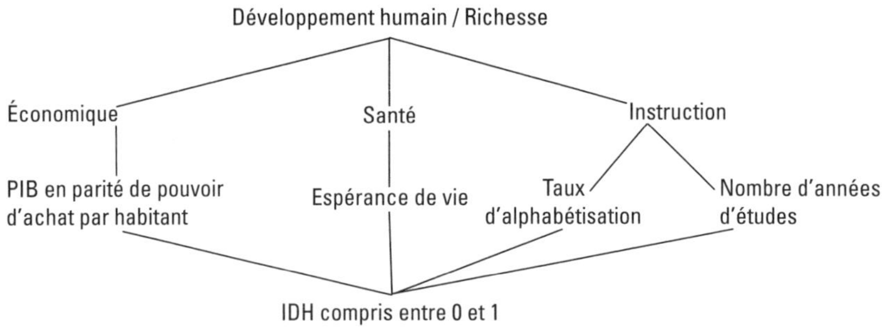

Le site internet du PNUD nous permet de cliquer sur un certain nombre de pays. Jusqu'à il y a peu, s'effectuait alors une double comparaison particulièrement intéressante (qui n'est plus proposée aujourd'hui) : le niveau d'IDH et le niveau de PIB par habitant de ce pays avec ceux d'un pays proche en matière d'IDH. Ainsi, en 2007, un clic sur le Royaume-Uni faisait apparaître l'Italie ; ces deux pays avaient un IDH identique, mais le PIB italien par habitant était inférieur d'environ

3 000 dollars à celui du Royaume-Uni. Un clic sur la France nous proposait une comparaison avec les États-Unis (voir figure 4.4) : ces deux pays avaient un IDH très proche, mais un PIB par habitant relativement différent (presque 40 000 dollars aux États-Unis, un peu plus de 29 000 dollars pour la France). Ces mises en perspective « nous révèlent comment certains pays réalisent mieux que d'autres la transformation des revenus en éducation et santé » (site du PNUD). Des exemples pris au sein des pays en développement sont également très intéressants.

Figure 4.4 Comparaison des niveaux d'IDH (HDI en anglais) et de PIB (GDP en anglais) de la France et des États-Unis, 2007

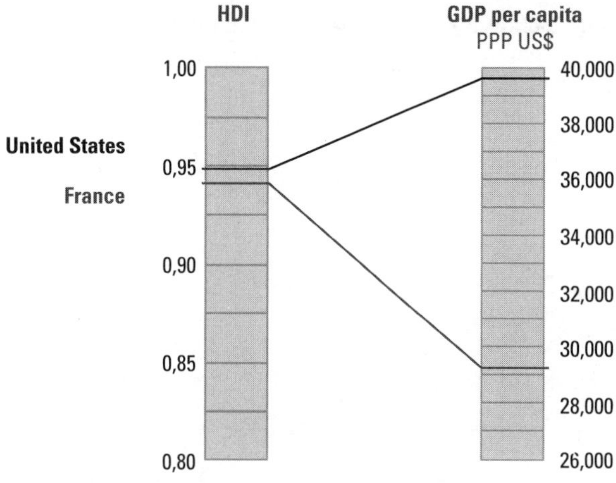

Source : d'après le site internet du PNUD, 2007.

L'indice de bien-être économique (IBEE) prend en compte quatre dimensions :

- le flux de consommation mesurée par quatre indicateurs (consommation marchande par tête, consommation de travail domestique non rémunéré et de bénévolat par tête, dépenses publiques par habitant hors service de la dette…) ;
- le stock de richesses évalué par cinq indicateurs (stock de R&D par tête, patrimoine de ressources naturelles par habitant, stock de capital humain soit les coûts d'éducation de l'ensemble de la population) dont deux en négatif (dette extérieure nette par habitant, coûts des émissions de CO_2) ;

- le niveau d'égalité par deux indicateurs (intensité de la pauvreté, inégalité des revenus) ;
- et celui de sécurité économique par quatre indicateurs de risque (risque de chômage, risque de pauvreté liée à la vieillesse, etc.).

Ces quatre dimensions peuvent être pondérées de différentes manières. Les chercheurs canadiens ont pu appliquer leur méthode à six pays de l'OCDE (États-Unis, Royaume-Uni, Canada, Australie, Norvège et Suède), mais pas au cas de la France du fait de l'indisponibilité de certaines données sur les inégalités. Prenons l'exemple du Royaume-Uni de l'année 1980 à l'année 2000, que l'on trouve sur le site des chercheurs (fig. 4.5).

Figure 4.5 L'indice de bien-être économique du Royaume-Uni de 1980 à 2000

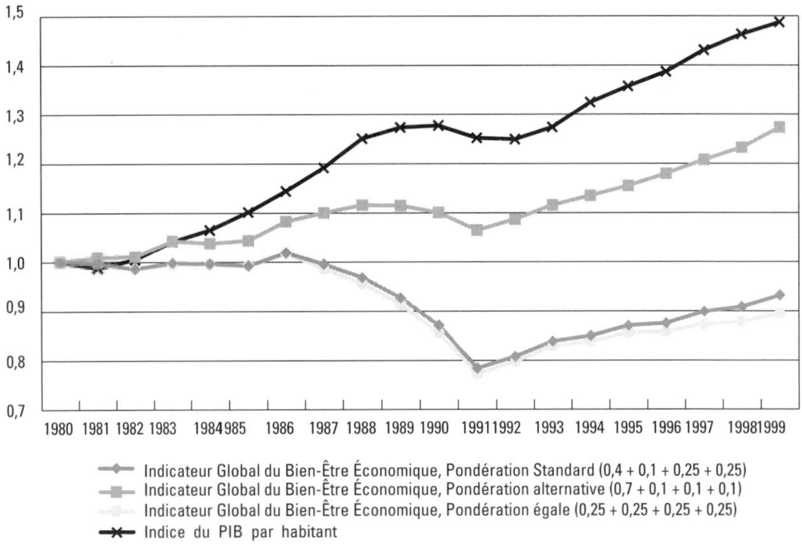

Source : www.csls.ca/iwb/debat.pdf

On y voit (ou y devine) quatre courbes :

- celle du PIB en noir ;
- celle de l'IBEE pondéré de manière à donner plus d'importance à la première dimension (pondérée 0.7, les trois autres à 0.1) en gris et petits carrés ;
- celle de l'IBEE pondéré de manière à donner de l'importance à la première dimension (pondérée 0.4) et aux deux dernières

(pondérées 0.25) mais peu à la seconde (pondérée 0.1) en gris et losanges ;

- celle de l'IBEE pondéré de manière à donner une égale importance aux quatre dimensions (pondérée chacune 0.25) en gris très clair et ronds, qui se confond quasi systématiquement avec la courbe précédente.

Sur ces vingt années, le PIB est, hormis une stagnation, voire une légère baisse entre 1988-1992, en croissance régulière. L'IBEE, s'il est calculé de manière à donner une grande importance au flux de consommation, décroche du PIB à partir de 1983 mais accompagne sa progression. En revanche, si l'on donne une pondération plus importante aux dimensions d'égalité et de sécurité économique (0.25, 0.25) ou une importance égale aux quatre dimensions, il connaît alors une chute importante de 1986 à 1991 pour remonter légèrement jusqu'en 2000, sans toutefois atteindre son niveau de 1980. Ce sont les indicateurs d'égalité et de sécurité économique qui ont fait plonger l'indice global dans la deuxième moitié des années 1980.

Quelle valeur octroyer aux statistiques ?

On peut conclure en soulignant que les indicateurs sont basés sur une manière de concevoir le phénomène dont ils parlent, ici la richesse ou la croissance, conception sur laquelle un certain nombre d'institutions se sont entendues à un moment donné. Autrement dit, les statistiques sont basées sur des *conventions*, et les résultats obtenus sur un certain nombre de choix technico-philosophiques (ou politiques). Doit-on pour autant conclure que l'on fait dire ce que l'on veut aux statistiques, et qu'elles ont peu d'intérêt si ce n'est pour la bataille de chiffres ?

Il nous semble important de dire « non » à ce relativisme exacerbé, et ce pour deux raisons essentielles :

- la première est que la convention qui l'a emporté ou de nouvelles conventions qui apparaissent nous disent quelque chose du moment de la société : le PIB correspondait ainsi très bien à l'après-Seconde Guerre mondiale marqué par l'impératif de reconstruction et par une immense aspiration au progrès matériel ;
- la deuxième est que, si l'on connaît bien leur soubassement, chacune des statistiques a des choses à nous dire ; leurs mises en relation ou comparaisons sont encore plus parlantes. Ainsi, la comparaison de

l'évolution depuis les années 1980 de quasiment tous les indicateurs alternatifs (IBEE, BIP 40 pour la France, Indice de santé sociale pour les États-Unis, indicateur de progrès véritable prenant largement en considération le développement durable) avec celle du PIB montre, pour la plupart des pays de l'OCDE, une divergence entre l'évolution de la richesse économique et celle du développement ou bien-être social ; ce qui nous dit bien quelque chose de l'évolution du capitalisme. De la même manière, la comparaison de l'évolution de deux indicateurs pour deux pays différents est instructive. C'est ce que proposait le site du PNUD. C'est également ce que met en évidence le site d'Osberg et Sharpe pour le Royaume-Uni et la Norvège sur la période 1980-2000 avec des pondérations 0.4/0.1/0.25/0.25 ou 0.25/0.25/0.25/0.25 (Gadrey, 2006, p. 56). Dans le premier cas, l'IBEE connaît une chute importante de 1986 à 1991 pour remonter légèrement jusqu'en 2000 mais sans retrouver son niveau de 1980 (voir ci-dessus), alors que le PIB progresse fortement. La Norvège connaissait, quant à elle sur la même période, une croissance simultanée du PIB et de l'IBEE, même si les rythmes étaient différents. Cela nous dit bien quelque chose des incidences et des possibilités des politiques nationales.

Mesures du chômage, mesures de la qualité de l'emploi. Controverses des années 2000

Le 16 janvier 2007, l'Insee annonçait le report de la publication des résultats de l'enquête Emploi 2006 du mois de mars au mois de novembre. Les chiffres de cette enquête permettent, entre autres choses, de réviser chaque année les estimations mensuelles de l'ANPE (Agence nationale pour l'emploi, devenue Pôle emploi en 2008) ; or ils donnaient un taux de chômage en moyenne sur l'année 2006 de 9.8 % contre 9.1 % d'après les chiffres de l'ANPE. La décision de report tombait mal : en pleine campagne électorale avec une majorité sortante forte de bons résultats en termes de réduction du chômage. Cet événement a relancé la polémique sur les chiffres du chômage. Un certain nombre d'intellectuels, de syndicats, d'associations et collectifs entrent dans un débat qu'ils essayaient pour beaucoup de susciter depuis de nombreuses années. Une mission est confiée le 20 juin par le gouvernement aux Inspections générales des finances (IGF) et des affaires sociales (IGAS) pour « faire toute la transparence sur les chiffres du chômage ». Le rapport est remis à la fin du mois de septembre. Tandis qu'un groupe de travail du Conseil national de l'information statistique (CNIS) a pour mission de proposer un ensemble d'indicateurs sur l'emploi, le chômage, le sous-emploi et la précarité de l'emploi pour le printemps 2008.

Mais qu'est-ce qu'un chômeur ?

Les chômeurs font partie, rappelons-le, de la population active. On calcule le *taux de chômage* en divisant leur nombre par la population active totale et en le multipliant par 100. Mais comment obtient-on ce nombre de chômeurs ?

Les principales mesures du chômage en France sont celles issues de l'Agence nationale pour l'emploi (ANPE, désormais Pôle emploi), de l'enquête Emploi réalisée par l'Insee, et du recensement. La première comptabilise les demandeurs d'emploi en fin de mois (DEFM) inscrits sur ses listes, et, jusqu'en 2008, les répartit en huit catégories. La catégorie 1 regroupe les personnes sans emploi, immédiatement disponibles et à la recherche d'un emploi à durée indéterminée à temps plein. C'était le chiffre le plus connu et le plus commenté, celui énoncé chaque mois par les médias (« corrigé des variations saisonnières ») ; il faisait ainsi office de chiffre officiel du chômage. La catégorie 2 comprend les personnes sans emploi, immédiatement disponibles et à la recherche d'un CDI à temps partiel ; la catégorie 3 celles à la recherche d'un CDD, contrat temporaire ou saisonnier. Les catégories 4 et 5 correspondent respectivement aux demandeurs non disponibles (souvent en formation) et aux demandeurs pourvus d'un emploi (souvent en emploi aidé, CDD à temps partiel). Les catégories 6 à 8 correspondent aux catégories 1, 2 et 3 mais concernent les personnes ayant effectué une activité réduite de plus de 78 heures au cours du mois précédent, soit environ un mi-temps (tableau 4.3)[1].

1. En 2008, suite au rapport du CNIS et à la création de Pôle emploi (qui a fusionné l'ANPE, en charge de l'accompagnement des chômeurs dans leur recherche d'emploi, et les Assedic, en charge de l'inscription et de l'indemnisation des chômeurs), Pôle emploi a modifié ces catégories, n'en retenant plus que cinq (A, B, C, D et E). C'est la catégorie A (personnes sans emploi en recherchant un activement, quels que soient le statut et le temps de travail de l'emploi recherché) qui est devenue le chiffre le plus commenté, faisant office de chiffre officiel du chômage.

Tableau 4.3 Demandeurs d'emploi par catégories en milliers (données corrigées des variations saisonnières)

Demandes d'emploi en fin de mois	Août 2006	Août 2007
Catégorie 1	2 161.7	1 970.6
Catégorie 2	404.3	352.0
Catégorie 3	276.7	245.3
Catégorie 4	199.6	195.5
Catégorie 5	175.1	239.2
Catégorie 6	453.9	446.7
Catégorie 7	77.4	71.1
Catégorie 8	113.0	89.6
Total	3 861.7	3 610.0

Source : ANPE.

En dehors de ces catégories, on trouvait les dispensés de recherche d'emploi ou DRE, demandeurs d'emploi âgés de plus de 57.5 ans, ou sous certaines conditions de plus de 55 ans, pouvant conserver leurs droits à indemnisation sans avoir à envoyer chaque mois leur carte d'actualisation (ce dispositif a été supprimé en 2012, puis réintroduit, sous des modalités différentes, en 2022). En 2006 et 2007, on évaluait leur nombre à environ 400 000. Ainsi, en août 2007, les chômeurs « officiels » ou DEFM de catégorie 1 (1.97 millions) représentaient moins de la moitié de tous les inscrits à l'ANPE (4.01 millions en comptant les DRE). Depuis les années 1980, les chômeurs « non catégorie 1 » représentent une proportion croissante de l'ensemble des inscrits à l'ANPE : 10 % en 1982, plus de 50 % en 2006 (ACDC, décembre 2006). On peut d'autre part signaler que le pourcentage de chômeurs indemnisés par l'assurance chômage est, selon l'Unédic, pour le mois d'août 2007, de 47.1 % (nombre de chômeurs indemnisés rapporté à l'ensemble des inscrits à l'ANPE toutes catégories confondues).

L'enquête Emploi comptabilise les chômeurs en se basant sur la définition du Bureau international du travail (BIT). Celle-ci retient trois conditions : rechercher activement un emploi, être disponible dans les quinze jours, et ne pas avoir travaillé ne serait-ce qu'une heure dans la semaine qui précède l'enquête. Cette enquête, réalisée annuellement jusqu'en 2002, est devenue trimestrielle depuis. Un échantillon, jusqu'en 2009, d'environ 45 000 « *ménages ordinaires* » (habitant des logements dits « ordinaires » par opposition aux communautés : foyers, internats, hôpitaux, prisons) est enquêté chaque trimestre, soit environ 75 000 personnes de 15 ans et plus ; cet échantillon a progressivement augmenté pour atteindre aujourd'hui 80 000 logements ou ménages ordinaires. Jusqu'au mois de mars 2006 compris, l'Insee réalisait chaque année pour l'année précédente un « calage » des chiffres mensuels de l'ANPE sur la moyenne annuelle donnée par l'enquête Emploi, raccordant ainsi les deux sources d'information. L'Insee a considéré ne pas pouvoir réaliser cette opération en mars 2007, les écarts devenant trop importants. Suite au rapport des Inspections générales des finances et des affaires sociales, l'Insee a modifié un certain nombre d'éléments (champ couvert, mise en œuvre de la définition…) et a produit une nouvelle statistique du chômage annuelle et trimestrielle pour 2006 et 2007, rendant les données non directement comparables avec celles publiées précédemment (pour rappel on parle alors de « *rupture de série* »). Cette nouvelle méthode de calcul produit une baisse d'un point du taux de chômage (Insee, 2007).

2007 : une nouvelle méthode de comptabilisation du chômage

En janvier 2007, l'Insee annonçait le report de la publication des résultats de l'enquête Emploi 2006 du mois de mars au mois de novembre ; ils donnaient en effet un taux moyen annuel de chômage de 9.8 % pour l'année 2006, contre 9.1 % d'après les chiffres de l'ANPE. L'Insee continue toutefois de publier des données mensuelles provisoires basées sur celles de l'ANPE jusqu'au mois de juillet : 8.1 % pour le mois de mai, 8.0 % pour le mois de juillet, soit un chômage à son plus bas niveau depuis 25 ans (le minimum avait été atteint en 2001 avec un taux moyen de 8.6 %).

Ces données sont très controversées, certains considèrent qu'elles sous-estiment le niveau de chômage et donc surévaluent la baisse du chômage de ces dernières années.

Du mois d'août au mois de novembre, l'Insee ne publie plus aucun chiffre, seul le nombre de DEFM est diffusé. On attend la publication du rapport commandé aux Inspections générales des finances et des affaires sociales, puis le travail de l'Insee à partir de ce rapport. La plupart des analystes s'attendent, à la lecture du rapport et des recommandations qu'il préconise, à une hausse de 0.5 à 1 point du taux de chômage par rapport aux données provisoires.

Or les chiffres officiels publiés par l'Insee le 12 novembre sont de 8.8 % en moyenne annuelle pour 2006 (soit 1 point de moins que les estimations du mois de janvier), et de 8.1 % en moyenne pour le deuxième trimestre 2007 (non compris les DOM, 8.4 % si on les inclut), soit plus ou moins l'équivalent des données provisoires. Ce résultat mécontente bien évidemment un certain nombre d'acteurs, en particulier le collectif ACDC « Les autres chiffres du chômage » qui déclare dans son communiqué de presse du 12 novembre : « L'Insee a dû finir par admettre, comme nous le disions depuis des mois, que les chiffres de l'ANPE ne sont plus utilisables pour évaluer le chômage. Mais il essaye quand même de maintenir la fiction d'un taux de chômage à 8 %. Il suffit pour cela de modifier, pour des raisons bien sûr "purement techniques", le mode de calcul du chômage BIT. Bravo l'artiste ! » Ce communiqué analyse ensuite les différentes modifications et conclut « qu'au moins deux des trois changements apportés par l'Insee n'ont pas de fondements solides : leur but essentiel est bien d'éviter à l'Insee de se déjuger et de déjuger le gouvernement aux yeux du grand public, en maintenant la fiction selon laquelle le taux de chômage se situe à 8 % et a fortement baissé depuis 2 ans ».

Ces mois de polémique n'ont donc pas permis l'élaboration d'une donnée consensuelle. Ce qui est certain, c'est que le chiffre diffusé et connu de tous sera bien celui de 8 %, déjà descendu à 7.9 % en moyenne sur le troisième trimestre 2007, puis 7.5 % sur le quatrième trimestre.

Le recensement, quant à lui, enregistre, annuellement depuis 2004, comme chômeurs les personnes qui se déclarent spontanément comme tels ainsi que les inactifs (femmes ou hommes au foyer, retraités) qui déclarent être à la recherche d'un emploi. Aucune vérification des critères de disponibilité et de recherche active d'emploi n'est opérée. Les résultats pour le mois de janvier sont publiés au mois d'octobre, mais ils sont très peu diffusés et difficiles à trouver. Ils donnent un taux de chômage plus élevé d'au moins un point à celui donné par l'enquête Emploi avant les changements de mode de calcul.

Finalement, le chiffre de l'ANPE est une statistique administrative particulièrement sensible aux « règles juridiques qui déterminent l'inscription, la classification et la radiation des demandeurs d'emploi et à l'intérêt qu'ont les chômeurs à s'inscrire à l'agence (qualité des prestations offertes, liaison avec l'indemnisation, avec le maintien des droits sociaux, etc.) » (Freyssinet, 1998, p. 14), celui au sens du BIT est issu d'une enquête mettant en œuvre une définition, celui du recensement correspond au statut intériorisé par les personnes enquêtées. Rien donc d'étonnant à ce qu'ils diffèrent (tableau 4.4). On explique également une partie des écarts par le processus de construction de chacune de ces sources. Ainsi, le champ, ou la population prise en compte, n'est pas toujours le même : l'enquête Emploi porte sur des ménages résidant dans des logements « ordinaires », excluant les personnes vivant en foyers, ce n'est le cas ni du recensement ni des statistiques de l'ANPE. Les différences ne sont donc pas seulement de volume, la population comptabilisée dans un cas ou dans l'autre n'est pas complètement identique : quelqu'un peut figurer dans les chiffres de l'ANPE mais pas dans ceux de l'enquête Emploi et vice-versa. Il existe également des divergences dans les évolutions : de 2002 à 2007, les évolutions contradictoires (le plus souvent augmentation d'après les statistiques issues de l'enquête Emploi, diminution d'après celles de l'ANPE) valent pour près de la moitié des trimestres (Inspection générale des finances, 2007, p. 3).

Tableau 4.4 Taux de chômage selon les sources

	2006	2007
DEFM catégorie 1 (août)	8.1	
Enquête Emploi (moyenne annuelle pour 2006, du 3e trimestre pour 2007)		
- avant modifications	9.8	
- après modifications	8.8	7.9 (sans les DOM)
Recensement – janvier	11.4	indisponible

Source : ANPE et Insee.

Eurostat, organisme statistique européen, publie également un taux de chômage mensuel au sens du BIT pour chaque pays européen. Il part, pour la France, des données de l'enquête Emploi et les retravaille. Il en résultait, avant les modifications apportées par l'Insee, un taux généralement inférieur à celui de l'enquête Emploi de 0.2 à 0.4 points, et pourtant il s'agissait d'une même définition du chômage appliquée à une même base de données. C'était ici la mise en œuvre de la définition qui différait, en effet l'enquête Emploi considérait que l'inscription à l'ANPE suffisait à prouver une « recherche active d'emploi », ce n'était pas le cas d'Eurostat.

Nous ne donnons ici que quelques éléments parmi les plus simples. Une tentative d'explicitation des écarts entre les sources est fastidieuse et devient vite très pointue, sans apporter une totale cohérence ; ce que nous avions déjà noté en matière de statistiques universitaires, y compris produites par une seule et même institution. La compréhension des raisons de ces écarts peut toutefois permettre de les limiter, en modifiant la mise en œuvre des définitions, le champ couvert ou telle modalité d'enquête, c'est le sens des rapports produits par les Inspections générales des finances et des affaires sociales et par le CNIS.

Le taux de chômage : de quelques difficultés d'interprétation

Le chômage touche différemment les régions et les départements français : le taux de chômage par région au deuxième trimestre 2007 allait de 6.5 % à 11.5 %. Mais comment interpréter ces différences ? Un taux de chômage bas peut signifier un tissu économique particulièrement dynamique, c'était le cas de Rhône-Alpes (7.0 %) et de l'Alsace (7.2 %) ; cela peut également correspondre à des zones rurales où la part des inactifs est supérieure à la moyenne et d'où les habitants en âge de chercher du travail partent vers d'autres régions, c'était le cas du Limousin (6.5 %) et de la région Centre (6.9 %). De la même manière, un taux de chômage élevé peut correspondre à une région qui subit une crise économique importante liée à des restructurations industrielles, comme la région Nord-Pas-de-Calais (11.5 %), ou à une région qui attire une population en quête de soleil, cas du Languedoc-Roussillon (11.1 %). Un taux qui augmente peut donc être le signe d'un dynamisme économique retrouvé et d'une attractivité accrue ; comme un taux qui baisse peut être le signe d'une désertification du territoire.

Le premier rapport rappelle d'autre part que, comme toute enquête sur un échantillon, les estimations fournies peuvent s'écarter légèrement des résultats qu'aurait apportés une interrogation exhaustive. La notion d'*intervalle de confiance* (ou de *marge d'incertitude*) permet de donner une idée de cet écart. Le taux de chômage à 8.1 % du deuxième trimestre 2007 est estimé à + ou – 0.4 point près (soit environ + ou – 110 000 chômeurs) pour un intervalle de confiance à 95 %. Autrement dit, compte tenu de la taille de l'échantillon et de son mode de tirage, l'intervalle [7.7 % – 8.5 %] a 95 % de chances de contenir le taux de chômage qu'aurait donné une interrogation exhaustive ; ou encore, le taux de chômage du deuxième trimestre 2007 se situe avec une probabilité de 95 % dans l'intervalle de 7.7 à 8.5 %, ce qui signifie qu'il y a 5 %, ou une chance sur vingt, de se trouver en dehors de cet intervalle. Pour les données annuelles, le taux de chômage est estimé à + ou – 0.5 point près. Cet intervalle est important, puisqu'aux dires mêmes du rapport, « il excède les variations susceptibles d'être mesurées » (Inspection générale des finances, 2007, p. 23) d'une période à l'autre. On peut finalement et à juste titre se demander si cette profusion de chiffres et le niveau de précision qu'on leur accorde généralement n'obscurcissent pas plus le débat public qu'ils ne l'éclairent.

Intervalle de confiance et sondages : le premier tour des élections présidentielles 2002

La plupart des sondages réalisés, qu'ils soient politiques ou d'opinion, porte sur un échantillon de 1 000 personnes construit selon la méthode des quotas. Avec un échantillon de cette taille, la théorie statistique nous dit que la marge d'incertitude est d'environ trois points pour un intervalle de confiance à 95 % (même si ce calcul est seulement valable pour les échantillons aléatoires, on peut le conserver comme ordre de grandeur dans le cas d'échantillons par quotas).

Le dernier sondage BVA, réalisé le 19 avril 2002 sur 1 000 électeurs, donnait les intentions de vote suivantes : J. Chirac, 19 % ; L. Jospin, 18 % ; J.-M. Le Pen, 14 %. On pouvait donc s'attendre à ce que le vote Chirac se situe avec une probabilité de 95 % dans l'intervalle [16 – 22] (19 % + ou – 3 points), le vote Jospin dans l'intervalle [15 – 21], le vote Le Pen dans l'intervalle [11 – 17]. Ces fourchettes se chevauchent et ne permettaient pas de prévoir l'ordre des candidats. Les résultats furent les suivants : Chirac 19.88 %, Jospin 16.18 %, Le Pen 16.86 % ; chacune de ces valeurs est bien contenue dans l'intervalle de confiance. Bien sûr d'autres biais peuvent intervenir dans ces sondages, comme la différence entre les intentions de vote déclarées et le vote effectif. Il n'empêche que le seul intervalle de confiance rendait envisageable le succès de J.-M. Le Pen. Mais les médias ne donnent que très rarement ces fourchettes.

Les écarts se creusent

Nous pouvons toutefois essayer d'aller plus loin, car au-delà des divergences imputables à des différences de définitions ou de processus de construction des statistiques, des écarts inexpliqués ou des incohérences subsistent. Ce phénomène n'est pas nouveau, Marchand notait déjà en 1991 que les écarts entre les différentes sources de chiffres du chômage se creusaient depuis le milieu des années 1980. Nous développerons deux exemples.

Le premier concerne l'équation « population active = population active employée + chômeurs ». Or il est généralement impossible, même au sein d'une même enquête, de boucler cette équation (Marchand et Thélot, 1986) ; les calculs ne tombent jamais juste, et ils tombent même au cours du temps de plus en plus faux. Là aussi les écarts se creusent. Ce phénomène a conduit des statisticiens et des sociologues à s'interroger sur la nature et l'évolution des frontières qui séparent emploi, chômage et inactivité :

> « La généralisation du salariat avait créé dans un premier temps une coupure de plus en plus nette entre les trois sous-ensembles ; cette tendance culmine dans les années soixante. Avant la crise déjà, mais plus encore avec la crise, se développe un mouvement d'élargissement des intersections. »
>
> (Freyssinet, 1998, p. 21.)

Ce mouvement correspond :

- au développement du travail à temps réduit : temps plein mais discontinu (travail saisonnier ou intérimaire) ou temps partiel non choisi ;
- au développement de la cessation anticipée d'activité ou pré-retraite (classée dans la population inactive) même si l'on est revenu depuis quelques années sur cette mesure ;
- au développement de la formation professionnelle des demandeurs d'emploi (classés pendant leur formation dans la population inactive même s'ils se considèrent encore comme chômeurs) ;
- au développement possible des chômeurs dits découragés.

Les frontières entre emploi, chômage et inactivité sont ainsi devenues plus floues, et les chevauchements plus importants. « Ce mouvement résulte tout à la fois des modes de gestion de la force de travail par les firmes et des politiques publiques en matière d'emploi » (*ibid.*). Les incohérences des indicateurs statistiques et l'augmentation des écarts entre les différents indicateurs sont donc un symptôme du développement de ces situations d'« entre-deux ». On peut représenter ce phénomène par la figure 4.6.

Figure 4.6 Les chevauchements entre emploi, inactivité et chômage

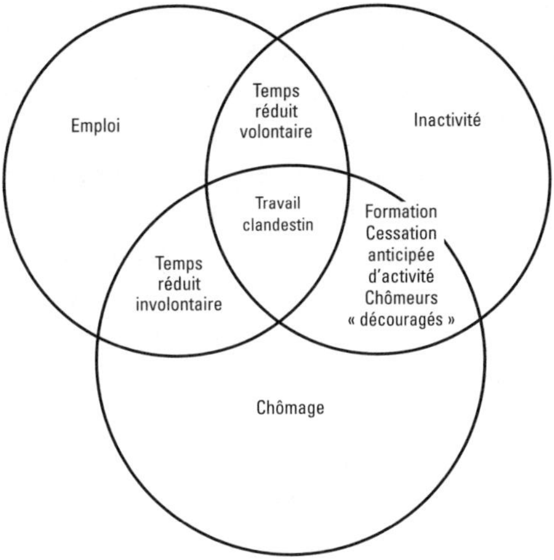

Source : J. Freyssinet, 1998, p. 16.

Notre second exemple concerne plus particulièrement les femmes. En effet les chiffres du chômage féminin connaissent des écarts particulièrement importants selon qu'ils sont issus du recensement ou de l'enquête Emploi (Marchand, 1991), écarts bien plus importants que pour les chiffres du chômage masculin. Cela interroge les statisticiens et sociologues. Certains ont finalement analysé ces écarts non pas comme des anomalies ou des erreurs, mais comme étant le symptôme d'un rapport au travail et au chômage encore différent aujourd'hui chez les femmes et chez les hommes. Les hommes ont, de manière générale, un rapport au travail beaucoup plus fixé : soit ils ont un emploi, soit ils n'en ont pas, et dans ce cas en recherchent un et se déclarent au chômage. Beaucoup de femmes ont un rapport plus mouvant au travail : elles ont pu arrêter de travailler pour élever leurs enfants et être femmes au foyer, ou devenir femmes au foyer parce qu'elles ne trouvaient pas d'emploi, et peuvent se considérer à la fois comme femmes au foyer (classées dans la population inactive) et comme recherchant un emploi, et donc déclarer selon les situations soit l'un soit l'autre. Les écarts dans les taux de chômage féminin seraient ainsi, non pas des erreurs, mais un symptôme d'un rapport des femmes à l'emploi et au chômage différent, plus flou que celui des hommes ; et ce phénomène intéresse le sociologue.

Ces deux exemples montrent que l'analyse du chômage ne peut être coupée de l'analyse des évolutions des situations de travail et de chômage, pas plus que de l'analyse du rapport au chômage et au travail.

Généralement, le constat d'écarts, d'erreurs ou d'incohérences statistiques nourrit deux types d'attitudes : soit la croyance que l'on peut perfectionner les outils et les enquêtes statistiques et progressivement réduire les zones d'incertitude, soit un scepticisme quant à la valeur des statistiques. Ces deux conceptions sont en fait fondées sur la même idée, sur ce que l'on pourrait appeler une « perspective réaliste » (ou naturaliste) : il existe un phénomène réel déterminé (ici le chômage), les statistiques peuvent ou ne peuvent pas en donner une mesure « vraie » ou « exacte ». Une troisième attitude, déjà largement développée dans cet ouvrage, consiste à penser qu'il n'existe pas de chiffres vrais mais seulement des chiffres construits ; on adopte ainsi une « perspective constructiviste ». Ce qui n'empêche pas de penser qu'il existe parfois des chiffres faux ou volontairement produits pour tromper. Un approfondissement de cette troisième attitude nous conduit à traiter ces phénomènes perturbants non comme des erreurs ou des défauts des statistiques mais comme de possibles informations supplémentaires, comme des symptômes de quelque chose qui a du sens.

On considère alors que les incohérences statistiques peuvent jouer un rôle moteur en matière de connaissance : elles ont

> « un rôle positif quand elles conduisent à s'interroger sur la nature et l'évolution des frontières qui séparent (ou ne séparent pas vraiment) ces notions et sur les "marges" qu'elles comportent [...]. Le développement de ces situations "marginales", précaires et mouvantes, difficiles à saisir statistiquement de manière précise, passerait plus inaperçu si la non-concordance ou les incohérences des indicateurs statistiques ne contribuaient à les faire ressortir. »

(Champagne *et al.*, 1999, p. 141.)

C'est en quelque sorte la réalité sociale qui se fait entendre à travers ces « défauts » statistiques ; aux analystes de la société de l'écouter. C'est ce qu'a fait l'Insee depuis fin 2007 en fournissant une estimation du sous-emploi déclaré et en produisant une évaluation du « halo » qui entoure le chômage : le halo autour du chômage est composé de personnes sans emploi qui, soit recherchent un emploi mais ne sont pas disponibles dans les deux semaines pour travailler, soit n'ont pas effectué de démarche active de recherche d'emploi dans le mois précédent mais souhaitent travailler, qu'elles soient disponibles ou non. Le halo regroupe donc les personnes inactives au sens du BIT (ni en emploi ni au chômage), mais proches du marché du travail. Ces nouvelles données permettent d'approcher les chevauchements entre emploi, inactivité et chômage mis en lumière par la figure 4.6, et permettent de montrer que les écarts continuent de se creuser : en 2008 le halo autour du chômage concernait 1.46 millions de personnes, en 2022 1.86 millions (Insee, 2023, p. 120-121).

Du chômage à la qualité de l'emploi

Le chômage, même si l'on reste dans le cadre de la comptabilisation officielle, est un phénomène pluriel (Insee, 2007). Le fait d'utiliser *le* taux de chômage ne doit pas nous faire oublier qu'il s'agit d'une moyenne sur l'ensemble de la population active, alors que le chômage est un phénomène largement inégalitaire. Ainsi, en France, les femmes, les jeunes (15-24 ans) et les moins qualifiés sont plus durement touchés ; certains cumulant les handicaps. Les situations de chômage ne sont pas non plus toutes identiques : le passage de quelques mois par le chômage entre deux emplois ne peut se comparer à un chômage de longue durée ; la part des chômeurs longue durée au sein des chômeurs et l'évolution de cette part apportent ainsi des informations primordiales. D'autres indicateurs tels que le risque de tomber au chômage, la probabilité d'en sortir, la durée et la répétitivité des périodes de chômage, et ce en fonction de différentes variables (sexe, âge, niveau de formation…), permettent une meilleure compréhension du phénomène.

Mais la multiplicité des situations entre travail, chômage et inactivité ne peut être appréhendée que par l'utilisation d'autres données n'ayant pas pour base les chiffres officiels du chômage. L'inactivité peut ainsi masquer des situations de chômage déguisé, d'où l'intérêt d'un indicateur tel que le taux d'emploi (rapport entre la population active occupée et la population en âge de travailler) qui ne distingue pas les chômeurs des inactifs, et ne s'améliore pas lorsqu'une baisse du chômage provient de retraits d'activité. L'information supplémentaire qu'il apporte est particulièrement importante dans les comparaisons internationales. Ainsi parmi les hommes de 25 à 54 ans, 87.6 % avaient un emploi en 2004 en France et 87.3 % aux États-Unis, selon les chiffres de l'OCDE. Et pourtant le taux de chômage pour cette catégorie était alors de 7.4 % en France et de 4.4 % aux États-Unis. La ligne séparant chômage et inactivité n'est visiblement pas la même dans chacun de ces pays. Le problème se retrouve dans la comparaison avec d'autres pays comme les Pays-Bas dont le dispositif d'invalidité concernait plus de 10 % de la population active tout au long des années 1980 et 1990 (Holcman, 1997).

Un certain nombre d'indicateurs alternatifs reposant sur une définition plus extensive du chômage tentent depuis les années 1970 (Holcman, 1998) de mettre en lumière cette multiplicité des situations. Ainsi, la CGT a proposé, du milieu des années 1970 à la fin des années 1980, une méthode de comptabilisation fondée sur la correction des DEFM par la définition du BIT à laquelle s'ajoutaient les bénéficiaires de la garantie de ressources et de l'allocation spéciale du Fonds national de l'emploi, obtenant ainsi pour 1975 1.12 millions de chômeurs au lieu des 700 000 recensés en DEFM. À la fin des années 1990, la CERC-Association propose le concept élargi de « personnes privées d'emploi » ajoutant l'ensemble des personnes inscrites à l'ANPE (DRE compris), les chômeurs bénéficiant d'un dispositif de formation ou de conversion, d'un TUC ou d'un CES (emplois aidés) et les préretraités, totalisant pour l'année 1995 environ 5 millions de personnes, au lieu des 3.6 millions de DEFM. À la même date, le Commissariat général au Plan publie un rapport estimant le nombre de « personnes touchées par les difficultés de l'emploi » à 7 millions, ajoutant le nombre de chômeurs au sens du BIT, les personnes en temps réduit subi, celles qui subissent une précarité du travail, les préretraités, les demandeurs d'emploi en formation, les chômeurs qui ne sont pas en mesure de chercher un emploi (problèmes de santé, service national…) et les chômeurs découragés.

Encore plus extensif que le halo du chômage, le concept d'« emploi inadéquat » a été retenu, dans le cadre d'une résolution, par la

XVIe Conférence internationale des statisticiens du travail organisée par le BIT en 1998. Ce concept désigne « les situations d'emploi qui diminuent les aptitudes et le bien-être des travailleurs par rapport à une autre situation d'emploi » et inclut les « personnes qui désirent changer leur situation de travail actuelle » pour des raisons telles que « utilisation inadéquate des qualifications professionnelles, revenus inadéquats, nombre d'heures de travail excessif, emploi précaire, horaires variables, arbitraires ou mal commodes ». Il s'agit d'un concept très large et peu opérationnalisé dans la résolution. Le collectif ACDC a estimé, dans sa note n° 4, le nombre de personnes touchées par l'emploi inadéquat en France en 2005, en effectuant un certain nombre de choix, à partir des données disponibles, qu'il propose au débat public. Il assimile par exemple « revenu inadéquat » à « bas salaires » et retient comme indicateur « moins de deux tiers du salaire médian net », ce dernier s'élevant en 2005 à 1 240 euros, les bas salaires commencent à 818 euros et concernent 3.8 millions de salariés. Il évalue finalement à 11.4 millions les personnes se trouvant en situation d'emploi inadéquat (41 % de la population active) ; en y ajoutant les 2.6 millions de chômeurs au sens du BIT, on obtient 14 millions de personnes touchées par le chômage ou l'emploi inadéquat, soit 51 % de la population active. Ceci dit, le chiffre global est moins intéressant, même s'il a un effet d'annonce fort, que les effectifs de chaque catégorie de situation, la part qu'elles représentent dans la population active, et leur évolution. ACDC note une augmentation quasi régulière de l'emploi inadéquat en France depuis 1990. Le BIT a continué à réfléchir à la qualité de l'emploi, proposant dimensions et indicateurs, et à ce que pouvait être un « travail décent ».

On peut finalement se poser la question de l'intérêt de ces différents indicateurs au-delà d'une bataille de chiffres pas forcément très fructueuse, souvent inflationniste d'un côté et déflationniste de l'autre. L'intérêt est tout d'abord scientifique ou heuristique : ils permettent d'améliorer la compréhension et l'analyse du marché du travail. L'intérêt est également pratique et politique : comprendre pour agir. C'est ce qu'indique l'article 1 de la résolution prise par la XVIe Conférence internationale des statisticiens du travail :

> « L'objectif premier de la mesure du sous-emploi et de l'emploi inadéquat est d'améliorer l'analyse des problèmes d'emploi et de contribuer à l'élaboration et à l'évaluation de politiques et mesures à court et à long terme. »

Ces indicateurs alternatifs permettent de placer le projecteur sur les questions de temps partiel subi, de bas salaires, etc., et non plus seulement de chômage. Ils peuvent ainsi montrer que certaines politiques de lutte contre le chômage, en se focalisant uniquement sur la baisse du chiffre officiel, contribuent à développer des formes d'emploi inadéquat : temps partiel subi, emplois précaires, (Eyraud, 2023 ; Salais, 2004 ; Supiot, 2015 en particulier p. 243-273). L'utilisation conjointe d'indicateurs de chômage et d'indicateurs d'emploi inadéquat, éclairant ces deux aspects du non-travail et du travail, pourrait donc favoriser des politiques visant à la fois à réduire le chômage et à améliorer la qualité de l'emploi.

Ce que ces statistiques ne nous disent pas

Les différents chiffres présentés jusqu'à présent nous donnent peu d'informations si l'on veut rendre compte de ce que signifie vivre le chômage, ou vivre la précarité, pour un individu. C'est à la compréhension des expériences vécues du chômage que Dominique Schnapper (1981) et son équipe consacrèrent une recherche en 1979 et 1980. Elle a consisté en une enquête qualitative de cent entretiens axés sur cinq thèmes : la carrière professionnelle et les circonstances du licenciement, la recherche d'emploi et l'emploi du temps, l'intégration sociale, le rapport au travail, et la perception de l'avenir. La population a été constituée à partir de cinq variables : sexe, âge, revenu, niveau culturel et profession. Voici rapidement les éléments qui ressortent de cette enquête.

L'expérience du chômage ne peut être comprise indépendamment de l'expérience du travail : c'est la signification donnée au travail qui confère sa signification à la période de chômage. Or, dans nos sociétés, l'emploi constitue la norme sociale essentielle qui organise la vie collective et celle de chaque individu. C'est de l'exercice d'une profession que l'individu tire l'estime de soi. C'est également à partir du travail que se construit une grande partie des relations sociales et amicales. Le travail est finalement à la base de la structuration du temps, aussi bien du temps de travail que du temps hors travail (soirées, week-end, vacances).

La condition de chômeur est vécue différemment selon le capital économique, le capital culturel et le capital de relations sociales. Ceci étant, pour l'écrasante majorité, le chômage est vécu comme un traumatisme profond déstructurant ce que le travail organise. Il est ainsi vécu comme une dévalorisation et une humiliation. Dans ce contexte et conscients de la suspicion qui, plus ou moins ouvertement, les entoure, les chômeurs auront tendance à rompre volontairement leurs relations sociales. Cette rupture s'observe dans les rapports interindividuels et, plus encore, dans toutes les formes de participation à la vie sociale : participation à des associations, militantisme politique et syndical. Le chômage provoque la désorganisation du temps quotidien, il « n'est pas vécu comme temps libre mais comme temps vide. L'expérience du désœuvrement est génératrice d'ennui, d'angoisse et de culpabilisation ; elle provoque une incapacité à profiter du temps disponible et, notamment, à développer des activités de substitution » (Freyssinet, 1998, p. 45). Ces différents éléments ont des répercussions sur les rapports familiaux, aggravant les risques de rupture conjugale, affectant les comportements des enfants, et diminuant les relations avec la famille élargie. À tout cela s'ajoutent bien évidemment les difficultés financières. Résumons :

> « Ennui, désocialisation, humiliation réactivée par les démarches du pointage et les échecs successifs dans la recherche d'un emploi, peur de l'avenir sont liés à la désorganisation des rythmes collectifs réglés en fonction des nécessités de l'activité professionnelle, à la difficulté de trouver une référence à un statut de substitution. »
>
> (Schnapper, 1981, p. 161.)

Cette compréhension du vécu du chômage est rendue possible par la réalisation et l'analyse d'entretiens. Une fois ce niveau de compréhension atteint, on peut imaginer approfondir et développer sur un échantillon plus important, en construisant une enquête par questionnaires, et en obtenant des données chiffrées sur l'épreuve du chômage. Chacune de ces méthodes a ses possibilités et ses limites et produit des données différentes : le questionnaire provoque une réponse, l'entretien fait construire un discours. Le questionnaire part de questions formulées par le chercheur ; l'entretien va à la recherche des questions des acteurs eux-mêmes, il fait appel au point de vue de l'acteur et donne à son expérience vécue et à sa rationalité une place de premier plan. C'est pourquoi l'on commence généralement la réalisation d'une enquête par questionnaires par la réalisation d'une enquête exploratoire à base d'entretiens. Il n'y a donc pas d'opposition entre enquêtes quantitatives et enquêtes qualitatives, mais une possible complémentarité.

Mesures de la délinquance

À l'instar du chômage, la délinquance, son augmentation ou sa diminution constituent un enjeu politique majeur. Ce n'est pas nouveau, si l'on en croit la phrase écrite par un juriste en 1910 et citée par Matelly et Mouhanna (2007, p. 31) :

> « Depuis quelques années, une recrudescence de la criminalité qui a vivement ému l'opinion publique a fait jeter le discrédit sur l'organisation de la police judiciaire et suspecter le zèle de ses agents. »

Il n'empêche que le thème de l'insécurité est revenu en force dès l'année 2002, et a largement marqué la campagne présidentielle de cette année-là.

Quels chiffres pour quelle délinquance ?

Les chiffres officiels diffusés par les médias sont ceux des crimes et délits constatés par procès-verbal et transmis au parquet par les services de police (au sens large, comprenant police nationale et gendarmerie, c'est dans ce sens que nous l'utiliserons ci-après). Ce sont donc des statistiques administratives élaborées par la police. Il en existe d'autres, en particulier celles élaborées par la justice (statistiques judiciaires) et l'administration pénitentiaire (statistiques pénitentiaires), mais elles n'apparaissent pas dans le débat public.

Commençons par analyser le périmètre de ces statistiques officielles par ce qui n'y figure pas. Robert *et al.* (1994, p. 25-51) distinguent trois types de manques. Il s'agit, en premier lieu, des faits connus par des personnes ou organisations privées mais que tous les services publics ignorent, car ils n'ont été ni déclarés ni découverts par les services en question. En effet, toutes les victimes ne portent pas plainte, et ce pour de multiples raisons : crainte pour soi-même, certitude fondée ou non que la plainte n'aboutira à rien et que cela ne vaut pas la peine d'aller perdre trois ou quatre heures au commissariat, etc. Les enquêtes dites de victimation, où les personnes interrogées déclarent les faits dont elles ont été victimes, ont permis d'estimer le taux de dépôt de plainte en fonction du type de fait. Ainsi la plainte est majoritaire pour les vols :

plus de 90 % pour les vols de voiture, 70 % pour les cambriolages aboutis, en grande partie parce que cette démarche est nécessaire pour dégager la responsabilité du propriétaire d'un bien immatriculé ou demander l'indemnisation d'un bien assuré. La plainte est en revanche minoritaire pour les atteintes aux personnes : autour de 25 % pour les violences physiques en dehors de son ménage, 15 % pour les violences sexuelles en dehors de son ménage, et seulement 11 % pour les violences physiques et sexuelles au sein du ménage (Insee, 2021, p. 97). Il existe également des infractions sans victime individuelle directe, tel que l'usage de stupéfiants. Leur découverte et leur enregistrement dépendent des priorités données à la police, des moyens qui lui sont alloués, de la manière dont ils sont affectés, et de la visibilité de l'infraction et/ou de son auteur.

Un deuxième type de lacune est constitué par ce que la police ne connaît pas car les faits sont traités par d'autres administrations :

> « Une cinquantaine d'administrations ou d'organismes para-administratifs spécialisés dans des matières aussi diverses que la chasse, la gestion financière des sociétés cotées en bourse, la sécurité au travail, la pollution des rivières, les impôts… voient leurs agents dotés de véritables pouvoirs de police judiciaire. » (Robert *et al.*, p. 38.)

La plupart des infractions observées par ces organismes sont traitées par voie administrative, sans recourir à la police. Et pourtant leur nombre et leur montant sont parfois très élevés, c'est le cas des fraudes fiscales que l'on pourrait considérer comme un détournement d'argent ou une escroquerie.

Le troisième type de manque concerne ce que la police connaît mais enregistre ailleurs. Ainsi certains faits ne font pas l'objet de procès-verbal, mais sont enregistrés en *main courante*. D'autres faits sont connus de la police, traités par elle sous forme de procès-verbaux mais exclus de la statistique que nous analysons. Il s'agit en particulier des petites infractions que l'on nomme *contraventions* y compris les plus importantes d'entre elles (celles de cinquième classe) qui correspondent souvent à d'anciens délits déclassés pour alléger la tâche des tribunaux correctionnels ; il s'agit également de toutes les infractions en matière de circulation routière.

Il y a ainsi, à la base de ces statistiques officielles, une définition de la criminalité. Il ne s'agit pas d'une définition conceptualisée, mais liée aux découpages administratifs et aux modes de gestion propres à la France. La signification de ces statistiques dépend donc du fonctionnement des institutions, de leur division du travail et des politiques publiques de gestion des délinquances. Il existe « toute une face cachée de la criminalité qu'il faut aller chercher hors des statistiques criminelles » (*ibid.*, p. 51). Notons, pour terminer, que cette définition de la criminalité ou ces modes de gestion des délinquances peuvent évoluer dans le temps, ce fut le cas par exemple avec la légalisation de l'avortement par la loi Veil de 1975, ce fut le cas avec la dépénalisation des chèques sans provision en 1991 ; en sens inverse, la loi sur la sécurité intérieure de 2003 a créé plusieurs nouveaux délits, tels que la mendicité agressive, le racolage passif et l'occupation de halls d'immeubles...

Finalement, et plus simplement, ces statistiques officielles peuvent comptabiliser des faits en trop. Tout d'abord parce qu'un même fait peut donner lieu à enregistrement auprès de plusieurs services. D'autre part, parce que la généralisation de l'assurance des biens génère des escroqueries à l'assurance, qui viennent ainsi gonfler la statistique des atteintes aux biens.

Quel processus de construction ?

Les statistiques policières comptabilisent donc les procès-verbaux qui sortent de la police en direction de la justice. Ces procès-verbaux sont de deux sortes :

- les uns proviennent d'enregistrement de plaintes ;
- les autres recensent des faits découverts par l'activité policière.

Voyons le cas le plus courant, celui du dépôt de plainte. Une personne se rend au commissariat pour faire enregistrer un fait dont elle a été victime. Son interlocuteur, en fonction de son jugement sur la gravité des faits, prendra la plainte ou lui proposera d'autres modalités d'action : un arrangement à l'amiable ou une consignation du fait dans le registre de main courante, qui en garde trace au sein du service de police mais ne donne pas lieu à procès-verbal transmis au parquet.

S'il y a élaboration d'un procès-verbal, la plainte est enregistrée et alimentera un tableau, le « 4001 » ou l'« État 4001 », appelé ainsi en référence au numéro d'imprimé administratif qui servait à établir le procès-verbal au temps du papier. On recense, à travers le Code pénal et les diverses législations répressives, environ 10 000 types d'infractions.

Le 4001 les regroupe en une centaine de rubriques. La personne, au sein du service de police, qui saisit la plainte doit choisir la rubrique concernée ; c'est cette qualification ou celle retenue une fois l'enquête terminée qui valent pour l'établissement de la statistique, même si elles sont très souvent modifiées ensuite par le Parquet en cas de poursuite. La personne peut également décider, à l'issue de l'enquête, que le fait n'est ni un crime ni un délit mais est de l'ordre de la contravention ; le fait sort alors du 4001, puisque les contraventions n'y sont pas comptabilisées.

On commence ainsi à entrevoir, dans ce processus d'enregistrement, les marges d'appréciation et d'action sur les statistiques que détiennent les services de police. On peut retenir une première étape d'un point de vue chronologique : celle de l'enregistrement de la plainte par procès-verbal. L'interlocuteur au sein de la police peut agir pour que la démarche du plaignant ne franchisse pas cette étape, soit en le dissuadant de porter plainte (il s'agit d'un phénomène réel dont témoignent différents courriers de lecteurs), soit en lui proposant un enregistrement en main courante.

Du fait de cette première étape, et en rappelant que toutes les victimes ne portent pas plainte, on ne devrait pas écrire « la criminalité a diminué de 3.7 % en 2007 », on devrait plutôt indiquer que « la criminalité *enregistrée* ou les *chiffres de* la délinquance ont diminué de 3.7 % en 2007 ». En sachant que cette baisse peut résulter d'un nombre plus faible d'infractions, mais aussi d'une proportion plus faible de victimes s'adressant à la police, ou encore d'une proportion plus faible des plaintes des victimes consignées sur procès-verbal et transmises au parquet. Il en est de même d'une augmentation de certains chiffres de la délinquance. Ainsi :

> « Depuis 2017, les faits de violences conjugales enregistrés ont augmenté de 76 %. Cette hausse des victimes enregistrées peut être attribuée aux mouvements sur les réseaux sociaux (comme #MeToo) ayant entraîné une prise de conscience et une libération de la parole des victimes, ainsi qu'à une amélioration des conditions d'accueil des victimes par les services de sécurité. » (Ministère chargé de l'égalité entre les femmes et les hommes, 2022, p. 8)

Une augmentation des chiffres de faits de délinquance peut ainsi, parfois, constituer une « bonne nouvelle » : une diminution du *chiffre noir*, terme utilisé pour parler de la différence entre la criminalité réelle (que nous ne connaissons pas) et la criminalité statistique ou enregistrée.

La délinquance en France, en clair-obscur…

« "Le nombre de crimes et délits a baissé de 3.76 % en 2004", titrait sur cinq colonnes *Le Monde* 16 janvier 2005, p. 10.

Les titres auxquels vous avez échappé :

- plus précis encore : "Le nombre de crimes et délits a baissé d'à peu près 3.75506 % en 2004." [La police enquête sur la dernière décimale] ;
- faux-cul : "Le ministre de l'Intérieur déclare que le nombre de crimes et délits a baissé de 3.76 % en 2004" ;
- consensuel : "La délinquance en France : une évolution assez contrastée" ;
- averti : "D'après le ministère de l'Intérieur, le nombre de procès-verbaux envoyés par la police et la gendarmerie au parquet, en matière de délits et de crimes, sur la base de l'état 4001, a baissé d'environ 4 % en 2004." [Les analystes s'arrachent les cheveux pour savoir ce que cela peut bien vouloir signifier ; avec photos des analystes devenus chauves, car chaque année, c'est la même chose] ;
- polémique : "À quoi sert la police ? De moins en moins de PV envoyés au parquet !" [Les magistrats prennent peur devant un tel laxisme policier et leurs syndicats s'indignent, toutes tendances confondues] ;
- ou : "Forte baisse des PV, la police aurait-elle peur des délinquants face à la montée de la violence ?" ;
- ou : "Forte baisse des PV, les victimes ont-elles peur de se déranger pour rien ?" ;
- ou : "Forte baisse des PV, les victimes ont-elles peur de la police du fait des bavures dans les commissariats ?" ;
- ou : "Forte baisse des PV : inflation des mains courantes ? La police a-t-elle peur de sa hiérarchie ?" [Menaces de grèves chez les policiers qui refusent de se faire traiter d'incapables] ;
- très optimiste : "Enfin ! La peur change de camp : les délinquants n'osent plus sortir le soir." [Le gouvernement envisage de mettre à la retraite d'office nombre de magistrats et surveillants de prison]. »

Source : Pierre Tournier, *Lettre blanche de Pénombre*, n° 39, mars 2005, p. 8.

Le deuxième moment de l'élaboration des statistiques est celui de la qualification des faits. Or cette dernière peut conduire à un enregistrement sous forme de contravention, c'est particulièrement le cas pour les dégradations et pour les tentatives de vol. Le Code pénal distingue les dégradations importantes qui relèvent des délits, des dégradations légères qui ne sont réprimées que par une contravention. Cette distinction dépend de l'appréciation au cas par cas. Matelly et Mouhanna décrivent la possibilité que des tentatives de vol soient enregistrées en tant que dégradations légères :

> « Lorsque l'on constate qu'un volet de fenêtre a été forcé de l'extérieur, que la vitre derrière le volet a été brisée, si rien n'a été volé il s'agit généralement d'une tentative de vol avec effraction [...] qui pourrait être enregistrée comme un délit. Mais en toute objectivité, la qualification pénale est incertaine, tout dépend de la volonté de l'auteur... S'il voulait seulement dormir là, on entre dans le domaine de la violation de domicile [...]. La seule atteinte réalisée concrètement est une dégradation du volet et de la vitre, on pourra donc relever seulement une dégradation légère. De même pour le barillet de portière et l'antivol cassés d'un véhicule, de même pour la serrure forcée d'un entrepôt » (2007, p. 72).

Ces choix ont pour effet de ne pas faire entrer les faits dans les statistiques officielles.

Quand un fait est bel et bien enregistré en tant que crime ou délit, encore faut-il le classer dans telle ou telle catégorie. L'enjeu peut également être important si la hiérarchie, le gouvernement ou l'opinion publique demandent une action particulière sur un certain type de faits. Cela peut conduire les évalués à jouer de leur marge de manœuvre dans la collecte statistique pour obtenir des résultats chiffrés en leur faveur. Ce phénomène n'est pas nouveau, il a été mis en évidence comme effet pervers des planifications dans les ex-pays socialistes. Il peut inciter, comme dans ce dernier cas, à surévaluer les statistiques. Cela semble également avoir existé pour les statistiques de la délinquance avant 2002 : des données à la hausse démontraient la charge de travail qui reposait sur le service et permettaient la demande de moyens supplémentaires. Ce phénomène incite plus généralement aujourd'hui à une sous-évaluation des statistiques. Fabienne Brutus (2006) l'a très bien décrit à propos de l'inscription des chômeurs et de la définition de leur catégorie d'appartenance (catégories 1 à 6) par l'ANPE.

Les statistiques en provenance de sources administratives sont donc travaillées par les organisations qui les produisent, et ce d'autant plus que ces dernières sont mises sous pression et évaluées au regard de leurs résultats chiffrés. Cela a été fortement le cas pour la police à partir de l'été 2002 et de l'arrivée de Nicolas Sarkozy au ministère de l'Intérieur. Ce dernier déclarait en juillet 2002 : « Les responsables de la police et de la gendarmerie devront travailler en fonction d'objectifs précis et seront évalués en permanence. De leurs résultats dépendra leur carrière. » Sous son ministère, les préfets et directeurs départementaux de la sécurité publique des cinq départements connaissant la plus forte augmentation de la délinquance durant le mois précédent étaient convoqués chaque mois à Paris. Certaines de ces convocations ont été largement médiatisées. Cette pression s'est répercutée du sommet vers la base. Et ce d'autant qu'un dispositif de primes collectives était mis en place pour tous les membres d'une unité qui affichait de bons résultats annuels en matière de chiffres de la délinquance, de nombre de personnes mises en cause et de taux d'élucidation. Ces différents éléments ont fait du résultat statistique un enjeu de première importance pour tous les niveaux de la hiérarchie.

Comment les chiffres travaillent les organisations et les métiers ?

Les marges d'action des policiers dans l'élaboration des chiffres ne suffisent pas à répondre à cette pression. C'est ainsi que les statistiques peuvent également travailler les organisations :

> « Ce qui devient officiellement visible aux yeux du public est *de facto* validé comme étant important. À l'inverse, les activités et les pratiques privées de cette visibilité ont un problème de légitimité. La distinction entre ce qui est "auditable" et ce qui ne l'est pas est donc normative et, comme l'indiquent les travaux empiriques, elle a pour conséquence un transfert des ressources et des énergies vers les activités "auditables". »
>
> (Power, 2005, p. 13.)

Les indicateurs retenus vont ainsi orienter l'action, et les répercussions sur le policier de base ne sont pas négligeables, en particulier en ce qui concerne son activité de découverte des délits. Les indicateurs incitent à choisir des délits « faciles » produisant des interpellations en nombre : interpeller des fumeurs de haschisch plutôt que travailler au démantèlement d'un réseau de cocaïne. Des interviews de policiers cités par Matelly et Mouhanna le montrent bien :

> « La hiérarchie veut du chiffre, alors on lui donne du chiffre… On interpelle des gens que l'on met à disposition du parquet, même si on sait très bien que le parquet va nous dire de les remettre dehors » (p. 101).
>
> « On ne peut pas dire qu'on exige de nous qu'on fasse tel ou tel chiffre, mais on sait que pour qu'on nous laisse faire notre travail tranquille, il faut atteindre un minimum de crânes (personnes mises à disposition de la justice). Alors, à la fin du mois, quand on n'a pas eu de chances, on va dans le quartier *x* et on fait de la pute et du shiteux. Ça fait du chiffre et c'est relativement facile » (p. 47).

Cela fait augmenter le nombre de personnes mises en cause et le taux d'élucidation.

Mais ces effets des chiffres génèrent de l'insatisfaction chez bon nombre de policiers qui les considèrent contraires à l'éthique du métier et à leurs valeurs. Ils suscitent également des tensions entre policiers, entre échelons de base et hiérarchie. Cela ressort clairement de la deuxième citation ci-dessus. Il en ressort également que les policiers de terrain agissent souvent sur les chiffres non par plaisir mais, paradoxalement, pour mieux exercer leur métier. Il n'en reste pas moins que « le fait de se conformer à de nouvelles exigences demande de l'énergie et des ressources, mais aussi que ces exigences créent, à la longue, de nouvelles mentalités, de nouvelles incitations et de nouvelles perceptions de ce qui est important » (Power, 2005, p. 184). L'usage des « indicateurs de performance » s'est fortement développé dans les organisations publiques et parapubliques depuis les années 2000, l'analyse de leur mise en place et de leurs effets a donné lieu à de nombreux travaux de sociologie (Martin, 2020, p. 149-169 ; sur leur mise en place dans les universités : Eyraud, 2022).

Tout ce que nous venons de voir à propos des chiffres de la police n'empêche pas ces statistiques de pouvoir nous apporter des informations intéressantes. C'est là aussi leur mise en relation avec d'autres statistiques qui peut leur donner sens (Robert et Zauberman, 2019 ; Insee, 2021), d'où l'importance des enquêtes annuelles de victimation réalisées de 2007 à 2021 par l'Insee (enquête « Cadre de vie et sécurité » ou CVS), c'est le ministère de l'Intérieur qui élabore l'enquête « Vécu et ressenti en matière de sécurité » (VRS) depuis 2022.

Quoi de neuf ?

Notre réflexion sur les chiffres de la richesse, du chômage et de la délinquance a montré la pertinence des idées générales développées en commençant ce chapitre. Mais d'autres idées ont émergé de chacun de ces exemples ; nous en retiendrons cinq.

La première tourne autour de la question : « Est-il plus pertinent pour parler d'un phénomène d'utiliser un ou plusieurs indicateurs ? » L'utilisation d'un seul indicateur peut se décliner de deux manières : il s'agit soit d'un indicateur « simple », soit d'un indice pour reprendre les termes de Lazarsfeld ou « indicateur synthétique ou composite » pour reprendre ceux des économistes et des statisticiens. Nous avons montré à propos de la démocratisation de l'enseignement supérieur, de la richesse et sa mesure par le PIB, du chômage et sa mesure par le taux de chômage, que la première solution était très réductrice, car posant l'équivalence « un phénomène = un indicateur » et évacuant la réflexion sur les dimensions du phénomène. L'utilisation d'un indice, tel que l'IDH, l'indice de bien-être économique ou celui d'emploi inadéquat, est intéressante si l'indice est bien construit. Qu'entendons-nous par là ? Nous entendons : si la démarche proposée par Lazarsfeld est bien menée, cela signifie (Gadrey et Jany-Catrice, 2016, p. 95-96) :

- qu'il y a « complétude des dimensions », autrement dit qu'aucune dimension importante du phénomène n'a été oubliée ;
- que les indicateurs sont pertinents pour appréhender la dimension à laquelle ils sont attachés ;
- que le choix de pondération des dimensions est argumenté et transparent, voire mieux que différentes pondérations sont proposées (comme pour l'IBEE).

L'utilisation d'un indice bien construit est particulièrement intéressante quand il s'agit de donner une idée synthétique de l'évolution d'un phénomène (l'indice d'emploi inadéquat montrerait ainsi une dégradation du marché du travail), ou quand il s'agit d'analyser une corrélation entre deux phénomènes ou entre l'évolution de deux phénomènes (la relation IDH/PIB dans différents pays, ou encore la relation entre l'évolution du PIB et celle de l'IBEE). Mais quand on veut analyser un phénomène et son évolution de plus près, il faut alors retourner aux dimensions et à leurs indicateurs pour comprendre ce qui explique les évolutions de l'indice. Cette possibilité de retour aux dimensions est un élément important de la qualité de l'indice utilisé.

La deuxième idée que nous souhaitons évoquer concerne les limites des statistiques. Ces limites sont, en bonne part, celles de leur processus même de construction. Pour les enquêtes sur un échantillon s'y ajoute la marge d'incertitude ou intervalle de confiance. Dans tous les cas, les données quantitatives gagnent généralement à être complétées par des données qualitatives.

En troisième lieu, il nous faut retenir que les données chiffrées peuvent être agissantes. Ainsi, en posant le problème d'une certaine manière et en éclairant certains de ses aspects, elles orientent à la fois le diagnostic et les politiques mises en œuvre pour améliorer la situation telle qu'elle a été perçue. Elles peuvent également, dans les organisations, contribuer à orienter l'action dans certaines directions. Dans les deux cas, elles mettent le projecteur sur certains aspects du phénomène, du problème ou de l'activité, au risque d'en occulter ou invisibiliser d'autres. Elles sont ainsi, pour les acteurs, tout à la fois des contraintes et des ressources, en fonction de leur position dans la hiérarchie et du contexte global.

Quatrièmement, un indicateur, dans la mesure où il est relativement central dans le débat public (rappelons-nous le PIB et le taux de croissance), « est un énoncé sur la société » (Desrosières, 1997, p. 21) : il nous informe sur ce qui est considéré comme important et problématique dans une société à un moment donné. De la même manière, les polémiques autour des indicateurs à utiliser nous renseignent sur les différentes conceptions concurrentes. Cette idée nous permet d'approfondir la troisième attitude vis-à-vis des statistiques que nous encourageons depuis le début de cet ouvrage : considérer qu'il n'existe pas de chiffres vrais mais seulement des chiffres construits. En effet, le choix de construire tel indicateur plutôt que tel autre, et de le construire de telle manière, nous éclaire sur les choix de société et les rapports de force à l'œuvre. Cette perspective constructiviste permet également de traiter les incohérences statistiques comme de possibles informations supplémentaires sur la réalité sociale.

La cinquième et dernière idée qu'il nous semble important de souligner dépasse la question de « comprendre et utiliser les données chiffrées » pour atteindre celle de l'analyse d'un phénomène social. Les exemples du chômage et de la délinquance nous ont particulièrement montré que l'on ne pouvait analyser un phénomène de manière isolée. On doit l'analyser, au moins en partie, en lien avec :

- les phénomènes qui lui sont proches (chômage/inactivité) ;
- le phénomène qui lui est opposé (chômage/travail) ;
- les manières dont les organisations qui en sont en charge traitent et gèrent le phénomène, si ce dernier donne lieu à un traitement social.

Une sociologie de la quantification

Ce que nous faisons depuis le début de cet ouvrage a acquis un nom à la fin des années 2000, celui de « sociologie de la quantification ». C'est Alain Desrosières qui le lui a donné (2008, 2009). Elle consiste en un principe simple : considérer les données quantitatives comme des produits d'un processus de construction sociale (approche constructiviste), et non pas comme donnant une mesure (vraie, fausse ou biaisée) immédiate de la réalité sociale (approche réaliste).

Cette conception réaliste a commencé à être mise à mal en France dans les années 1970 par deux courants de pensée, l'un que l'on pourrait appeler une « sociologie des classements sociaux » inspirée par Pierre Bourdieu et mise en œuvre par plusieurs statisticiens de l'Insee (qui avaient suivi des enseignements de Bourdieu, nous en avons nommé au moins trois depuis le début de cet ouvrage : Alain Desrosières, Robert Salais et Laurent Thévenot), l'autre que l'on pourrait nommer une « ethnographie des pratiques de classement » inspirée par plusieurs courants de la sociologie américaine (interactionnisme symbolique et ethnométhodologie) travaillant aux États-Unis sur les questions de déviance et se développant en France en particulier à propos des statistiques scolaires et universitaires.

Adopter une approche constructiviste du chiffre (ce que nous faisons depuis le début de cet ouvrage) ne conduit pas à mener un procès anti-statistique. Les auteurs du premier courant étaient d'ailleurs pour la plupart des statisticiens travaillant à l'Insee. L'explicitation du processus de production des variables a pour résultat de permettre, et non d'interdire, leur usage. La sociologie de la quantification est ainsi une étape préliminaire, plus ou moins approfondie, à tout travail avec des données : pour utiliser les chiffres à bon escient il faut connaître leur processus de construction. La compréhension de ce processus permet de savoir ce que ces statistiques peuvent nous dire, et apporte des connaissances sur le champ ou le secteur concerné. Ceci, nous l'avons vu, est particulièrement valable pour les statistiques produites par les administrations. La sociologie de la quantification peut même être au service de la production de statistiques. Ce fut le cas d'une enquête qualitative réalisée à la demande du ministère de l'Éducation nationale par des sociologues (Soulié, 2000). Elle portait sur les procédures de collecte de la PCS du « responsable » de l'élève en collège et lycée ; l'enquête cherchait à expliciter les effets du processus de collecte sur les résultats statistiques obtenus, afin d'améliorer la qualité de la statistique produite.

Mais la sociologie de la quantification peut faire plus que cela, en considérant l'étude des dispositifs de quantification comme un objectif en soi ou comme un point d'entrée dans l'analyse de phénomènes plus larges. Les informations chiffrées changent alors de statut, passant de moyens de connaissance à objets d'analyse. C'est cette approche que nous avons développée, même rapidement, à propos des « Mesures de la croissance, mesures de la richesse », « Mesure du chômage, mesures de la qualité de l'emploi » et « Mesures de la délinquance ». Ce type de travaux de recherche s'est largement développé depuis la fin des années 2000. Les travaux ont essentiellement porté sur les statistiques, moins sur la comptabilité. J'ai travaillé sur ces deux types de quantification, en particulier à des moments de changement : réforme comptable des entreprises d'État chinoises au début des années 1990, adoption d'indicateurs de performance pour l'action publique dans le cadre de la mise en œuvre d'une réforme de l'État (la LOLF en 2006), adoption d'une comptabilité d'entreprise pour l'État français également en 2006.

Pour plus d'informations, on peut se reporter à Eyraud, 2019 et Martin, 2020.

Correction exercice 10

Ces questions font appel à deux notions différentes : la situation juridique d'une personne et sa situation par rapport au fait migratoire.

Est étranger celui qui n'a pas la nationalité française. Cet état attaché à un individu peut changer au cours de sa vie. La notion d'immigration implique à la fois une idée de mouvement et une idée d'installation. On retiendra la définition suivante proposée par l'Ined et adoptée par le Haut Conseil à l'intégration : est immigré celui qui est né étranger à l'étranger et qui réside en France. C'est un état qui ne varie pas au cours de la vie puisqu'il fait référence au lieu de naissance. Cette notion ne renseigne pas sur la nationalité de la personne considérée.

La figure 4.7 résume bien ces différences en nous donnant des informations chiffrées sur chacune des catégories.

Figure 4.7 Décomposition de la population vivant en France selon le lieu de naissance et la nationalité en 2022

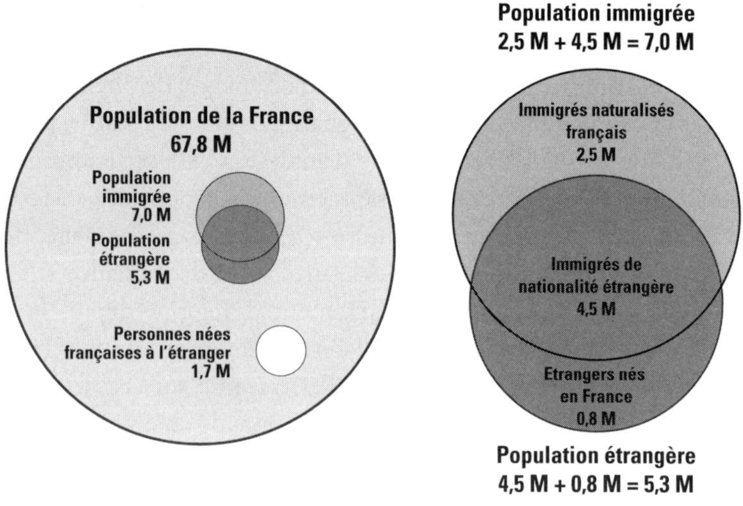

Champ : France.

Source : INSEE, estimations de population.

a. Oui, on peut être étranger et immigré. C'est le cas en France de 4.5 millions de personnes en 2022.

b. Non. On peut être étranger sans être immigré (0.8 million de personnes en 2022), c'est-à-dire étranger né en France. C'est le cas de la plupart des enfants nés en France de deux parents étrangers qui, à leur naissance, ont la nationalité de leurs parents ; nés en France, ils n'ont pas immigré.
c. Non, on n'est pas toujours étranger quand on est immigré. Selon des règles fixées par le Code de la nationalité, les immigrés peuvent demander l'acquisition de la nationalité française ; ils deviennent alors Français mais sont des immigrés (2.5 millions).
d. Oui, on peut être immigré et Français (voir réponse ci-dessus).
e. Oui, on peut être étranger sans être immigré (voir réponse b).
f. Oui, on peut être immigré sans être étranger (voir réponse c).
g. Non, on ne peut pas être immigré et être né en France ; la définition même de l'immigré impose qu'il soit né hors de France.
h. Non, l'expression « immigré de la deuxième génération » n'a aucun sens, même si elle est fréquemment utilisée pour désigner les enfants des immigrés nés en France. Nés en France, ils ne sont pas immigrés. On peut parler de la première génération née en France de parent(s) immigré(s) ou plus simplement des enfants nés en France de parent(s) immigré(s).
Le langage courant se satisfait de concepts généraux pour parler d'un phénomène et de ces conséquences. Ainsi, on regroupe l'étranger, l'immigré, leurs enfants sous le même vocable ou des vocables construits sans souci de précision pour englober dans une masse tous ceux qui pourraient être classés comme « venus d'ailleurs ». Les difficultés se font jour quand on cherche à quantifier. Combien sont-ils ? Mais de qui parle-t-on ? Le statisticien et le chercheur ont besoin de définir avec précision les catégories ; en cela, ils nous font sortir de la pénombre et nous aident à préciser et à comprendre de quoi, de qui nous parlons et de quoi, de qui nous voulons parler. Les définitions sont simples mais l'utilisation non rigoureuse de ces termes entraîne des confusions regrettables.

Source : Pénombre, 1999, p. 82-84.

Correction exercice 11

On pourrait croire, au premier abord, que ces tableaux apportent des informations complémentaires sur le taux de chômage et le taux de sous-emploi d'une population particulière. Mais il ne s'agit pas de la même population : le premier tableau compare en termes de chômage la population immigrée à la population non immigrée, tandis que le second compare en termes de sous-emploi la population étrangère à la population française. Il n'est donc pas possible de mettre ces informations en relation. On peut simplement constater qu'en France, en 2004-2005, le chômage touche plus fortement la population immigrée que la population non immigrée quel que soit le sexe, tandis que le sous-emploi touche plus fortement la population étrangère que la population française quel que soit là aussi le sexe. On peut faire l'hypothèse, qu'il nous faudra vérifier, que le chômage touche également plus fortement la population étrangère et le sous-emploi la population immigrée, autrement dit que ces deux populations sont particulièrement touchées par les difficultés du marché du travail.

On peut également constater, grâce à ces deux tableaux, que la population féminine est, en 2004-2005 en France, plus durement touchée par le chômage et le sous-emploi qu'elle soit immigrée ou non, étrangère ou non.

Chapitre 5

Connaissance des phénomènes sociaux

L'objectif de ce chapitre est de vous fournir des outils pour élaborer vous-même une connaissance d'un phénomène social. Une première étape est incontournable et primordiale, c'est celle qui nous mène à la définition du phénomène. Nous tâcherons, à travers différents exemples (Mauss et la prière, violence scolaire et violences envers les femmes) de vous apporter les éléments nécessaires à sa construction raisonnée. La définition élaborée, on pourrait alors construire ses propres données. Nous ne le ferons évidemment pas ici, mais nous essaierons de toucher du doigt cette mise en œuvre de la définition dans une enquête, à partir de trois recherches sur le religieux. L'élaboration d'une définition, surtout si elle se fait sous la forme « concept-dimensions-indicateurs », est également utile pour analyser des travaux portant sur le même phénomène social mais aboutissant à des conclusions divergentes. Nous sommes tous très souvent confrontés à ce type de lecture. C'est ce par quoi nous terminerons, à travers l'analyse du phénomène religieux dans l'après-guerre américaine, et celle de l'évolution des inégalités sociales en France au cours des années 2000.

Travailler à définir un phénomène

Nous pouvons retenir une idée simple du chapitre précédent : il existe indubitablement différentes manières de concevoir un phénomène. Il est donc indispensable de différencier concept d'une part, et phénomène ou réalité sociale de l'autre ; l'analogie avec la distinction carte géographique/territoire réel nous paraît particulièrement éclairante.

Différencier cartes et territoire

On peut, à partir d'un même territoire, réaliser différentes cartes. Prenons l'exemple d'un territoire particulier : une ville. Il est possible d'en établir une carte touristique dans laquelle figurent, non seulement le nom des rues, mais également les noms et emplacements de tous les monuments et lieux pouvant intéresser le touriste. Il est également possible d'en établir une destinée aux chauffeurs livreurs ; y apparaîtront, outre le nom des rues, les sens interdits, les places de parking réservées aux livraisons, etc.

Ainsi la carte trie les informations pertinentes au sein de toutes les informations disponibles. Comme le concept, elle organise la réalité en retenant les caractères significatifs du territoire, ou des phénomènes. Mais « pertinentes » ou « significatifs » par rapport à quoi ? Et c'est là le cœur de la question. Par rapport à ce que veulent savoir ou ont besoin de savoir le touriste ou le chauffeur livreur. En matière de concept, la pertinence est en rapport avec les objectifs de connaissance. L'objectif de la recherche ou de la réflexion peut être de connaître le phénomène de la manière la plus exhaustive possible, c'est la démarche généralement présentée dans cet ouvrage. Mais il en existe d'autres, il peut s'agir d'objectifs de connaissance pratique en vue d'élaborer des politiques publiques.

Un organisme d'action sociale peut ainsi commander une enquête sur les conditions de vie des personnes âgées de la commune. Mais qu'entend-il par « conditions de vie » ? S'agit-il seulement du montant et de la composition (retraite, aide de la famille) du revenu ? S'agit-il du logement : maisons de retraite, chez les enfants, en location, en propriété ; de l'alimentation ? Étudiera-t-on les types de consommation, le genre de vie (occupations, loisirs...), les relations sociales (relations familiales, de voisinage...) ? Abordera-t-on les études d'opinions, de comportements ? L'enquête peut se borner à une description : décrire le niveau de vie des gens âgés. Elle peut aussi tenter d'établir des corrélations entre certains comportements de résignation et d'amertume ou, au contraire, d'enthousiasme et certains facteurs tels que logement, liens familiaux... Ces choix dépendront de ce que l'on cherche à savoir, du but poursuivi, généralement lié au champ d'action de l'organisme en question. C'est également en fonction de cela que l'on décidera de retenir telle ou telle définition de la « personne âgée ».

L'objectif de connaissance peut également être la recherche d'une réponse à une question ne nécessitant pas une connaissance exhaustive du phénomène. On peut, par exemple, vouloir prendre la mesure d'une partie d'un fait particulièrement méconnue, comme dans l'Enquête sur les violences envers les femmes que nous verrons plus loin. Il peut s'agir également de mettre en relation deux phénomènes et/ou leur évolution. Ainsi le PIB, même s'il est insatisfaisant pour appréhender la richesse économique, sociale et culturelle d'un pays, peut être un indicateur suffisant du niveau de développement si l'on souhaite mettre en relation ce dernier avec d'autres phénomènes. C'est ce que font par exemple Baudelot et Establet (2006) pour une première approche de la relation entre suicide et richesse dans le monde (p. 27-30).

Un concept, tout comme une carte, est donc une construction, une abstraction ; il n'est ni le phénomène, ni la réalité sociale, ni le territoire, même si, dans le cadre d'une recherche d'exhaustivité, il tente de s'en approcher le plus possible. Finalement, une carte nous donne des indications sur un certain territoire à un moment donné ; autrement dit, elle est évidemment localisée, mais aussi datée, et peut être largement dépassée.

Il en est de même du concept. Ainsi la « religiosité » se décline en un certain nombre de dimensions, chacune appréhendable par des indicateurs ; ces dimensions et indicateurs peuvent varier s'il s'agit d'étudier la religiosité catholique aujourd'hui en France ou la religiosité musulmane aujourd'hui au Maroc. Nous approfondirons cette question dans la deuxième partie de ce chapitre. Le concept est également daté, nous pouvons illustrer cette idée à partir du concept d'« intégration » développé par Durkheim dans *Le Suicide* (1re éd. en 1897). Il ne s'agit pas d'une notion définie *a priori* pour l'étude d'un phénomène social, comme dans le cas des « conditions de vie », mais d'un concept né de la recherche et qui devient explicatif du phénomène étudié. Ainsi, Durkheim, après s'être donné une définition du suicide (« On appelle suicide tout cas de mort qui résulte directement ou indirectement d'un acte positif ou négatif, accompli par la victime elle-même et qu'elle savait devoir produire ce résultat », p. 5), constate que les taux de suicide sont stables sur une courte période, en constante progression pour la plupart des pays sur la période étudiée (1841-1872), et diffèrent d'un pays à l'autre. Ces taux de suicide mesurent « la tendance au suicide dont chacune de ces sociétés est collectivement affligée », Durkheim souhaite comprendre ce qui explique ce *taux social de suicide*. Il met en œuvre un des principes essentiels énoncé dans *Les Règles de la méthode sociologique* (1re éd. en 1894) : un fait social s'explique par un autre ou des autres faits sociaux, et non pas par un phénomène biologique, psychologique, technique, etc. Progressivement, dans sa recherche, se dégage l'idée que le taux de suicide varie d'une société à l'autre en fonction de certains facteurs, en particulier religieux et familiaux. Durkheim teste plusieurs fois ces différents facteurs, et tente de les organiser. Il parvient finalement à construire le concept explicatif d'« intégration ». Le taux de suicide varie en fonction du niveau d'intégration d'une société : plus une société est intégrée, plus le taux de suicide est bas, et inversement. On peut, à la lecture de l'ouvrage, reconstruire ce concept à la manière de Lazarsfeld. Durkheim retient ainsi deux dimensions : l'intégration par la famille et l'intégration par la religion, et pour chacune d'elles plusieurs indicateurs : le pourcentage de célibataires et de veufs, le taux de divorce, l'effectif moyen des familles (ou densité familiale) pour la première, le nombre de prêtres, le nombre de croyances ou pratiques communes obligatoires, le nombre de rites pratiqués en commun, etc., pour la seconde.

Cette étude a été réalisée à la fin du XIXe siècle, aujourd'hui on devrait ajouter au moins une dimension à ce concept : celle de l'intégration par le travail. Durkheim ayant clairement explicité sa démarche, ce travail pourrait être réactualisé en intégrant cette dimension, appréhendée par différents indicateurs. C'est le travail réalisé, entre autres, par Baudelot et Establet dans leur ouvrage *Suicide, l'envers de notre monde* (2006). Si une carte est bien construite et si ses principes de construction (échelle, symboles utilisés…) sont précisés, elle peut alors servir de base à l'élaboration de cartes ultérieures, prenant en compte l'apparition de nouvelles rues, de nouveaux quartiers, etc. Ainsi une cumulativité des connaissances en sciences sociales est possible, si les concepts utilisés sont clairement définis, et la démarche de recherche rigoureuse et explicitée.

Définir

La question de la définition est donc au cœur d'une démarche rigoureuse de connaissance :

> « Toute investigation scientifique porte sur un groupe déterminé de phénomènes qui répondent à une même définition. La première démarche du sociologue doit donc être de définir les choses dont ils traitent, afin que l'on sache et qu'il sache bien de quoi il est question. C'est la première et la plus indispensable condition de toute preuve et de toute vérification ; une théorie, en effet, ne peut être contrôlée que si l'on sait reconnaître les faits dont elle doit rendre compte. »
>
> (Durkheim, 1988, p. 127-128 , 1re éd. en 1894.)

Un véritable concept n'est souvent établi qu'à la fin d'une recherche, lorsque les caractéristiques des phénomènes étudiés sont connues. Au moins faut-il, au début, donner une *définition provisoire* qui permette, dans les grandes lignes, de limiter le champ de la recherche et de désigner les phénomènes. Mais comment établir cette définition ?

• Attention aux prénotions

Tous les savants depuis le XVIIe siècle sont, malgré leurs opinions divergentes sur la méthode, d'accord sur un point : il faut d'abord chasser de son esprit les idées préconçues. Chacun exprime cette idée à sa manière : il s'agit, pour Bacon, de repousser les idoles, pour Descartes d'appliquer le doute méthodique, pour Durkheim d'écarter systématiquement toutes les *prénotions*. Nous avons tous une vision plus ou moins clairement exprimée de la réalité sociale. Cette vision a sa valeur, elle doit être respectée par le sociologue, et peut même être l'objet d'études. Il n'empêche que, quand il s'agit de mener une réflexion ou une étude sur un phénomène particulier, cette vision constitue souvent un *obstacle épistémologique* (Bachelard, 1958), ou obstacle à la connaissance.

Prenons l'exemple de l'évolution des inégalités sociales. Imaginons quelqu'un qui habite dans une « banlieue difficile », et qui voit autour de lui de plus en plus de gens dans la galère. Il peut tenir les propos suivants : « Les inégalités sociales se sont beaucoup accrues ces dernières années, il y a de plus en plus de gens dans la galère, et la différence avec ceux qui s'en sortent est de plus en plus forte. » Imaginons une autre personne, un ouvrier d'une cinquantaine d'années qui pourrait, lui, tenir un discours contraire : « Les inégalités sociales ont tout de même bien diminué depuis une trentaine d'années, regardez le fils de X est à l'université et la fille de Y aussi, un enfant d'ouvrier à l'université, de mon temps ce n'était pas possible. » Ces propos sont liés à la situation de chacun des individus, à ce qu'ils voient et ressentent de leur environnement proche. Les sociologues les appellent « sociologie spontanée », « sens commun », « prénotions » ou, à l'époque de Durkheim, « le vulgaire » (sans sens péjoratif). Face à cela, en quoi consisterait une démarche rigoureuse d'analyse ? Il faut tout d'abord prendre de la distance avec ses propres préjugés (par exemple, les inégalités sociales ne sont pas que des inégalités de revenu), et en particulier avec ses opinions politiques : ne pas penser *a priori*, si l'on est de gauche, que les inégalités ont diminué pendant un gouvernement de gauche et augmenté pendant un gouvernement de droite, et vice versa.

Si l'on veut expliciter plus précisément ce que sont ces prénotions, il nous semble intéressant d'en distinguer au moins trois types : les *notions confuses*, les *fausses évidences*, et les *découpages sociaux*. Les notions de réussite scolaire et d'échec à l'université, vues dans le chapitre 3, sont un bel exemple du premier type. Réussir à l'école, est-ce seulement réussir les passages en année supérieure ? Est-ce simplement accéder aux filières les plus prestigieuses ? Échouer en première année à l'université, est-ce ne pas figurer dans les statistiques de réussite (dans le sens précédent) de son établissement ? Imaginons que vous vouliez étudier les pratiques religieuses de la population juive en France. Qu'entendrez-vous par « pratiques religieuses » ? Si vous n'y réfléchissez pas, vous risquez d'utiliser votre propre notion, plus ou moins claire, de ce qu'est une pratique religieuse. Si vous êtes de culture catholique, vous pensez certainement qu'une telle pratique se réalise essentiellement dans une institution religieuse (église, mosquée, etc.) et vous pourrez donc oublier les pratiques individuelles et surtout familiales, très importantes dans la religion juive.

Qu'entend-on maintenant par fausses évidences ? Lazarsfeld (1949) a donné une série d'affirmations qui semblaient, pendant la Seconde Guerre mondiale, évidentes, par exemple : « Les soldats dotés d'un niveau d'instruction élevé présentent plus de symptômes psychonévrotiques que ceux à faible niveau d'instruction ». L'explication est facile à trouver : tout le monde sait que l'intellectuel a un système nerveux plus fragile. Or l'enquête que son équipe réalise auprès de soldats américains donne des résultats exactement opposés qui, une fois publiés, paraissent, eux aussi, évidents.

Reste la question, plus complexe, des découpages sociaux, que l'on peut également nommer catégories, classements, classifications, ou, terme utilisé par Bourdieu, « *taxinomies sociales* ». Il s'agit de la manière dont on découpe, dans une société donnée, la réalité sociale, des catégories que l'on établit par ces découpages et dans lesquelles on va classer des individus, des objets ou des phénomènes. Certaines de ces catégories servent de base, comme nous l'avons vu tout au long de la première partie, au dénombrement. On sépare ainsi la population en fonction du sexe (homme/femme), du cycle de vie (enfance/jeunesse/stade adulte/vieillesse), de l'habitat (rural/urbain), etc. Bourdieu a montré, dans un article célèbre, que « la jeunesse n'est qu'un mot » (1984) :

> « Le fait de parler des jeunes comme d'une unité sociale, d'un groupe constitué, doté d'intérêts communs, et de rapporter ses intérêts à un âge défini biologiquement, constitue déjà une manipulation évidente. Il faudrait au moins analyser les différences entre *les* jeunesses, ou, pour aller vite, entre les *deux* jeunesses. Par exemple, on pourrait comparer systématiquement les conditions d'existence, le marché du travail, le budget temps, etc., des "jeunes" qui sont déjà au travail, et des adolescents du même âge (biologique) qui sont étudiants [...]. Entre ces positions extrêmes, l'étudiant bourgeois et, à l'autre bout, le jeune ouvrier qui n'a même pas d'adolescence, on trouve aujourd'hui toutes les figures intermédiaires » (p. 145).

Même les découpages qui ont longtemps paru aussi incontestables que le sexe peuvent être, suivant les cas, mal choisis. Ainsi, les études de sociologie électorale des années 1960 indiquaient que les femmes s'abstenaient plus que les hommes. L'abstentionnisme féminin était ainsi devenu un thème très répandu dans les médias, donnant lieu à des explications du style : « Elles sont moins intéressées par la politique et la chose publique », certains discours extrémistes questionnant même l'utilité de leur avoir accordé le droit de vote (en 1945). On parlait donc *des* femmes, et de leur comportement politique. Des femmes, il semblerait qu'il ne puisse y avoir de doute sur la définition et pourtant… Une sociologue, et ce n'est pas étonnant que ce soit une femme, Madeleine Grawitz (1965), à qui ces différents discours posaient problème, décide d'analyser cette question et de décomposer la catégorie « femmes ». Elle s'aperçoit que :

- les femmes mariées votent à peu près autant que les hommes ;
- les célibataires actives s'abstiennent moins ;
- les célibataires inactives ont un taux d'abstention très fort, ce sont elles qui sont « responsables » du niveau élevé de l'abstentionnisme féminin.

Ce ne sont donc pas les catégories « hommes/femmes » (ou la variable « sexe ») qui expliquent l'abstentionnisme. Les hommes célibataires inactifs s'abstiennent d'ailleurs fortement, mais ils sont beaucoup moins nombreux que les femmes célibataires inactives, et font donc peu monter le pourcentage de la catégorie « hommes » dans son ensemble. Finalement, ce qui explique l'abstentionnisme serait plutôt le degré d'intégration sociale : intégration par la famille (marié/célibataire) et par le travail (actif/inactif).

Pour construire un savoir, il faut donc commencer par « rompre avec le sens commun », par réaliser une *rupture épistémologique*, ou rupture en matière de connaissance. En ce qui me concerne, plutôt que de parler de *rompre* avec le sens commun, je préfère dire qu'il faut *problématiser* les prénotions, c'est-à-dire les rendre problématiques, comme n'allant pas de soi. Dans l'exemple ci-dessus, la *connaissance du sens commun* est : « Les femmes ne sont pas intéressées par la politique et donc votent moins que les hommes » (ce qui est faux) ; la *démarche scientifique* consiste à interroger et à décortiquer la catégorie « sexe » afin de savoir si elle explique effectivement la réalité de l'abstentionnisme ; la *connaissance sociologique* ainsi construite est : « L'abstentionnisme est lié à une moindre intégration à la société, intégration qui se réalise essentiellement par la famille et le travail. » On retrouve alors la phrase célèbre d'un grand sociologue français, Marcel Mauss :

> « Une recherche sérieuse conduit souvent à réunir ce que le vulgaire sépare, ou au contraire à distinguer ce que le vulgaire confond. »
>
> (1998, p. 31, 1re éd. en 1901.)

On a ainsi réuni, en matière d'abstentionnisme, les hommes et femmes célibataires inactifs et diviser les catégories « hommes » et « femmes », pour produire deux nouveaux regroupements : les « intégrés » et les « peu intégrés ». Finalement, cette « lutte contre les prénotions » ne peut être considérée comme une étape, elle doit être mise en œuvre tout au long d'une réflexion, mais c'est tout de même à son début que la nécessité de vigilance est la plus forte.

• La définition provisoire

Toutes les recherches n'ont pas besoin de se donner une *définition provisoire*, certaines visent juste à questionner une définition existante ou un problème soulevé par la société, comme dans le cas précédent. Mais s'il s'agit d'étudier un phénomène particulier, il faut alors s'en donner une définition. Mauss, dans son travail sur la prière (1968, rédigé en 1909, chap. 4), en décrit bien les intérêts :

> « Si nous savons maintenant qu'il existe quelque part un système de faits appelés prières, nous n'en avons encore qu'une appréhension confuse : nous n'en connaissons pas l'étendue, ni les limites exactes. Il nous faudra donc, avant tout, transformer cette impression indécise et flottante en une notion distincte. C'est là l'objet de la définition [...]. Elle facilite la recherche parce qu'elle limite le champ de l'observation. En même temps elle rend méthodique la vérification des hypothèses. Grâce à elle, on échappe à l'arbitraire, on est obligé de considérer tous les faits de prière et de ne considérer qu'eux. La critique peut alors se faire d'après des règles précises. Pour discuter une proposition, il faut faire voir : ou que la définition était mauvaise et viciait toute la suite du raisonnement, ou qu'on a négligé tel fait qui rentrait dans la définition, ou bien enfin qu'on a fait entrer en ligne de compte des faits qui n'y rentraient pas. Au contraire, quand la nomenclature n'est pas arrêtée, l'auteur passe insensiblement d'un ordre de faits à l'autre, ou un même ordre de faits porte différents noms chez différents auteurs [...]. Une définition préalable nous épargnera ces déplorables flottements et ces interminables débats entre auteurs qui, sur le même sujet, ne parlent pas des mêmes choses » (p. 385-386).

Mais en quoi consiste cette définition provisoire ? Le mieux est encore de continuer avec Mauss :

> « Il s'agit exclusivement de délimiter l'objet de l'étude et par conséquent d'en marquer les contours. Ce qu'il faut trouver c'est quelques caractères

apparents, suffisamment sensibles qui permettent de reconnaître, presque à première vue, tout ce qui est prière. Mais d'un autre côté ces mêmes caractères doivent être objectifs. Il ne faut s'en fier ni à nos impressions ni à nos prénotions, ni à celle des milieux observés [...]. À cette condition, cette définition initiale sera déjà un premier gain pour la recherche [...]. Mais si, pour constituer cette notion, nous ne sommes aucunement liés par les idées courantes, nous ne devons pas leur faire inutilement violence. Il ne s'agit pas du tout d'employer dans un sens entièrement nouveau un mot dont tout le monde se sert, mais de mettre à la place de la conception usuelle, qui est confuse, une conception plus claire et plus distincte » (p. 386-401).

Alors comment la construit-on ? On peut retenir deux principes de base. Elle se construit, tout d'abord, à partir d'une revue des travaux réalisés sur le même thème, en y cherchant la définition du phénomène, et en critiquant (au sens premier du terme) ces travaux et les définitions avancées. Définir, d'autre part, c'est situer une notion par rapport à d'autres qui lui sont proches ou opposées : on définit une notion par ce qu'elle n'est pas.

Avant d'en étudier des exemples pratiques, évoquons quelques idées importantes. Une définition provisoire ne doit pas être trop aboutie, sinon on risque de ne trouver que ce que l'on a cherché. Elle doit donc pouvoir laisser émerger, au cours de la recherche, des éléments nouveaux. La démarche de constitution d'une définition provisoire peut être utilisée en « amont », soit au début de la recherche, mais également en « aval », pour des concepts explicatifs. Finalement, cette démarche est valable pour des recherches quantitatives mais également qualitatives ; la recherche de Mauss sur la prière fait d'ailleurs partie de ces dernières. Nous allons maintenant décortiquer la manière dont celui-ci y construit sa définition de la prière (p. 401-414), la schématisation « mathématique » est de mon fait.

Mauss constate que l'on place d'ordinaire la *prière* (A2) parmi les rites de la religion. Il s'agit donc de débuter par définir ce qu'est un *rite religieux* (A1), et avant tout un *rite* (A). Il va ainsi du sous-ensemble à l'ensemble, de l'espèce au genre. Il pose une première pierre : *les rites sont des actes* (A = *v*), puis se demande : quelle espèce d'actes ? Il différencie alors les actes traditionnels (accomplis suivant une forme adoptée par la collectivité ou par une autorité reconnue) des actes personnels (non répetés, et soumis à aucune réglementation). Les rites font partie des premiers. Il ajoute un élément à la définition : les rites sont des actes *traditionnels* (A = $v + w$). Il se demande ensuite si tous les actes traditionnels sont des rites, autrement dit si la définition est suffisante. Il s'avère que non ; Mauss développe les exemples de la politesse et de la morale, et cherche ce qui les différencie des rites : ces actes ne sont pas efficaces en eux-mêmes même s'ils peuvent l'être, alors qu'un rite a une véritable efficacité matérielle (grâce aux rites agraires les plantes poussent). Mauss ajoute un élément à la définition précédente : les rites sont des actes traditionnels *efficaces* (A = $v + w + x$). Cette définition est-elle suffisante ? Non, car l'on peut trouver des actes traditionnels efficaces qui ne soient pas des rites, par exemple les techniques industrielles ; c'est en considérant non pas l'efficacité en elle-même mais la manière dont cette efficacité est conçue que l'on peut les distinguer : le rite fait, il se suffit à lui-même, il possède une efficacité *sui generis*. C'est une action traditionnelle efficace *en elle-même*, et cette définition semble suffire (A = $v + w + x + y$).

Nous nous trouvons donc avec une définition du rite, mais le rite religieux a-t-il une spécificité, ou tout rite est-il religieux ? Non, tout rite n'est pas religieux, il existe d'autres types de rites : les rites magiques. Les rites religieux produisent leurs effets par l'intervention de certaines puissances existant en dehors du rite, les puissances sacrées ou religieuses ; ils possèdent ainsi une caractéristique de plus que les rites magiques : ils sont efficaces à la fois par eux-mêmes et par l'intermédiaire des êtres religieux auxquels ils s'adressent. Les rites religieux sont ainsi des actes traditionnels efficaces (en eux-mêmes) *qui portent sur des choses dites sacrées* (A1 = A + z = $v + w + x + y + z$).

Nous pouvons maintenant travailler la définition de la prière (A2). Commençons par vérifier que les faits de prière présentent bien tous les caractères du rite religieux tel qu'il vient d'être défini. La prière est bien un acte (v), traditionnel (w), efficace (x) en lui-même (y), qui s'adresse à des forces religieuses (z) ; c'est d'ailleurs cette dernière caractéristique qui la différencie de l'incantation qui est un rite magique (comme un sort, par exemple). Nous parlerons donc de prière quand « nous serons en présence d'un texte qui mentionne expressément une puissance religieuse » ou, à défaut, « si le lieu, les circonstances, l'agent du rite ont un caractère religieux, c'est-à-dire s'il est accompli dans un lieu sacré, au cours d'une cérémonie religieuse ou par une personnalité religieuse » (p. 410). Mauss reconnaît qu'il existe toutes sortes de degrés entre rites magiques et rites religieux, entre incantation et prière ; et l'on peut prévoir qu'il sera impossible de les séparer radicalement au cours de l'étude. Il n'en est « pas moins nécessaire de les distinguer par un signe objectif, car c'est à cette condition qu'il nous sera possible de marquer la place respective de l'incantation et de la prière, tout en déterminant les liens qui les unissent » (p. 412). La prière est donc un rite religieux. Parmi ces derniers, certains sont manuels (gestes, déplacements d'objets), d'autres sont oraux. La prière est un rite religieux *oral* (A2 = A1 + *b*). Mais tous les rites religieux oraux sont-ils des prières ? Non, il existe par exemple le serment, la bénédiction, le vœu, etc. Ces différents rites font passer une parole, une personne ou une chose dans la sphère du sacré, tandis que la prière est *avant tout un moyen d'agir sur les êtres sacrés*, c'est eux qu'elle influence.

> « Toutefois la différence entre la prière et les autres rites religieux oraux n'est point tellement tranchée qu'on puisse dire avec précision où l'une commence et où les autres finissent [...]. Mais il importait de marquer cette distinction pour prévenir les confusions possibles. Nous arrivons donc finalement à la définition suivante : *la prière est un rite religieux, oral, portant directement sur les choses sacrées* » (p. 414).

Autrement dit, A2 = A1 + *b* + *c*, Mauss a ajouté au « rite religieux » les qualités d'oralité et de portant *directement* sur les choses sacrées.

Une fois ces faits définis, Mauss cherchera à les retrouver dans des documents historiques ou ethnographiques, et à les observer. Son objectif est ensuite de les expliquer, de rechercher les rapports qui unissent les faits de prières les uns aux autres, et aux autres faits qui les conditionnent, car « il existe entre une prière donnée, une société et une religion données, un lien nécessaire » (p. 397).

Vous pouvez maintenant relire ce que nous disait Mauss de manière générale de la définition provisoire. Certains points devraient vous apparaître plus clairement, en particulier les intérêts d'une telle démarche, en quoi consistent les « caractères apparents, objectifs » à partir desquels on élabore une définition, et en quoi la définition provisoire constitue un premier travail et un premier résultat. Mauss est un auteur particulièrement intéressant en matière de méthode, car il déroule sa pensée pour le lecteur, posant pierre après pierre et vérifiant systématiquement la solidité de chacune et du passage de l'une à l'autre. Il met en œuvre très clairement les règles de la méthode sociologique énoncées par Durkheim, mais sur des thèmes souvent plus motivants et plus exotiques ; alors que Durkheim a été si souvent rabâché aux étudiants qu'il en est malheureusement devenu, pour beaucoup, indigeste. On peut, pour pratiquer cette démarche d'élaboration de la définition provisoire, lire, par exemple, l'analyse des faits sociaux (1998, 1re éd. en 1901) et les travaux sur la magie (1983, 1re publication : 1902) de Mauss.

• Quelques exemples

Pour mieux appréhender ce que sont les prénotions et le travail de définition, il nous semble utile de présenter quelques exemples. Nous avons choisi deux recherches sur les violences : l'une qualitative sur la violence à l'école (Ramognino *et al.*, 1997), l'autre quantitative sur les violences envers les femmes (Jaspard *et al.*, 2001 et 2002). Chacune d'elles a été commandée à des sociologues et/ou démographes par des organismes gouvernementaux, ministères de l'Éducation nationale et de l'Intérieur dans le premier cas, secrétariat d'État aux Droits des femmes dans le second.

Violence scolaire

La « violence à l'école » est une notion confuse que l'équipe de chercheurs va devoir éclaircir. Leur premier travail va consister à analyser les prénotions sur la question, et les risques ou enjeux qu'elles comportent. La violence scolaire étant devenue un thème médiatique, c'est la lecture et l'analyse d'articles de journaux qui vont permettre de faire émerger ces prénotions. Quatre grands types de prénotions sont relevés :

- faire de la violence scolaire un phénomène nouveau, alors que la lecture de romans tels que *La Guerre des boutons* suffit à nous en montrer la permanence. Ceci étant, il y a peut-être des formes nouvelles de violence ;
- faire de la violence la caractéristique de certains sujets (enfants violents) du fait de caractères psychologiques ou de handicaps sociaux, le risque est alors de naturaliser la violence (caractéristique naturelle de certains enfants), d'en faire une substance (approche substantialiste) et de stigmatiser des groupes sociaux ou des quartiers. Cela conduirait d'autre part le chercheur à l'expliquer par des causes extra-scolaires et donc à ôter toute responsabilité à l'école

quant à ces phénomènes, et à ne pas étudier les phénomènes de violence en situation, c'est-à-dire à ne pas regarder comment ces phénomènes peuvent émerger ;

- considérer la violence comme étant ce qui est vécu comme violent par les acteurs, le risque est de relativiser la violence et de nier la réalité des phénomènes, cela peut conduire à dénigrer le vécu des individus ;
- faire de la violence une contre-culture, le risque est alors de la rendre légitime.

Les chercheurs questionnent ces prénotions pour tenter de donner à la violence une réalité objective, et identifier où, quand, et comment elle émerge dans l'école.

Le travail de définition continue en comparant et délimitant les phénomènes de violence par rapport à des phénomènes proches, tels ceux de conflits, agressivité, force et exercice de la force, contrainte. Ainsi :

- le conflit n'est pas violence ; il fait partie du fonctionnement normal d'une société. Les acteurs sociaux peuvent être en conflit sans que pour autant ils soient violents les uns à l'égard des autres. À la base de la violence, il y a des conflits, mais ces conflits peuvent, s'ils sont négociés, ne pas devenir violence ;
- l'agressivité n'est pas violence ; elle est une qualité des acteurs sociaux qui leur permet d'être combatifs quant à leurs activités : l'agressivité peut s'accompagner d'agression mais cela n'est pas nécessaire ;
- de la même façon, on ne peut confondre force et violence. La confusion est fréquente entre l'usage de la violence et l'exercice de la force, mais on peut user de force (et même de force physique) pour arrêter un geste violent, on n'en est pas nécessairement violent pour autant ;
- la contrainte n'est pas non plus violence, dans la mesure où toute la vie sociale repose sur des contraintes.

Il est important d'éviter ces confusions et les glissements qu'elles engendrent constamment dans les débats. Sans quoi, toute action humaine serait violence, puisque toute action appelle la combativité des acteurs, construit des compétences qui sont autant de forces en jeu, et va jouer comme élément contraignant de l'action de l'autre. Ces confusions sont justement à la base de l'idéologie de la violence. Ces nuances semblent fondamentales, mais elles sont en même temps ténues parce que le passage de l'agressivité à l'agression, ou de l'exercice de la contrainte aux violences institutionnelles est courant dans l'histoire des sociétés humaines. Les distinguer permet d'analyser ces passages et, peut-être, de donner des clefs aux acteurs sociaux pour les éviter.

La lecture critique de travaux d'historiens et d'anthropologues sur le thème « violence et société » permet parallèlement d'affiner la définition, en faisant émerger des éléments importants ou en mettant à jour l'empreinte des prénotions dans ces travaux (approches substantialistes ou relativistes, idéologie de la violence). Les chercheurs posent alors leur définition de la violence : elle est une compétence, au sens d'activité, et non pas une réaction ou expression de quelque chose, compétence qui peut permettre de gérer son rapport aux autres, mais il s'agit de la compétence la plus élémentaire qui se développe au détriment d'autres compétences, par exemple démocratiques et sociales. La violence met généralement fin à une activité sociale ; pour aller plus loin, il faut que la définition soit appliquée au domaine d'activité dans lequel la violence émerge, ici l'école.

Rappelons rapidement les analyses développées par Bourdieu et Passeron (1970) déjà évoquées au chapitre 2. Ces sociologues ont mis en lumière le fait que les inégalités sociales de réussite scolaire résultaient des inégalités de répartition et de transmission du capital culturel. L'école reproduit les inégalités sociales devant la culture en se montrant indifférente à ces différences. Mais elle fait plus que cela : elle les légitime en ne les reconnaissant pas comme des inégalités de capital culturel, mais en les expliquant comme des inégalités de dons et de mérites individuels. En hiérarchisant ainsi les élèves et en en dévalorisant certains à leurs propres yeux et à ceux de leur entourage, elle exerce vis-à-vis des enfants de classes défavorisées une « violence symbolique » qui ne se voit guère (mais se ressent) et qui ne se dit pas. Or les prénotions sur la violence scolaire dissocient la violence *à* l'école de la violence *de* l'école, et l'on peut se demander si ce choix est légitime. Il faudra, pour en décider, définir l'école et ses obligations. Différentes lectures amènent les chercheurs à définir son rôle de la manière suivante : transmettre des savoirs et augmenter la cohésion sociale par l'apprentissage d'une culture commune et du vivre-ensemble. La définition de la violence scolaire peut alors se construire comme « une activité qui met fin à toute autre activité liée aux objectifs de l'école ».

Cette définition est très large afin de ne pas réduire *a priori.* Elle permet de discerner si ce qui est dit violent par les acteurs l'est vraiment ou est une rébellion contre l'arbitraire ; dans ce dernier cas, il n'est pas question de légitimer la rébellion violente, mais plutôt de travailler en amont sur l'acte de violence qui l'a déclenchée. Elle permet également de voir s'il existe d'autres phénomènes de violence non perçus et non nommés comme tels par les acteurs. Elle peut ainsi rassembler des faits que le sens commun sépare : l'exclusion d'un élève de la classe ou du collège est une violence telle que définie ci-dessus, puisqu'elle l'empêche d'apprendre.

Violences envers les femmes

La IVe « Conférence mondiale sur les femmes », organisée par les Nations unies et tenue à Pékin en 1995, recommandait aux gouvernements de produire des statistiques précises sur les violences faites aux femmes. La France reconnaissait, en ce qui la concerne, l'absence de données statistiques fiables, rendant difficile l'élaboration de politiques adaptées. Les données dont on disposait provenaient des statistiques policières (nombre de plaintes et mains courantes), judiciaires (nombre de condamnations), des médecins pour les cas relativement graves, et d'associations (coups de téléphone reçus, aides juridiques…) mais qui recensent seulement les femmes qui prennent contact avec elles. Les données étaient donc partielles, il est décidé de réaliser en 2000 une grande enquête nationale (ENVEFF : Enquête nationale sur les violences envers les femmes en France) auprès d'un échantillon représentatif d'environ 7 000 femmes de 20 à 59 ans résidant en métropole et vivant hors institutions. L'objectif était d'apporter une connaissance minimale du phénomène, d'en prendre la mesure, en fournissant à partir de l'échantillon une estimation sur la population globale ; il s'agissait d'une sorte d'enquête de victimation. L'enquête sera ensuite réalisée à la Réunion, en Nouvelle-Calédonie et en Polynésie française.

L'équipe de recherche commence son travail en cherchant à définir le phénomène. Or quand on pense « violences envers les femmes », on pense généralement (prénotions) aux « femmes battues » et aux violences sexuelles, ce qui est largement restrictif, et de manière générale aux violences faites par des hommes sur les femmes. Les chercheurs différencient le conflit (mode relationnel susceptible d'entraîner des changements) de la violence (toujours destructrice). Suite à leurs lectures et réflexions, ils décident d'adopter la définition de l'ONU :

> « Est acte violent envers les femmes, tout acte, omission ou conduite servant à infliger des souffrances physiques, sexuelles ou mentales directement ou indirectement au moyen de tromperies, de séductions, de menaces, de contraintes, ou de tout autre moyen, à toute femme et ayant pour but et pour effet de l'intimider, de la punir, de l'humilier, de la maintenir dans des rôles stéréotypés liés à son sexe, de lui refuser sa dignité humaine, son autonomie sexuelle, son intégrité physique, mentale et morale ou d'ébranler sa sécurité personnelle, son amour-propre ou sa personnalité, ou de diminuer ses capacités physiques ou intellectuelles. »

Cette définition est très large, même si elle se limite aux violences interpersonnelles. On peut la résumer de la manière suivante : est violence toute atteinte à l'intégrité physique et psychique de la personne. L'enquête prend en compte l'ensemble des violences envers les femmes adultes, quel qu'en soit l'auteur. Les chercheurs retiennent quatre dimensions : les violences physiques, sexuelles, verbales et psychologiques ; et pour chacune d'elles, définissent les éléments qui la constituent et qui joueront comme autant d'indicateurs :

- violences physiques : gifles, coups, menaces avec armes, empêcher quelqu'un de sortir ou d'entrer, enfermer ;
- violences sexuelles : imposer des attouchements, pratiques ou rapports sexuels non désirés ;
- violences verbales : insultes, injures, chantage affectif (s'en prendre aux enfants, menacer de se suicider, etc.) ;
- violences psychologiques : imposer des comportements, contrôler les sorties et les relations, mépriser, dévaloriser, mettre à l'écart, refuser de parler, empêcher d'avoir accès à l'argent du ménage pour les besoins quotidiens.

L'équipe de recherche étudie l'émergence de chacune de ces dimensions dans les différentes sphères de la vie personnelle : lieux publics, monde du travail ou de la formation, services aux usagers (médecins, plombiers, etc.), espace du couple, sphère familiale et réseaux amicaux, chacune de ces sphères constituant une partie du questionnaire. Dans ce dernier, la violence n'est jamais nommée ; les questions portent sur des faits vécus au cours des douze derniers mois et sur leur fréquence. Ce sont les chercheurs qui reconstruisent, à partir des réponses, le degré de violence auquel la femme interviewée est confrontée dans les différents domaines de sa vie. Notons que le choix « d'une approche de la violence uniquement comme expression directe des interactions entre personnes a pour conséquence d'écarter de l'analyse les dimensions organisationnelles et institutionnelles des contraintes éventuellement violentes au travail » (Jaspard *et al.*, 2002, p. 126).

Extrait du questionnaire : les pressions psychologiques dans le couple

Au cours des douze derniers mois, est-ce que votre conjoint ou ami(e) :
Jamais/rarement/quelquefois/souvent/systématiquement

1. vous a empêchée de parler avec des amis ou membres de votre famille ?
2. vous a empêchée de parler à d'autres hommes ?
3. a dévalorisé ce que vous faisiez ?
4. a fait des remarques désagréables sur votre apparence physique ?
5. vous a imposé des façons de vous habiller, de vous coiffer, de vous comporter en public ?
6. n'a pas tenu compte ou a méprisé vos opinions, a prétendu vous expliquer ce que vous deviez penser ?
   a) dans l'intimité ?
   b) devant d'autres personnes ?
7. a exigé de savoir avec qui et où vous étiez ?
8. a cessé de vous parler ?
9. vous a empêchée d'avoir accès à l'argent du ménage pour les besoins courants ?

« Les agressions physiques et sexuelles peuvent être considérées, dès leur première apparition, comme une atteinte à l'intégrité de la personne. Pour d'autres agressions, comme les insultes, le dénigrement, le mépris et les autres pressions psychologiques, c'est la répétition des faits, apparemment anodins quand ils sont pris isolément, qui finit par engendrer une situation d'emprise sur la personne. C'est pourquoi il faut recourir à des indices combinant le nombre, la nature des faits cités et leur fréquence pour obtenir une mesure graduée des violences » (Jaspard, 2001, p. 1.)

Les chercheurs vont ainsi construire des indices, pour certains déclinables dans chaque sphère, tels que l'indice global de harcèlement moral (dans l'espace public, au travail, au sein du couple, etc.) correspondant aux violences verbales et psychologiques, ou l'indice global de harcèlement sexuel. Le premier retient les femmes qui ont subi plus de trois faits constitutifs des pressions psychologiques dont l'un au moins de manière fréquente, et nous indique le pourcentage de celles qui en sont victimes (7.7 % au sein du couple, 3.9 % au travail, etc.). Le second montre qu'environ 2 % de femmes sont concernées chaque année, mais l'auteur du harcèlement sexuel n'est un supérieur hiérarchique que dans un cas sur cinq. Le phénomène dépasse donc largement sa définition légale (découpage social) comme abus d'autorité.

On voit bien, à travers cet exemple, combien la définition de départ engage la recherche. En effet, la violence aurait simplement été définie comme violence physique (dans le couple) et sexuelle, les questions posées auraient porté sur ces deux dimensions, et l'on n'aurait trouvé que de la violence physique (dans le couple) et sexuelle. Ce qui n'est pas un problème si c'est clairement explicité, on a ainsi une carte que l'on pourrait compléter par d'autres. En revanche, on ne pourrait pas, en conclusion d'une telle étude, énoncer la phrase suivante : « Les violences envers les femmes sont essentiellement des violences physiques au sein du couple et des violences sexuelles ; les statistiques montrent que *x* % des femmes sont… » Le problème est le même pour le harcèlement sexuel, si les chercheurs s'en étaient tenus à la définition légale. Inversement, on ne trouvera rien dans cette étude sur les violences institutionnelles faites aux femmes, mais l'ouvrage le dit clairement, montrant ainsi les limites de la carte produite.

Quinze ans après l'enquête ENVEFF, en 2015, une nouvelle enquête dénommée VIRAGE (VIolences et RApports de Genre : contextes et conséquences des violences subies par les femmes et par les hommes) est venue actualiser et approfondir la connaissance des violences faites aux femmes en permettant de les comparer à celles faites aux hommes. Un questionnaire est passé auprès de plus de 27 000 personnes (plus de 15 000 femmes et près de 12 000 hommes) âgées de 20 à 69 ans résidant sur le territoire métropolitain (la passation dans les départements et régions d'outre-mer était prévue mais ne semble pas avoir été réalisée pour l'instant). On peut se reporter au site de l'Ined dédié à l'enquête : https://virage.site.ined.fr/fr/

Finalement, les exemples de la prière, de la violence scolaire et des violences envers les femmes, trois recherches aux démarches rigoureuses, nous montrent qu'il n'existe pas de méthode unique en matière d'élaboration d'une définition provisoire, même s'il existe des principes et des modes de construction généraux. Un des outils particulièrement utiles, mais pas spécialement développés dans les exemples ci-dessus, est la pré-enquête par entretiens. Elle consiste à conduire des entretiens approfondis de type exploratoire pendant lesquels la personne interviewée parle librement du thème qui lui est proposé. L'aller-retour entre lectures, réflexions et analyses de ces entretiens peut être particulièrement fructueux pour l'élaboration d'une définition.

Nos deux exemples sur la violence nous montrent finalement que les choix à la base des définitions ne sont pas toujours exempts de partis pris éthiques : volonté de ne pas déresponsabiliser l'école, de ne pas stigmatiser des enfants ou des groupes sociaux, de ne pas légitimer l'usage de la violence, de concevoir les compétences démocratiques comme supérieures aux compétences de violence dans le premier cas ; considérer la violence comme toujours négative dans le second. Nous pouvons tous tomber d'accord sur ces principes, d'autant qu'ils sont explicités, il n'empêche que ce sont des principes qui ne sont pas valables en tous lieux et ne l'ont pas été en tout temps.

Construire ses données. L'exemple de la religiosité

La définition élaborée, il va falloir l'alimenter par des données. On peut les construire soi-même en réalisant une enquête, on peut également chercher des données produites par d'autres, le plus souvent de grandes institutions statistiques telles que l'Insee ou l'Ined, on parle alors d'analyse secondaire. Quand les données envisagées sont quantitatives, et ce sont celles qui nous intéressent dans cet ouvrage, on a intérêt à adopter, dans la construction même de la définition, la démarche proposée par Lazarsfeld en termes de « concept-dimensions-indicateurs ». C'est ce que font les trois recherches que nous allons présenter maintenant. Nous ne présenterons toutefois que la définition qu'elles mettent en œuvre : si le lecteur est intéressé par les résultats produits, nous le renvoyons, comme pour les exemples précédents sur les violences, à la lecture des ouvrages ou articles tirés de ces travaux. Finalement, l'objectif de cette partie n'est pas l'apprentissage complet de la démarche d'élaboration d'une enquête par questionnaires, d'autres ouvrages traitent de manière approfondie des différentes questions que ce type de travail soulève.

La religiosité vue par Glock : les États-Unis des années 1960

Charles Glock (1965) a travaillé avec Lazarsfeld, et a tenté de mettre en œuvre sa démarche à propos de l'objet religieux. Il prend, comme point de départ, les différentes analyses de l'évolution de la situation religieuse américaine de l'après-Seconde Guerre mondiale au début des années 1960. La majorité des observateurs notent un important réveil de la religion américaine depuis la guerre, d'autres analysent cet intérêt croissant pour la religion non pas comme un réveil mais comme la continuation d'un courant ascensionnel de long terme, d'autres encore parlent de recul global de la religion, pour d'autres finalement le caractère le plus remarquable de la religion américaine est sa stabilité. Ces jugements apparaissent contradictoires, alors comment y voir clair ? La source du désaccord est peut-être dans des définitions différentes de la religion. Glock cherche alors à construire une définition de la religion qui soit la plus exhaustive possible et qui puisse servir de grille d'analyse des différents travaux.

Il propose, sans grande explication, « de considérer l'objet religieux comme un concept à quatre dimensions, que nous appellerons dimension expérientielle, dimension ritualiste, dimension idéologique, et dimension conséquentielle » (1965, p. 51). Tous les sentiments, toutes les perceptions et toutes les sensations expérimentées par un sujet et impliquant une communication avec une essence divine font partie de la dimension expérientielle. La dimension ritualiste comprend les actes que les gens accomplissent dans le domaine religieux, les activités généralement classées dans la pratique religieuse. La dimension idéologique est constituée des croyances et des représentations sur la nature de la réalité divine. Enfin, la dimension conséquentielle concerne ce que font les gens, ainsi que les attitudes qu'ils adoptent, par suite de leurs croyances, de leurs pratiques et de leurs expériences religieuses. Cette dimension diffère des trois premières par sa nature même : elle « sort » du religieux ou, plutôt, elle relie le religieux aux autres domaines de la vie. Glock propose « que ces dimensions soient adoptées comme cadres principaux de référence pour évaluer la religion ou l'objet religieux » (p. 51-52). Ces dimensions ne sont pas indépendantes les unes des autres mais sont reliées entre elles. Il ajoutera, dans des travaux ultérieurs, une cinquième dimension : la dimension intellectuelle, constituée des connaissances des dogmes qui sous-tendent la foi. Cette définition peut être schématisée par la figure 5.1.

Figure 5.1 La religiosité selon Glock

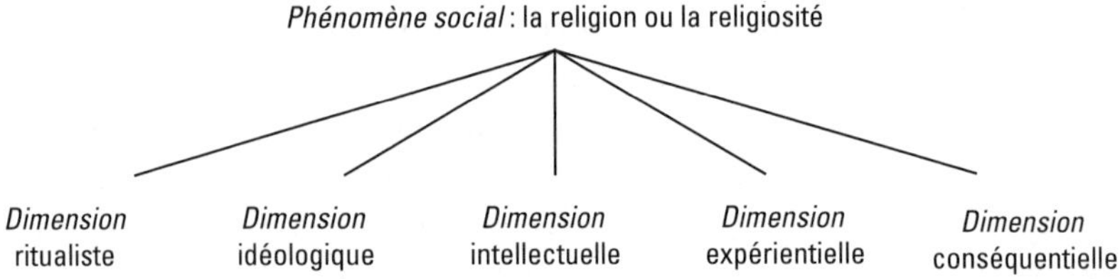

La dimension ritualiste est la plus facile à observer, les indicateurs possibles sont nombreux. Les dimensions idéologique et intellectuelle sont plus difficiles à observer, mais tout de même moins que la dimension expérientielle, et encore moins que la dimension conséquentielle, pour laquelle il faut arriver à distinguer dans quelle mesure les actions ou les attitudes sont motivées religieusement. Cette définition de la religion, bâtie à partir du protestantisme (religion dominante aux États-Unis), va servir de base à de nombreux travaux ultérieurs. Nous étudierons, dans la dernière partie de ce chapitre, comment elle permet à Glock de s'y retrouver dans les différentes analyses de l'évolution de la vie religieuse aux États-Unis.

Être catholique en France dans les années 1980

Guy Michelat (1990) prend cette définition de Glock comme point de départ, et va la transformer. Il part du constat qu'en 1986 si l'on demande aux Français : « Pouvez-vous me dire quelle est votre religion ? », 81 % répondent catholique, 15 % sans religion, l'ensemble des « autres religions » représentant 3 % de la population (en 1994, les pourcentages étaient respectivement les suivants : 67 %, 23 % et 5 % auxquels s'ajoutent 5 % de non-réponse ; en 2007 : 56 %, 31 % et 8 %, avec également 5 % de non-réponse). 81 % donc en 1986, c'est beaucoup, c'est même si important que l'on peut se demander ce que cela signifie pour les personnes concernées. Michelat et son équipe vont donc construire une enquête pour tenter de mesurer le degré d'appartenance au groupe catholique.

Pendant longtemps, on mesurait ce degré d'appartenance par des indicateurs de pratique religieuse, en particulier l'assistance à la messe du dimanche. Cet indicateur avait un sens certain dans une France rurale où chacun pratiquait dans sa paroisse, dans un temps où l'Église imposait l'assistance à la messe dominicale et la communion pascale sous peine de sanctions spirituelles graves. Considérer que l'on peut identifier la religion par l'assistance à la messe correspond à une certaine époque et est valable dans ce cadre, en même temps qu'il s'agit d'une manière de concevoir la religion influencée et marquée par cette époque.

Mais la société a évolué : l'emprise de l'Église sur le peuple catholique s'est affaiblie tout comme l'intégration des personnes à la paroisse, l'on reconnaît de plus en plus à l'individu le droit de choisir librement la forme que prennent ses engagements. Dans une société où les grandes institutions déclinent et où l'individualisme se développe, l'indicateur d'assistance à la messe pourrait bien ne plus être si pertinent. Dans ce cadre, Michelat se demande s'il n'y a pas, à la fin des années 1980, plusieurs façons d'être catholique. Notons, au passage, qu'il est possible de se poser cette question à ce moment-là ; elle était impensable avant les années 1960 quand il n'existait qu'une conception dominante de la religiosité, elle avait d'autre part peu de sens, les individus se conformant généralement à cette conception dominante. La réponse à cette question passe par une définition de la religion à plusieurs dimensions.

L'équipe de Michelat élabore un questionnaire qu'elle fait passer auprès d'un échantillon de 1 530 personnes représentatif de la population française de plus de 18 ans. Elle cite les travaux de Glock mais retient cinq dimensions différentes ; elle construit pour chacune d'elles une échelle et calcule les notes de chaque individu (nombre de réponses positives aux questions posées) entre 0 et 4, du moins au plus pratiquant, croyant, etc. Les dimensions et échelles retenues sont les suivantes :

- l'échelle des pratiques, mesurée par une série d'indicateurs : nombre de communions par an, fréquence d'assistance à la messe, fréquence de la prière, importance du mariage religieux, du baptême, etc. qui donnent lieu à autant de questions. Cette échelle est très proche de la dimension ritualiste de Glock ;

- l'échelle des croyances, constituée des croyances religieuses fondamentales (croyance en l'existence de Dieu et en un Au-delà) et d'un ensemble de croyances significatives du catholicisme (croyance en l'Enfer, au Diable, au Purgatoire, en la résurrection du Christ, etc.). Cette échelle correspond à la dimension idéologique de Glock ;
- l'échelle d'attitude à l'égard de l'institution catholique comprend l'opinion globale envers le pape et l'Église, et le poids de leurs positions dans les décisions personnelles. « Glock ne mentionne pas une dimension que nous appellerions institutionnelle. Or l'attitude à l'égard du système hiérarchisé que constituent l'Église et le souverain pontife apparaît comme très importante dans le catholicisme, alors qu'il n'y a pas d'équivalent dans le protestantisme » (Michelat, p. 377) ;
- l'échelle d'activités religieuses, constituée à partir de comportements religieux volontaires : participation à une réunion d'action catholique, à des groupes de prières, lecture de livres ou revues d'inspiration religieuse, etc. Cette échelle rejoint en partie la dimension ritualiste de Glock, la distinction entre ce qui est prescrit par l'Église et ce qui est de l'ordre du volontariat structurant probablement plus le catholicisme que le protestantisme ;
- l'échelle d'acceptation de l'hétérodoxie mesure l'acceptation des principes auxquels s'oppose la doctrine officielle de l'Église (avortement, relations sexuelles avant le mariage, etc.) Elle rejoint légèrement la dimension conséquentielle de Glock en ne se basant que sur des opinions et non pas sur ce que les gens font.

Michelat n'a donc pas retenu les dimensions intellectuelle et expérientielle (considérant qu'elle traverse plus ou moins toutes les pratiques et croyances, et leur est indissociable).

Être musulman au Maroc dans les années 2000

> « Depuis quelques décennies, les études sur le fondamentalisme, l'islam politique, l'islam radical, etc., foisonnent. On s'intéresse essentiellement au "retour", au "réveil" de la religion, à la réislamisation de la société, aux aspects "pathologiques" de l'islam, à la violence, au jihad, etc. » (El Ayadi *et al.*, 2007, p. 33.)

D'où la volonté de trois chercheurs marocains (El Ayadi, Rachik et Tozy) de s'intéresser à un parent pauvre des études sur la religion : l'islam ordinaire. Ils vont, pour ce faire, construire un questionnaire, passé auprès d'un échantillon de 1 156 personnes représentatif de la population marocaine de plus de 18 ans. Ils retiennent quatre dimensions de Glock :

- les *rites* ou dimension ritualiste. La prière (cinq prières quotidiennes obligatoires) et le jeûne sont les piliers de l'islam : « Il est évident que plus un indicateur renvoie à une pratique religieuse centrale et complexe, plus nous serons astreints à l'analyser en plusieurs aspects impliquant à leur tour des sortes de sous-indicateurs » (p. 34-35). Une dizaine de questions portent ainsi sur la prière (prières obligatoires, prières facultatives, lieu de prière : domicile, en individuel/collectif, ou mosquée, posture adoptée…), d'autres questions portent sur les fêtes religieuses, sur la pratique des jeûnes, du pèlerinage, du port du voile, etc. ;
- les *croyances* correspondent à la dimension idéologique de Glock : « La croyance en Dieu, question qui est posée dans des enquêtes similaires en Occident pour mesurer le degré de religiosité d'un pays, est presque inconcevable dans un pays comme le Maroc » (p. 36), elle ne sera donc pas posée mais d'autres le seront ;
- les *connaissances* constituent la dimension intellectuelle, il s'agit de citer les quatre rites, les quatre premiers califes, etc. ;
- l'*expérience religieuse* correspond à la dimension expérientielle.

L'équipe de chercheurs ne retient pas la dimension conséquentielle ; elle pense qu'« il est indispensable de prendre en compte les effets des croyances religieuses sur l'activité et les relations sociales quotidiennes des gens, mais suppose qu'il n'est pas nécessaire de prendre ces effets comme une dimension du concept de religion. Le faire rendrait les contours de celui-ci très vagues » (p. 39). On étudiera donc la portée du religieux, non pas comme une dimension, « mais comme un aspect d'un processus social révélateur de l'extension du religieux ou de son recul » (p. 39), en interrogeant par exemple sur la réalisation de prêts bancaires et la propriété de comptes rémunérés car l'intérêt est, dans l'islam, *harâm* (notion proche de celle de « tabou »).

On voit bien, à travers ces trois exemples, qu'une carte est « localisée » : on n'utilise pas la même pour étudier des religions différentes, telles que le protestantisme, le catholicisme ou l'islam. C'est le cas au niveau des dimensions du concept de religiosité (pertinence d'une dimension institutionnelle…), c'est encore plus le cas au niveau des indicateurs : « Le choix de [ces] indicateurs […] est fonction de la religion étudiée et de la manière dont elle est vécue et perçue » (El Ayadi *et al.*, p. 34) ; ainsi la question de savoir, comme le font de nombreuses enquêtes internationales, si une personne prie une fois par semaine, une fois par mois ou une fois par an, n'a pas de sens dans la religion musulmane qui rend cinq prières quotidiennes obligatoires. Le choix des indicateurs de religiosité dépend également du contexte de la religion étudiée, de ce qu'il est possible de dire : ainsi pas de question sur l'existence de Dieu dans l'enquête sur l'islam marocain, pas de question non plus sur la pratique du Ramadan, car ceux qui ne le font pas peuvent se cacher même de leurs enfants ou de leurs parents. Ces différentes raisons expliquent la nécessité pour un chercheur de bien connaître la religion (ou le territoire) qu'il va étudier, sous peine d'appliquer inconsidérément la carte avec laquelle il a grandi, autrement dit ses propres prénotions.

Une grille d'analyse

Finalement, et ce n'est pas le moindre de ses intérêts, le schéma de pensée « concept-dimensions-indicateurs » peut servir de grille d'analyse de travaux qui portent sur le même phénomène social mais aboutissent à des conclusions divergentes. Nous commencerons par développer la réflexion de Glock sur la situation de la religion aux États-Unis. Nous nous entraînerons à cette démarche par l'analyse de controverses sur l'évolution des inégalités sociales en France des années 1980 au milieu des années 2000. Nous terminerons par un exercice invitant à l'analyse de trois textes portant sur l'intégration des populations immigrées en France.

Évolution de la situation religieuse aux États-Unis

Glock envisage, rappelons-le, que les sources du désaccord sur l'évolution de la situation religieuse aux États-Unis de l'après-Seconde Guerre mondiale aux années 1960 se trouvent :

- dans la définition de la religion et dans les dimensions prises en compte ;

- dans les indicateurs adoptés ;
- dans les données utilisées.

Ce sont ces trois aspects qu'il va examiner pour chacun des travaux, nous ne reprenons ici que l'analyse de ceux concluant à un réveil ou à un recul. « Cela ne nous permettra probablement pas d'atteindre des conclusions indiscutables [...]. Mais nous pouvons espérer dissiper la confusion actuelle et peut-être même ouvrir quelques perspectives nouvelles à l'analyse du caractère religieux des grands groupes » (Glock, 1965, p. 57). Il est à noter que, le plus souvent, la définition et les dimensions prises en compte sont implicites, elles sont sous-entendues dans les indicateurs utilisés, il faut donc les mettre à jour et les reconstruire à partir d'eux.

Examinons, tout d'abord, les travaux qui concluent à un accroissement important de la vie religieuse. Ils fondent leur analyse sur les indicateurs suivants, tous connaissant apparemment une augmentation :
- le pourcentage d'Américains membres d'une Église ;
- le pourcentage de pratiquants pour un dimanche donné ;
- les investissements dans les constructions ecclésiastiques ;
- les contributions financières à des institutions religieuses ;
- le pourcentage d'Américains croyant en Dieu ;
- le degré d'intérêt montré pour la musique et les livres religieux.

Les quatre premiers indicateurs peuvent être facilement considérés comme correspondant à la dimension ritualiste, c'est donc à cette dernière que ces travaux accordent le plus grand poids. Le cinquième indicateur concerne la dimension idéologique, ainsi légèrement prise en compte dans ces études. Il est plus difficile de rattacher le dernier indicateur à une dimension particulière, Glock choisit de le relier à la dimension expérientielle. Aucun indicateur ne touche à la dimension conséquentielle.

Glock laisse ouverte la question de la pertinence et de la suffisance des indicateurs choisis pour réellement parler de la dimension concernée, laissant toutefois entendre son insatisfaction. Il passe ensuite à l'examen des données, et constate qu'aucune n'est absolument digne de foi. Les statistiques d'appartenance à une Église semblent les plus suspectes : les paroisses tiennent peu à jour un compte précis de leurs adhérents, des individus sont souvent maintenus sur les listes d'une Église longtemps après avoir cessé de lui appartenir ; or la période analysée est caractérisée par une forte mobilité géographique : « Il semble indubitable qu'une partie de l'accroissement constaté vient de ce qu'un nombre indéterminé de personnes est compté plus d'une fois » (p. 61). L'augmentation des investissements dans les constructions reflète essentiellement la prospérité générale ; le montant total des contributions a effectivement augmenté mais du fait de l'augmentation de la population, car le montant des contributions par individu a baissé. Finalement, l'accroissement d'intérêt pour la musique et les livres religieux est plutôt le fruit d'impressions, car il existe peu, voire pas, de données similaires pour les années 1940. Cet examen des données ne nous conduit à aucune conclusion ferme.

Les travaux concluant à un recul global du religieux utilisent essentiellement des indicateurs portant sur :

- la tendance à l'œcuménisme ;
- la propension croissante à considérer que toutes les religions sont également bonnes.

On peut les considérer comme des indicateurs d'atténuation de la croyance, dépendants de la dimension idéologique. Les auteurs cherchent, d'autre part, des signes de diminution du rôle de la religion (dimension conséquentielle) dans la vie familiale, l'éducation, le bien-être social et la vie économique, mais utilisent peu de données quantitatives. On ne trouve rien, au bout du compte, pour justifier sérieusement l'hypothèse du recul du religieux. Et l'on peut souligner que ces études reposent sur une conception particulière de la religion avec laquelle on peut être en désaccord : une religion n'est forte que si elle s'introduit dans tous les domaines de la vie.

L'utilisation de la grille d'analyse de Glock permet de mettre à jour les cartes utilisées par chacun de ces grands types de travaux : les premiers adoptent une définition de la religion essentiellement en termes ritualistes, tandis que les seconds retiennent principalement les dimensions idéologique et conséquentielle. Ceci explique en partie les divergences :

> « On peut en conclure, au moins à titre d'hypothèse, qu'il y a eu, après la guerre, un accroissement dans l'affiliation et la pratique religieuses, accompagné d'un intérêt accru pour les idées et les articles à contenu religieux [...]. L'aspect qualitatif de la religion américaine s'est d'autre part transformé au moins sur deux points. Premièrement, il semble qu'il y ait un déclin de la rigueur doctrinale. Deuxièmement, l'Église, comme institution, semble jouer aujourd'hui un rôle proportionnellement moindre que par le passé

dans certains aspects de la culture américaine avec lesquels elle était traditionnellement identifiée (éducation et vie familiale par exemple) » (p. 67).

Mais au-delà, cet examen met en évidence les insuffisances de toutes ces études : définitions incomplètes, indicateurs souvent insatisfaisants, données de qualité douteuse. La conclusion de Glock est sévère : « Aucun des travaux cherchant à évaluer l'état de religion dans l'Amérique contemporaine ne satisfait aux conditions minima d'une enquête scientifique » (p. 67), mais le travail réalisé peut permettre d'en poser les bases. Il servira d'ailleurs d'appui, comme nous l'avons vu, à de nombreuses recherches ultérieures.

Les inégalités sociales. Analyse de controverses des années 2000

Si l'on s'intéresse à un phénomène tel que celui des inégalités sociales, il faut commencer par réfléchir à sa définition. C'est le moment, rappelons-le, où il faut particulièrement se méfier de ses propres prénotions, où il faut déconstruire le sens commun ; c'est le moment également d'activer son « imagination sociologique », et tout cela en s'appuyant sur la lecture de travaux déjà réalisés sur cette question, au moins trois ou quatre travaux de référence, chacun pouvant permettre de critiquer et compléter les autres.

Les inégalités sociales constituent le type même de phénomènes pour lequel il est difficile de réaliser soi-même une enquête par questionnaire, l'analyse ne peut se fonder que sur de vastes enquêtes portant sur des échantillons importants de population et ce, probablement, dans différents domaines. Il faut donc passer par l'analyse secondaire de données produites par la statistique publique (Insee, Ined, ministères…), ce qui nous rend dépendant des données disponibles et de la manière dont ces institutions les ont construites.

Si l'on ne souhaite pas mener une étude approfondie mais simplement y voir clair dans la lecture d'un ou plusieurs articles, le travail sur les prénotions et la réflexion sur la définition sont tout aussi nécessaires, et la démarche en termes de « concept-dimensions-indicateurs » tout aussi utile. La lecture des travaux de référence est, même si elle constitue une aide précieuse, facultative ; il semble en effet difficile de lire trois ou quatre livres à chaque fois que nous prenons connaissance d'un article. Nous utiliserons toutefois cette aide dans l'analyse qui suit.

Définir, avons-nous dit, c'est situer une notion par rapport à d'autres qui lui sont proches. Nous définirons les inégalités sociales en les distinguant des termes suivants : différences, discriminations, injustices, pauvreté et exclusion. Ce travail rejoint la réflexion sur les prénotions et sur les risques ou enjeux qu'elles comportent :

- les différences sont inhérentes à la vie, que celle-ci soit biologique ou sociale ; toute différence n'est pas inégalitaire, « l'inégalité est une différence bien sûr, mais c'est une différence subie » (Observatoire des inégalités, 2006, p. 14). De nombreux discours ont eu tendance, à partir du milieu des années 1990, à considérer que « l'égalité réelle serait synonyme d'uniformité : elle coulerait tous les individus dans le même moule. L'inégalité est alors défendue au nom du droit à la différence » (Bihr et Pfefferkorn, 2008, p. 17) ;
- une discrimination est une « différence de traitement fondé sur un critère illégitime et donc prohibé (âge, sexe, handicap, etc.) Les discriminations produisent des inégalités, mais les inégalités ne sont pas uniquement la conséquence de discriminations » (Observatoire des inégalités, *Quelle est la différence entre inégalités sociales et discrimination ?*, texte disponible sur leur site). « La mise en avant actuelle du concept de discrimination tend à faire passer au second plan le problème des inégalités » (Observatoire des inégalités, 2006, p. 14) ;
- les inégalités « ne doivent pas être confondues avec les injustices, c'est-à-dire avec des différences qui pourraient apparaître critiquables en référence à un certain nombre de valeurs, de normes ou de principes » (Conseil national de l'information statistique ou CNIS, 2007, p. 12). La tâche du chercheur est de réfléchir et d'apporter des éléments en matière d'inégalités sociales, « c'est aux acteurs politiques et sociaux de se prononcer sur l'existence et la nature des injustices » (CNIS, p. 12) ;
- le débat public a eu tendance, ces dernières années, à se focaliser sur les questions de pauvreté et d'exclusion ; or « ces problèmes sociaux n'épuisent pas la question des inégalités. Une société sans pauvreté ni exclus n'est pas nécessairement une société égalitaire [...]. L'accent mis sur les plus démunis a parfois conduit à masquer le fonctionnement d'ensemble de la société » (Observatoire

des inégalités, 2006, p. 15). « Cette approche est réductrice. La construction d'un système d'information sur les inégalités nécessite en effet de s'intéresser à l'ensemble d'une distribution, ou à la totalité de ses sous-ensembles » (CNIS, p. 12).

Nous reprendrons la définition des inégalités proposée par le groupe de travail du Conseil national de l'Information statistique : ce terme « traduit simplement le fait que certaines personnes ou certains groupes de personnes ne sont pas placés dans la même situation en termes de revenus, de patrimoine, de conditions de vie, d'accès aux droits sociaux et à la justice, de participation à la vie économique, sociale et politique, etc. » (CNIS, p. 12). Les travaux synthétiques sur les inégalités (Bihr et Pfefferkorn, 1999 et 2008 ; CNIS, 2008 ; Observatoire des inégalités, 2006 ; travaux sur le Baromètre des inégalités et de la pauvreté ou BIP 40) retiennent tous les dimensions suivantes : inégalités de revenus et inégalités de patrimoine (parfois rassemblées en « inégalités monétaires »), inégalités face à l'emploi (statut, précarité, chômage) et au travail (santé et sécurité, organisation du travail...), inégalités face à l'éducation et la formation, face à la santé, et face au logement (ces trois dernières sont parfois regroupées sous le vocable « inégalités de conditions de vie »). D'autres dimensions sont mentionnées, mais de manière moins systématique ; ce sont les inégalités d'accès à la justice, aux transports, à la consommation, à la culture, aux services financiers, aux nouvelles technologies, les inégalités de participation à la vie politique et les inégalités face aux usages sociaux du temps (temps libre, loisirs, vacances).

Nous pouvons maintenant tenter de passer au crible de la grille « concept-dimensions-indicateurs (et données) » quatre articles sur les inégalités. Nous ferons un point d'analyse après chaque article, avant d'essayer de synthétiser et/ou de faire coïncider les quatre cartes qu'ils nous proposent.

En France, la réduction des inégalités s'est essoufflée

« REVENUS. L'Insee a rendu publique, jeudi 15 novembre, l'édition 2007 de l'étude "France, portrait social".

"Nous avons l'impression qu'avec les années 2002-2005 un plateau a été atteint. La réduction des inégalités a ralenti. Le freinage est net. Mais on ne peut pas parler pour cette période d'accroissement des inégalités", explique

Christine Chambaz, qui a dirigé ce travail. Ce constat n'empêche pas le creusement des disparités aux deux extrêmes de l'échelle des revenus.
Le niveau de vie moyen est de 1 550 euros par mois en 2005. Mais pour la moitié de la population, il est inférieur à 1 360 euros, donc assez proche du Smic (1 218 euros). En 2005, le niveau de vie des 10 % d'individus les plus modestes est inférieur à 780 euros par mois, et celui des 10 % les plus aisés dépasse 2 450 euros par mois [...].
Très pauvres et très riches. L'indicateur de Gini, qui appréhende les inégalités de manière globale, n'a pas changé depuis 2002, ce qui reflète la stabilité de ces dernières. Au sein des différentes catégories de population, en revanche, les évolutions sont sensibles. Entre 2002 et 2005, le niveau de vie moyen des 10 % les plus modestes a stagné chaque année, tandis que celui des 5 % les plus aisés, premiers bénéficiaires des baisses d'impôt, augmentait de 1 % par an. Au cours de la période précédente, qui correspond à la fin du gouvernement d'Alain Juppé et à celui de Lionel Jospin, le niveau de vie moyen des plus pauvres avait augmenté de 3.3 % et celui des plus riches de 2.4 % [...].
Des inégalités patrimoniales croissantes. Fin 2003, la valeur globale du patrimoine brut des ménages s'élève à 6 077 milliards d'euros. Elle a augmenté de 8.6 % par an en moyenne, à la faveur de la montée des prix de l'immobilier, contre 4.1 % pour le revenu disponible brut [...]. Parallèlement, les inégalités se sont accrues. Les 10 % de foyers disposant des patrimoines les plus élevés ont vu leur patrimoine financier médian augmenter de 40 %, contre seulement 20 % pour les autres catégories.
7,1 millions de pauvres. Après avoir reculé entre 1996 et 2002, la pauvreté monétaire s'est stabilisée. La proportion d'individus ayant un niveau de vie inférieur au seuil de pauvreté (60 % du niveau de vie médian) est passée de 13.5 % en 1996 à 12 % en 2002 et 12.1 % en 2005. »

Source : Claire Guélaud, *Le Monde*, 16 novembre 2007.

Cet article, s'appuyant sur un travail de l'Insee, annonce un « essoufflement de la réduction des inégalités » depuis 2002, que l'on peut comprendre soit comme une stagnation des inégalités, soit comme une légère réduction. Même s'il parle « des inégalités », il traite en fait des inégalités monétaires : revenus et patrimoine. Son second paragraphe dresse un rapide panorama du niveau de vie (terme dont vous trouverez la définition sur le site de l'Insee) moyen, médian, du premier et du dernier déciles, mais, ne fournissant pas de comparaison temporelle, il n'apporte rien quant à la question de l'évolution des inégalités.

Les inégalités de revenus sont appréhendées par :

- l'indice ou coefficient de Gini (indicateur synthétique d'inégalités dans lequel entre en compte l'ensemble des revenus, il varie entre 0, situation d'égalité parfaite, et 1, situation la plus inégalitaire possible) qui est stable ;
- l'évolution du niveau de vie moyen des 10 % les plus modestes et des 5 % les plus riches sur la période, évolutions comparées à celles de la période précédente, l'indicateur montre un creusement des écarts sur la dernière période ;
- l'évolution du taux de pauvreté que l'on nous annonce stabilisé (12 % en 2002 et 12.1 % en 2005) alors que le passage de 12 à 12.1 représente une légère augmentation en valeur relative et une augmentation plus importante en valeur absolue (la population ayant augmenté entre les deux dates, 12 % de 2002 signifie 6.976 millions de personnes, 12.1 % de 2005 signifie 7.136 millions de personnes, soit 160 000 personnes supplémentaires).

Les inégalités de patrimoine sont saisies à travers l'évolution du patrimoine financier médian des 10 % les plus riches par rapport à celui des autres déciles, ce qui montre une augmentation des écarts.

Finalement, l'article nous dit que deux des indicateurs retenus sont stables (constat valable en fait pour un seul) tandis que deux montrent une augmentation des écarts, mais il conclut tout de même à une stagnation ou légère réduction des inégalités (monétaires).

Les nantis gagnent à la roue de la fortune

« Une étude de l'École d'économie de Paris révèle l'envolée des revenus des Français les plus aisés depuis 1998.

Reprenant à son compte les sources fiscales déjà exploitées par l'économiste Thomas Piketty, mais cette fois sur une période récente (1998-2005), Landais s'est concentré sur l'évolution des revenus de la petite population française la plus fortunée (allant même jusqu'au 0,01 % des plus riches). Et que constate-t-il ? Un fort "accroissement des inégalités de revenus depuis huit ans" [...]. Les très, très riches Français (disons les 1 % les plus riches, soit un bataillon de 350 000 foyers) ont vu leurs revenus augmenter de 19 % entre 1998 et 2005.

Et ce chiffre explose littéralement quand on monte encore plus haut dans la hiérarchie sociale : + 32 % pour les 0.1 % les plus riches (35 000 foyers), et carrément + 42.6 % pour le petit club des 0.01 % les plus fortunés (3 500 foyers). Il semble que les riches Français vivent sur une autre planète économique. Car, pendant la même période, le revenu moyen par foyer a connu lui une hausse modeste de 5.9 %, soit une croissance moyenne annuelle de 0.82 % [...].
Ce tableau remet partiellement en cause le diagnostic des inégalités françaises établi par l'Insee. Jusqu'à présent, l'Institut national se contentait de mesurer l'écart entre les 10 % les plus riches et les 10 % les plus pauvres. Et que constatait l'Insee ? Une réduction importante et constante du fossé depuis la fin des années 1970. Sauf depuis le début des années 2000, où la réduction semble marquer le pas. "On ne sait pas encore si cela annonce une remontée des inégalités ou juste un palier", précise Pascal Chevalier, chef de la division revenu et patrimoine de l'Insee. L'institut a tout de même affiné ces mesures en comparant les 5 % les plus riches avec les 5 % les plus pauvres. Et alors ? "On n'a rien trouvé de significatif qui prouverait une explosion des inégalités en France", poursuit Chevalier. »

Source : Grégoire Biseau, *Libération*, 29 juin 2007.

Cet article, s'appuyant sur le travail d'un économiste, annonce un « fort accroissement des inégalités de revenus depuis huit ans ». Il traite clairement et explicitement des seules inégalités de revenus, et les appréhende par l'évolution entre 1998 et 2005 des revenus des 1 %, 0.1 % et 0.01 % les plus riches comparée à celle du revenu moyen par ménage. Il se concentre donc, non pas sur les déciles extrêmes, mais sur le dernier centile et plus, soit sur les « très très riches ». Notons qu'il parle de *revenu* et non pas de *niveau de vie* comme le faisait l'article précédent, termes dont on peut trouver la définition sur le site de l'Insee ou en se reportant aux travaux cités.

Les inégalités augmentent-elles ?

« Qu'en est-il en France aujourd'hui ? Sur une longue période, il n'y a pas photo : la tendance est à la baisse des inégalités. Au début du XXe siècle, les 10 % les plus aisés recevaient environ 40 % du revenu global et même 45 % au milieu des années trente, contre 33 % environ à la fin des années 1990 [...].

Contrairement à une idée répandue, les Trente Glorieuses ont été marquées par une progression des inégalités de revenus. Celles-ci se sont cependant réduites à nouveau au cours des années 1970 et jusqu'au tout début des années 1980. Depuis le milieu des années 1980, on observe une relative stabilité. Le rapport entre le revenu des 10 % les plus riches et celui des 10 % les plus pauvres s'est très légèrement réduit, de 3.4 à 3.1 de 1984 à 2004 [...].

Données tronquées

Mais les données sur les revenus utilisées par l'Insee pour établir les ratios d'inégalité ne reflètent pas toute la réalité : elles ne portent en effet que sur une partie des ressources des ménages [...], la majeure partie des revenus du patrimoine (dividendes, intérêts, loyers perçus, etc.) n'est pas prise en compte. Or ces derniers sont très majoritairement reçus par les catégories les plus aisées. Et ils ont progressé nettement plus rapidement que les revenus salariaux ces dernières années. Si l'on intégrait ces revenus dans le calcul des revenus, on observerait une remontée des inégalités à partir de la fin des années 1990. Pas une explosion, mais une inversion de tendance [...]. Enfin, un autre phénomène est généralement occulté dans le débat public sur l'évolution des inégalités. De 1996 à 2004 selon l'Insee, le revenu disponible des 10 % les plus pauvres a augmenté de 11 %, soit davantage que le revenu disponible des 5 % les plus aisés. Mais on ne vit pas avec des pourcentages. Sur cette même période, les 5 % les plus aisés ont vu leurs revenus s'accroître de 5 800 € par an (hors revenus du patrimoine), contre 1 150 € pour les 10 % les plus démunis... Les inégalités absolues de revenus se sont donc accrues de 4 700 €, 400 € par mois. [...]

Inégalités : il n'y a pas que le revenu

Les inégalités sont très souvent réduites aux inégalités de revenus dans le débat public, mais leur véritable dimension repose sur tout un ensemble d'écarts. Comme par exemple le statut dans le travail [...]. Sur une longue période, l'élévation des niveaux de vie s'est accompagnée d'un rapprochement des conditions. Notamment parce que les plus démunis ont vu leur accès à la santé, à l'éducation ou au logement s'améliorer sensiblement. Mais comme pour les revenus, la situation semble se détériorer depuis une dizaine d'années. Fait significatif, les inégalités d'espérance de vie s'accroissent de nouveau chez les hommes. Entre la période 1976-1984 et la période 1991-1999, l'espérance de vie à 35 ans des cadres est passée de 41.5 à 46 ans, soit un gain de 4.5 années. Elle n'a augmenté dans le même temps que de 35.5 à 39 ans chez les ouvriers, soit une hausse de 3.5 ans seulement. En matière de logement, l'amélioration de longue période des conditions d'habitat (confort, nombre de mètres carrés, équipement) a fait place à une situation de plus en plus tendue qui se répercute principalement sur ceux qui « entrent sur le marché » : les jeunes ou les nouveaux accédants à la propriété [...]. La situation est similaire dans le domaine de l'éducation. Entre 1993 et 2003, les inégalités de scolarisation se sont accrues. L'âge de sortie des 10 % qui quittent le système éducatif le plus tôt a stagné à 17.2 ans, alors que celui des 10 % qui quittent le système éducatif le plus tard a progressé de 24.7 à 25.5 ans. »

Source : Louis Maurin, *Alternatives économiques*, hors série, n° 72, avril 2007, disponible sur le site de l'Observatoire des inégalités.

D'après cet article, les inégalités ont diminué sur une longue période (environ cent ans), mais remontent depuis les années 1990. L'article part des inégalités de revenus saisies à travers :

- l'évolution du pourcentage du revenu global reçu par les 10 % les plus aisés ;
- l'évolution du rapport interdécile D9/D1.

Il souligne ensuite que les inégalités ne sont pas seulement des inégalités de revenus, mais également des inégalités face au travail et des inégalités de conditions de vie, constituées en particulier d'inégalités face à la santé (appréhendées par les inégalités d'espérance de vie entre hommes cadres et hommes ouvriers), face au logement et face à l'éducation (mesurées par les intervalles interdéciles D9-D1 en matière d'âge de sortie, voir les travaux de Merle présentés en fin de chapitre 3.) Ces inégalités de conditions de vie semblent également augmenter depuis une dizaine d'années.

Cet article critique d'autre part les données sur les revenus utilisées par l'Insee, les considérant « tronquées » car, n'incluant pas la majeure partie des revenus du patrimoine, cela fausserait le diagnostic sur l'évolution des inégalités monétaires. Finalement, ce texte met le doigt sur un élément important : une diminution des écarts relatifs peut correspondre à une augmentation des écarts absolus (voir l'encadré « Variations absolues et variations relatives » du premier chapitre), d'où l'intérêt de prendre pour une même dimension ces deux types d'indicateurs.

Précarité, pauvreté, inégalités : le baromètre explose

« Les inégalités et la pauvreté sont reparties à la hausse après 2002 pour atteindre, en 2005, le niveau le plus élevé enregistré depuis 25 ans. Cette hausse fait suite à la baisse observée entre 2000 et 2002, baisse qui avait permis de ramener le niveau des inégalités au-dessous de celui atteint en 1995, sans toutefois compenser la montée considérable (environ 40 %) des inégalités et de la pauvreté constatée depuis le début des années 1980. Depuis 25 ans, les inégalités sociales se sont donc bien creusées, contredisant le diagnostic lénifiant des statistiques officielles qui ne mesurent aucune hausse de la pauvreté ou des inégalités [...].
Le BIP 40 synthétise plus de 60 indicateurs qui couvrent six grands domaines des inégalités : chômage-emploi-travail, revenus et pauvreté, santé, logement, éducation, justice [...]. Si le BIP 40 a fortement baissé entre 1997 et 2002, c'est essentiellement en raison de la décrue du chômage et des inégalités qui y sont directement associées, ainsi que du freinage des inégalités de salaires [...].
Depuis 2002, le diagnostic est sensiblement différent. Les inégalités sont reparties à la hausse dans la plupart des domaines. »

Source : Le collectif ACDC, *Droit social*, n° 7/8, juillet-août 2007, disponible sur le site d'ACDC.

Cet article soutient, en contradiction avec les annonces de l'Insee, qu'une remontée des inégalités, voire une explosion, a eu lieu depuis 2002. Il est fondé sur l'analyse de l'évolution du BIP 40, baromètre des inégalités et de la pauvreté en France conçu par des économistes et statisticiens associés à un réseau associatif militant pour la réduction des inégalités (le RAI, Réseau d'alerte sur les inégalités), dont le nom est une référence ironique à la fois au PIB et au CAC 40. Cet indice synthétise plus de soixante indicateurs (que l'on peut retrouver sur le site du BIP 40) rapportés à six dimensions des inégalités : les inégalités monétaires, les inégalités face au travail, à la santé, au logement, à l'éducation et à la justice. Pour chacune d'entre elles, est construit un indicateur synthétique permettant de suivre isolément l'évolution dans le temps de chaque type d'inégalités ; le BIP 40 est obtenu par agrégation (somme pondérée) de ces six indicateurs composites. Notons que cette approche n'est pas exempte de partis pris, de conceptions particulières de ce que sont, par exemple, de bonnes conditions de travail. On peut les mettre à jour à partir des indicateurs choisis.

Tentons maintenant de synthétiser les apports de ces quatre articles, autrement dit tentons de rapprocher les quatre cartes qu'ils nous proposent. On peut conclure, au moins à titre d'hypothèse, que :

- le XXe siècle semble avoir connu une diminution des inégalités de tout ordre ;
- les inégalités de revenus, telles que l'Insee les appréhende, ne se réduisent plus globalement (coefficient de Gini) depuis 2002. Elles augmenteraient même entre les déciles extrêmes, et surtout l'écart se creuse de manière conséquente entre les très très riches et la moyenne de la population. Si l'on intégrait au calcul de ces revenus ceux du patrimoine, on observerait très probablement une remontée générale des inégalités de revenus. Les inégalités de patrimoine se sont, elles, accrues depuis le début des années 2000. Globalement, les inégalités monétaires ont donc augmenté ;
- les inégalités en matière de santé, logement et éducation semblent, elles aussi, en augmentation depuis une dizaine d'années.

Il faudra, pour aller plus loin, se pencher sur l'intégralité de ces articles et des travaux sur lesquels ils reposent, et les compléter par d'autres[1]. L'intérêt heuristique de la grille d'analyse « concept-dimensions-indicateurs (et données) » ne nous semble plus à démontrer, même s'il ne s'agit pas d'une solution miracle. En tout cas, il faudrait, dans ce type de travail, approfondir, plus que nous ne l'avons fait ici, la question des indicateurs et des données. La première partie de cet ouvrage doit pouvoir vous y aider. Finalement, cette grille peut être utile pour l'analyse de textes qui ne comportent pas d'indicateurs chiffrés, elle permet de dresser le tableau des dimensions abordées. Nous vous proposons, pour terminer, d'essayer de l'appliquer dans l'exercice suivant.

Exercice 12

La question de l'intégration des populations immigrées et de leurs enfants se trouve régulièrement au cœur du débat politique. Nous avons sélectionné trois extraits d'articles (fin années 1990-milieu des années 2000) sur cette question. Nous vous demandons :

1. Si l'on veut réactualiser cette réflexion, on peut se reporter au site internet de l'Observatoire des inégalités et au *Rapport sur les inégalités en France* qu'il publie tous les deux ans. Si l'on veut des données et une analyse internationales de la question des inégalités, on peut se référer au site internet du Laboratoire sur les inégalités mondiales : https://inequalitylab.world/fr/

1. d'analyser chaque article (diagnostic général sur le phénomène, reconstruction des dimensions à partir des indicateurs utilisés, critiques ou points intéressants soulevés par l'article) ;
2. de tenter une synthèse de ces trois extraits.

Article 1 : Le chemin cahoteux de l'intégration

Marie-Christine Tabet, Jacques Duplouich, *Le Figaro*, 9 novembre 2005.

« Le modèle d'intégration à la française prend l'eau de toutes parts [...]. Dans les dix ans qui séparent les deux derniers recensements, la population des zones urbaines sensibles (ZUS), celles qui brûlent aujourd'hui, a diminué de 8.6 % alors qu'elle a progressé sur l'ensemble du territoire de 4.1 %. Le phénomène s'explique par les destructions d'immeubles. Mais il est surtout la conséquence de l'apparition de ghettos ethniques. Dès que leur situation s'améliore, les habitants s'empressent de quitter le quartier. Ne restent sur place que ceux qui n'ont pas le choix.
Entre 1990 et 1999, le taux de chômage a progressé plus sensiblement dans les ZUS (de 18.9 % à 25.4 %) que dans l'ensemble du pays (10.8 % à 12.8 %). Les demandeurs d'emploi y sont moins diplômés et moins qualifiés : seuls 18.8 % ont "le bac et plus" contre 30.1 % dans d'autres villes. 43.6 % d'entre eux n'ont aucun diplôme. Enfin, 15.7 % sont bénéficiaires du RMI contre 10.9 % pour l'ensemble des demandeurs d'emploi.
L'échec de la politique de la ville, pourtant un des principaux leviers de la politique d'intégration des gouvernements qui se sont succédé au cours des années 1990, est aussi celui de la politique d'intégration. À diplôme équivalent, la catégorie des jeunes d'origine étrangère enregistre un taux de chômage deux fois supérieur à la moyenne. »

Article 2 : Des données encourageantes

Philippe Bernard, *L'Immigration. Les enjeux de l'intégration*, Paris, Le Monde Éditions et Marabout, 1998, p. 139-140.

« Les débats sur l'intégration ont connu un tournant en 1995, avec la publication des résultats globalement optimistes de la première enquête à grande échelle sur la vie sociale et les liens avec la France des populations issues de l'immigration [...]. L'étude, conduite par la démographe Michèle Tribalat, tend à tempérer les diagnostics alarmistes sur la « panne » du système d'intégration à la française.

Ainsi, l'utilisation de la langue française, facteur primordial pour l'intégration, s'impose très rapidement. L'enquête indique, par exemple, que près de neuf jeunes d'origine algérienne sur dix considèrent le français comme leur langue maternelle alors que ce n'est le cas que de 26 % de leurs parents [...]. L'analyse de la formation des couples révèle que la moitié des garçons d'origine algérienne et le quart des filles vivent avec une personne française de souche [...]. En matière de religion, l'enquête indique que les Algériens sont les moins pratiquants des musulmans de France. Parmi les immigrés, les Noirs d'Afrique et, dans une moindre mesure, les Marocains et les Turcs, fréquentent beaucoup plus assidûment les mosquées. Ainsi 48 % des immigrés algériens se disent "sans religion" ou non pratiquants contre 29 % ayant une "pratique régulière" et 23 % "occasionnelle" [...]. Les enfants d'immigrés algériens ignorent encore davantage le chemin de la mosquée. Près d'un tiers se dit "sans religion", soit une proportion supérieure à la moyenne des Français et des jeunes d'origine portugaise. Les pratiquants réguliers ne sont que 10 % parmi les garçons et 18 % chez les jeunes filles. En revanche, le respect des parents impose celui des interdits alimentaires et du jeûne du Ramadan, massivement observés s'agissant du porc, nettement moins pour l'alcool.

À l'égard de la scolarité et de la réussite sociale, l'enquête tend à relativiser l'image rassurante de la "beurette" bonne élève opposée aux garçons d'origine maghrébine en pleine "galère". À l'école, les filles font juste un peu mieux que les garçons [...]. Mais c'est surtout au moment de l'insertion professionnelle que les "beurs" perdent l'avantage qu'ils ont pu acquérir au moment des études — notamment sur les Portugais. Ces garçons battent les records d'instabilité professionnelle : plus de la moitié d'entre eux, parmi les 20-29 ans, subissent une période de chômage de plus d'un an après leurs études, contre 29 % en moyenne nationale [...].

À propos de l'acquisition de la nationalité française, l'enquête illustre la diversité des attitudes, opposant le vif engouement des Asiatiques aux très nettes réticences des Algériens [...]. Ce lien de citoyenneté avec la France est confirmé par les statistiques d'inscription sur les listes électorales. Parmi les 25-29 ans, 85 % des fils d'Espagnols, 76 % des fils de

Portugais et 63 % des fils d'Algériens y figurent, contre 87 % de moyenne nationale.
À côté de ce constat d'une relative bonne santé des mécanismes d'intégration, les investigations témoignent crûment de l'effet ghetto lié au type d'urbanisme. Plus les populations étrangères sont logées dans des quartiers où règne la ségrégation, plus s'intensifie la pratique religieuse, plus les relations sociales tendent à s'enfermer dans un cadre ethnique excluant les Français de souche. »

Article 3 : Banlieues : la dignité blessée des insurgés
***Le Figaro*, 18 novembre 2005.**
« Ce n'est pas un défaut d'intégration, mais sa réussite même, qui fait paradoxalement le lit de la haine et de la violence. C'est — plus exactement — la contradiction entre le degré d'assimilation culturelle et l'exclusion économique et sociale de cette jeunesse. Ces adolescents assimilés, dont les parents sont venus s'installer dans nos pays, ne sont guère différents, par leurs aspirations et leurs idées, du reste des adolescents de leur classe d'âge : au contraire, ils sont particulièrement proches d'eux. »

Correction exercice 12

Article 1 :
Diagnostic : l'intégration marche mal, « le modèle d'intégration à la française prend l'eau de toutes parts ».
L'article se concentre sur les zones urbaines sensibles (ZUS). Ces dernières connaîtraient un phénomène de « ghettoïsation ethnique », que l'on pourrait nommer une non-intégration ou non-mixité territoriale. Ce phénomène est appréhendé par un seul indicateur : l'évolution de la population des ZUS comparée à l'évolution de la population française.
L'article aborde ensuite la question de l'intégration par le travail, ou plus exactement de l'insertion professionnelle, toujours dans les ZUS. Il la saisit à travers :
– la progression du taux de chômage, comparée à l'évolution du taux de chômage général ;

– le niveau de diplôme des demandeurs d'emploi comparé (en partie seulement) à celui de demandeurs d'emploi « d'autres villes » (terme très imprécis) ;
– la proportion de demandeurs d'emploi allocataires du RMI comparée à la moyenne nationale.

S'en suit un indicateur qui porte sur la France entière : le taux de chômage des jeunes d'origine étrangère comparé, à diplôme équivalent, à la moyenne nationale, indicateur qui renvoie lui aussi à l'insertion professionnelle.

Finalement, l'article assimile implicitement ZUS et populations « d'origine étrangère », sans fonder cette assimilation sur des données chiffrées.

Article 2 :

Diagnostic : l'intégration marche plutôt bien, les mécanismes d'intégration sont en « relative bonne santé ».

Le regard porte sur les « populations issues de l'immigration » qu'elles habitent ou non dans des ZUS. Les dimensions de l'intégration abordées peuvent être reconstruites de la manière suivante :
– intégration culturelle : par la langue, par la formation de couples mixtes, par le rapprochement des pratiques religieuses de ces populations à celle courantes en France (sans donner de chiffres pour ces dernières), par l'école (dont on ne nous dit pas grand-chose) ;
– insertion professionnelle (pourcentage de jeunes de 20-29 ans issus de l'immigration connaissant une période de chômage…) ;
– intégration citoyenne, saisie par l'acquisition de la nationalité et les taux comparés d'inscription sur les listes électorales ;
– intégration et mixité territoriales, l'effet ghetto favorisant le repli « ethnique ».

Mais les comparaisons ne sont pas toujours menées terme à terme, et la focalisation sur les enfants d'origine maghrébine et en particulier les enfants d'immigrés algériens semble peu fondée. À noter que l'expression « Français de souche » signifie généralement « les Français nés en France de parents nés en France ». L'utilisation de cette notion par cette enquête a été critiquée par beaucoup, car, même si le terme peut être utilisé de manière neutre, il est potentiellement porteur d'une vision raciale de la population.

Article 3 :

Diagnostic : intégration réussie, ou plus exactement :

– intégration culturelle aboutie, allant jusqu'à parler d'« assimilation culturelle » ;

– intégration sociale et économique très problématique, allant jusqu'à parler d'« exclusion ».

Cet article n'utilise pas de données chiffrées, mais la grille d'analyse « concept-dimensions » n'en est pas moins valable.

Synthèse des trois articles :

L'intégration des populations d'origine immigrée est une question particulièrement sensible et potentiellement chargée d'idéologie ; les obstacles épistémologiques y sont particulièrement forts et nombreux. Le premier article est très empreint de prénotions, assimilant ZUS, immigrés et étrangers, absence de travail et banlieues qui brûlent ; il propose une vision particulièrement noire et stigmatisante des banlieues et de leurs populations. Le second texte est, lui, porteur d'une vision angélique (autre type de prénotions) et d'une conception particulière de l'intégration comme convergence des comportements de la population issue de l'immigration vers ceux des « Français de souche ». Le troisième article ne comporte aucun indicateur chiffré, il est pourtant le plus fécond en intuition sociologique. Cela nous permet de vous rappeler, si besoin était, que la présence de statistiques n'est un gage ni de rigueur ni de richesse de la pensée.

Si nous tentons une synthèse, nous pouvons, à titre d'hypothèse, avancer que fin des années 1990-milieu des années 2000 :

- l'intégration culturelle (qu'il faudrait mieux définir) des enfants d'immigrés est plutôt réussie, voire carrément aboutie ;
- l'insertion professionnelle est particulièrement problématique ;
- l'intégration ou mixité territoriale pose de plus en plus problème, pouvant remettre en cause l'intégration culturelle.

On peut, comme le fait le troisième article, avancer l'idée, à explorer, que la contradiction entre la réussite de l'une et les difficultés des deux autres est justement source de fortes tensions pour cette population jeune de parents immigrés.

On peut également se dire, à la suite des travaux de Durkheim, que tous les individus d'une société sont concernés par le processus d'intégration ; on ne devrait probablement pas poser dès le départ l'existence d'un groupe intégré « les Français de souche », alors qu'ils sont pour certains touchés par le phénomène d'« exclusion ».

Conclusion

Voici venu le temps de terminer notre voyage dans le monde des données chiffrées. Vous avez appris le vocabulaire de base, et pouvez effectuer des calculs pertinents. Vous êtes capable de lire, de manière adéquate, des tableaux statistiques. Vous êtes en mesure de porter un jugement informé sur les articles et travaux utilisant ce type de données. De plus, vous avez acquis, au fil des chapitres et des exercices, la capacité à construire vous-même, de bout en bout et de manière rigoureuse, une connaissance d'un phénomène social en utilisant des statistiques. Nous avons attiré votre attention sur les pièges les plus courants, sur l'importance de lire les notes de bas de tableau et les annexes, sur la nécessité de construire ou reconstruire les définitions, souvent implicites, à la base des données quantitatives.

La méthode est exigeante, il n'y a pas de solution « clés en main », mais seulement l'apprentissage d'une démarche. Vous avez tous les éléments pour mener une réflexion de qualité. Il vous faut maintenant pratiquer, mais les occasions, pour peu que vous lisiez un tant soit peu les journaux, écoutiez la radio, regardiez la télévision ou suivez des réseaux sociaux ne manquent pas.

Ce que vous avez appris en termes d'outils et de démarche est mobilisable dans votre parcours d'étudiant, dans votre quotidien de citoyen, mais également dans votre vie professionnelle en cours et à venir. En effet, nous l'avons vu, les données chiffrées envahissent aussi les organisations (administrations, entreprises, associations), pour parler de phénomènes plus restreints que ceux que nous avons étudiés, tels que rendement ou rentabilité, mais les questions se posent exactement de la même manière.

En bons héritiers des Lumières, nous pensons que c'est par l'acquisition de savoirs (et ici de savoir-faire) que l'homme gagne en liberté. Nous espérons ainsi, en vous permettant de démystifier et maîtriser un domaine aux enjeux sociaux particulièrement forts et pour lequel nous nous considérons souvent comme incompétents, avoir fait œuvre, non seulement scientifique, mais également citoyenne.

Bibliographie

Chapitre 1

BAUDELOT Ch., ESTABLET R. (1992). *Allez les filles !*, Paris, Le Seuil.

BUSSER É., COHEN G. (1998). *Jeux d'esprit et mathématiques. Comptes de la vie ordinaire*, Paris, Odile Jacob.

DELPHY C. (2001). *L'ennemi principal* (tome 2) *: Penser le genre*, Paris, Syllepse.

DURU-BELLAT M. (1990). *L'École des filles*, Paris, L'Harmattan.

FERRÉOL G. (dir.) (1996). *Dictionnaire des techniques quantitatives appliquées aux sciences économiques et sociales*, Paris, Armand Colin.

LÉVY M.-L. (1979). *Comprendre les statistiques*, Paris, Le Seuil.

MATHIEU N.-C. (1989). « Identité sexuelle/sexuée/de sexe ? Trois modes de conceptualisation du rapport entre sexe et genre », *in* DAUNE-RICHARD A.-M., HURTIG M.-C., PICHEVIN M.-F., *Catégorisation de sexe et constructions scientifiques*, Aix-en-Provence, Presses de l'université de Provence, p. 109-147.

NOVI M. (1998). *Pourcentages et tableaux statistiques*, Paris, PUF.

OMOLUABI É., LÉVY M.-L. (1992). « Le recensement du Nigeria », *Population et sociétés*, n° 272, oct., p. 1-3.

VOLLE M. (1987). « La naissance de la statistique industrielle (1930-1950) », *in* AFFICHARD J. (dir.), *Pour une histoire de la statistique*, t. I, Paris, Économica, p. 327-365.

Chapitre 2

AMOSSÉ T., CAYOUETTE-REMBLIERE J. (2022). « Une nouvelle nomenclature, la PCS Ménage », *Économie et statistique*, n° 532-533, p. 135-153.

BERTHIER N. (1998). *Les Techniques d'enquête. Méthode et exercices corrigés*, Paris, Armand Colin, 2e édition 2006.

BLÖSS T., GROSSETTI M. (1999). *Introduction aux méthodes statistiques en sociologie*, Paris, PUF.

BOLTANSKI L. (1982). *Les cadres, la formation d'un groupe social*, Paris, Éditions de Minuit.

BOUDON R. (1973). *L'Inégalité des chances. La mobilité sociale dans les sociétés industrielles*, Paris, PUF.

BOURDIEU P., PASSERON J.-C. (1964). *Les Héritiers. Les étudiants et la culture*, Paris, Éditions de Minuit.

BOURDIEU P., PASSERON J.-C. (1970). *La Reproduction. Éléments pour une théorie du système d'enseignement*, Paris, Éditions de Minuit.

CACOUAULT M., ŒUVRARD F. (2001). *Sociologie de l'éducation*, Paris, La Découverte.

CIBOIS Ph. (1990). *L'Analyse des données en sociologie*, Paris, PUF.

COMBESSIE J.-C. (2001). *La Méthode en sociologie*, Paris, La Découverte.

Conseil national d'évaluation du système scolaire (Cnesco) (2016). *Inégalités sociales et migratoires. Comment l'école amplifie-t-elle les inégalités ?*, disponible sur son site internet.

DESROSIÈRES A., THÉVENOT L. (1996). *Les Catégories socio-professionnelles*, Paris, La Découverte.

DURU-BELLAT M. (2002). *Les Inégalités sociales à l'école. Genèse et mythes*, Paris, PUF.

FERRÉOL G. (dir.) (1994). *Histoire de la pensée sociologique : les grands classiques*, Paris, Armand Colin.

KLATZMANN J. (1996). *Attention, statistiques !*, Paris, La Découverte.

LAZARSFELD P. (1966). *L'Analyse empirique de la causalité*, Paris, Mouton.

MARTIN O. (2020). *L'analyse quantitative de données*, Paris, Armand Colin, « 128 ».

SINGLY F. (de) (1992). *L'Enquête et ses méthodes : le questionnaire*, Paris, Armand Colin.

Chapitre 3

ABÉLARD (2003). *Universitas calamitatum. Le Livre noir des réformes universitaires*, Bellecombe-en-Bauges, Éditions du Croquant.

BEAUD S. (2002). *80 % de bacheliers et après ? Les enfants de la démocratisation scolaire*, Paris, La Découverte.

BODIN R., ORANGE S. (2013). *L'université n'est pas en crise*, Bellecombe-en-Bauges, Éditions du Croquant.

DURU-BELLAT M., MINGAT A. (1992). « Un regard analytique sur la démocratisation de l'enseignement », *Sociétés contemporaines*, n° 11-12, déc., p. 13-30.

GARCIA S., POUPEAU F. (2003). « La mesure de la démocratisation scolaire. Notes sur les usages sociologiques des indicateurs statistiques », *Actes de la recherche en sciences sociales*, n° 149, hiver, p. 74-87.

Godet F. (2023). *INSEE Focus*, n° 292.

Hugrée C., Poullaouec T. (2022), *L'université qui vient. Un nouveau régime de sélection scolaire*, Paris, Raisons d'agir Éditions.

Isambert-Jamati V. (1985). « Quelques rappels de l'émergence de l'échec scolaire comme "problème social" dans les milieux pédagogiques français », *in* Plaisance É. (dir.), *L'échec scolaire, nouveaux débats, nouvelles approches sociologiques,* Paris, Éditions du CNRS, p. 155-163.

Lahire B. (1993). *Culture écrite et inégalités scolaires. Sociologie de l'échec scolaire à l'école primaire*, Lyon, Presses universitaires de Lyon.

Lebaron F. (2006). *L'enquête quantitative : recueil et analyse des données*, Paris, Dunod.

Merle P. (2000). « Le concept de démocratisation de l'institution scolaire : une typologie et sa mise à l'épreuve », *Population,* vol. 55, n° 1, janvier, p. 15-49.

Merle P. (2002). « Démocratisation ou accroissement des inégalités scolaires. L'exemple de l'évolution de la durée des études en France (1988-1998) », *Population,* vol. 57, n° 4-5, oct., p. 633-659.

Pénombre (2000). *Lettre grise « Les lycées sous le feu de l'évaluation »*, hiver.

Prost A. (1986). *L'enseignement s'est-il démocratisé ?,* Paris, PUF.

Chapitre 4

ACDC (2006). « Les chômages invisibles », Note n° 1, décembre.

ACDC (2007). « Pour en finir avec le chiffre du chômage », Note n° 4, mars.

ACDC (2007). Communiqué de presse du 12 novembre.

Alternatives économiques (2001). n° 193, juin, p. 72-75.

Alternatives économiques (2003). n° 211, février, p. 70-73.

Alternatives économiques (2007). n° 257, avril.

Alternatives économiques (2007). n° 260, juillet-août.

Alternatives économiques (2008). n° 270, juin, p. 37.

Brutus F. (2006). *Chômage : des secrets bien gardés,* Paris, Jean-Claude Gawsewitch.

Chadeau A., Fouquet A. (1981). « Peut-on mesurer le travail

domestique ? », *Économie et statistique*, nº 136, sept., p. 29-42.

Champagne P., Lenoir R., Merllié D., Pinto L. (1999). *Initiation à la pratique sociologique*, Paris, Dunod.

Desrosières A. (1997). « Refléter ou instituer : l'invention des indicateurs statistiques », *in* Dupoirier É., Parodi. J-L. (dir.), *Les Indicateurs socio-politiques aujourd'hui*, Paris, L'Harmattan, p. 15-33.

Desrosières A. (2005). « Décrire l'État ou explorer la société : les deux sources de la statistique publique », *Genèses*, nº 58, janv., p. 4-27.

Desrosières A. (2008). *Pour une sociologie historique de la quantification*, Paris, Presses de l'école des mines.

Desrosières A. (2009). « Entretien avec Alain Desrosières et Loup Wolff », *Courrier des statistiques*, n° 127, p. 49-53.

Duval J. (2020). *Le mythe du « trou de la Sécu »*, Paris, Raisons d'agir Éditions.

Eyraud C. (2019). « La sociologie et le chiffre. Ou existe-t-il des nombres objectifs ? », *in* Pariente A. (dir.), *Les chiffres en finances publiques*, Paris, Mare & Martin, « Droit & Gestions publiques », p. 247-265.

Eyraud C. (2022). « Archaeology of a Quantification Device : Quantification, Policies and Politics in French Higher Education », *in* Mennicken A., Salais R., *The New Politics of Numbers. Utopia, Evidence and Democracy*, Londres, Palgrave Macmillan, Springer, p. 275-303.

Eyraud C. (2023). « Statistiques publiques et citoyens », *Dynamiques régionales*, n° 15, p. 57-72.

Ferréol G. (dir.) (2002). *Dictionnaire de sociologie*, Paris, Armand Colin, 3e édition.

Freyssinet J. (1998). *Le Chômage*, Paris, La Découverte.

Gadrey J. (2006). « Peut-on mesurer le bien-être économique et social ? », *Courrier des statistiques*, nº 117-119, déc., p. 51-57.

Gadrey J. (2008). « Il faut tenir bon sur la mesure de la pauvreté ! », texte disponible sur son blog accessible sur le site d'*Alternatives économiques*.

Gadrey J., Jany-Catrice F. (2016). *Les Nouveaux Indicateurs de richesse*, Paris, La Découverte, 4e édition.

Grawitz M. (1990). *Méthodes des sciences sociales*, Paris, Dalloz.

Holcman R. (1997). *Le régime d'incapacité au travail aux Pays-Bas (WAO)*, disponible sur le site de la Documentation française.

Holcman R. (1998). « La remise en cause des indicateurs traditionnels.

Chômage », *Cahiers français*, n° 286, mai-juin, p. 49-55.

INSEE (2007). *Insee Première*, n° 1164, novembre.

INSEE (2021). *Sécurité et société*, Édition 2021.

INSEE (2023). *Insee Références*, Édition 2023.

INSPECTION GÉNÉRALE DES FINANCES ET INSPECTION GÉNÉRALE DES AFFAIRES SOCIALES (2007). *Les Méthodes statistiques d'estimation du chômage*, disponible sur le site de la Documentation française.

LAZARSFELD P. (1965). « Des concepts aux indices empiriques », *in* BOUDON R., LAZARSFELD P. (dir.), *Le Vocabulaire des sciences sociales. Concepts et indices*, Paris, Mouton, p. 3-36.

LEBARON F. (2011). *Les indicateurs sociaux au XXIe siècle*, Paris, Dunod.

MARCHAND O. (1991). « Statistiques du chômage : les écarts se creusent depuis cinq ans », *Économie et statistique*, n° 249, déc., p. 7-14.

MARCHAND O., THÉLOT C. (1986). « Population active, emploi, chômage », *Économie et statistique*, n° 193-194, novembre-décembre, p. 5-15.

MARTIN O. (2020). *L'Empire des chiffres*, Malakoff, Armand Colin.

MATELLY J.-H., MOUHANNA Ch. (2007). *Police : des chiffres et des doutes. Regard critique sur les statistiques de la délinquance*, Paris, Michalon.

MÉDA D. (1999). *Qu'est-ce que la richesse ?* Paris, Aubier.

MINISTÈRE CHARGE DE L'ÉGALITÉ ENTRE LES FEMMES ET LES HOMME (2022). *La lettre de l'Observatoire des violences faites aux femmes*, n° 18.

PAGNON F. (2022). *Après la croissance. Controverses autour de la production et de l'usage des indicateurs alternatifs au PIB*, Thèse de sociologie.

PÉNOMBRE (1999). *Chiffres en folie*, Paris, La Découverte.

POWER M. (1997). *La Société de l'audit. L'obsession du contrôle*, trad. fr., Paris, La Découverte, 2005.

ROBERT P., AUBUSSON DE CAVARLAY B., POTTIER M.-L., TOURNIER P. (1994). *Les Comptes du crime. Les délinquances en France et leurs mesures*, Paris, L'Harmattan.

ROBERT P., ZAUBERMAN R. (2019). *Comment améliorer la mesure de la délinquance ?*, Paris, Terra Nova.

SALAIS R. (2004). « La politique des indicateurs. Du taux de chômage au taux d'emploi dans la stratégie européenne pour l'emploi (SEE) » *in* ZIMMERMANN B. (dir.), *Les sciences sociales à l'épreuve de l'action. Le savant, le politique et l'Europe*, Paris, Éditions de la Maison des sciences de l'homme, p. 287-331.

Salais R. (2010). « La donnée n'est pas un donné. Pour une analyse critique de l'évaluation chiffrée de la performance », *Revue française d'administration publique*, n° 135(3), p. 497-515.

Schnapper D. (1981). *L'Épreuve du chômage*, Paris, Gallimard.

Soulie C. (2000). « L'origine sociale des collégiens et des lycées en France : une analyse des conditions sociales de production de la statistique », *Population*, n° 1, p. 169-180.

Supiot A. (2015). *La gouvernance par les nombres*, Paris, Fayard.

Chapitre 5

Bachelard G. (1958). *La Formation de l'esprit scientifique*, Paris, Vrin.

Baudelot Ch., Establet R. (2006). *Suicide, l'envers de notre monde*, Paris, Le Seuil.

Bihr A., Pfefferkorn R. (1999). *Déchiffrer les inégalités*, Paris, Syros-La Découverte.

Bihr A., Pfefferkorn R. (2008). *Le Système des inégalités*, Paris, La Découverte.

Bourdieu P. (1984). « La jeunesse n'est qu'un mot », *in Questions de sociologie*, Paris, Éditions de Minuit, p. 143-154.

Conseil national de l'information statistique (CNIS) (2007). Rapport du groupe de travail « Niveaux de vie et inégalités sociales », disponible sur le site du CNIS.

Durkheim É. (1988). *Les règles de la méthode sociologique,* Paris, Flammarion, 1re édition : 1894.

Durkheim É. (1983). *Le Suicide,* Paris, PUF, 1re édition : 1897.

El Ayadi M., Rachik H., Tozy M. (2007). *L'Islam au quotidien. Enquête sur les valeurs et les pratiques religieuses au Maroc*, Casablanca, Éditions Prologues.

Glock Ch (1965). « Y a-t-il un réveil religieux aux États-Unis ? », *in* Boudon R. et Lazarsfeld P. (dir), *Le Vocabulaire des sciences sociales. Concepts et indices*, Paris, Mouton, p. 49-68.

Grawitz M. (1965). « L'abstentionnisme des hommes et des femmes aux Référendums d'avril et d'octobre 1962 dans cinq bureaux de vote de Lyon », *Revue française de science politique*, vol. XV, n° 5, octobre, p. 964-983.

Jaspard M., l'équipe ENVEFF (2001). « Nommer et compter les violences envers les femmes : une première enquête nationale »,

Population et sociétés, n° 364, janvier, p. 1-4.

JASPARD M., BROWN É., CONDON S. (2002). *Les Violences envers les femmes en France. Une enquête nationale*, Paris, La Documentation française.

LAZARSFELD P. (1949). « The American soldier : an expository review », *Public Opinion Quaterly*, vol. XIII, n° 3, automne, p. 378-380.

MAUSS M. (1968). *Œuvres,* tome I : *Les Fonctions sociales du sacré*, Paris, Éditions de Minuit.

MAUSS M. (1983). *Sociologie et anthropologie*, Paris, PUF, 1re édition : 1950, 1re publication du texte « Esquisse d'une théorie générale de la magie » dans *l'Année sociologique* : 1902-1903.

MAUSS M. (1998). *Essais de sociologie*, Paris, Gallimard, 1re publication du texte « La sociologie : objet et méthodes » en 1901.

MICHELAT G. (1990). « L'identité catholique des Français. 1. Les dimensions de la religiosité », *Revue française de sociologie*, vol. 31, n° 3, juillet-septembre, p. 355-388.

OBSERVATOIRE DES INÉGALITÉS (2006). *L'État des inégalités en France*, Paris, Belin.

RAMOGNINO N. (dir.) (1997). *De la violence en général et des violences en particulier. Les violences à l'école : l'étude de trois collèges à Marseille*, Rapport de recherche.

RAMOGNINO N., FRANDJI D., SOLDINI F., VERGÈS P. (1997). « L'école comme dispositif symbolique et les violences scolaires : l'exemple de trois collèges marseillais », *in* CHARLOT B., EMIN J.-C. (dir.), *Violences à l'école. État des savoirs*, Paris, Armand Colin, p. 117-144.

Sites internet (par ordre d'apparition dans l'ouvrage)

www.insee.fr

www.ined.fr

www.education.gouv.fr (site du ministère de l'Éducation nationale)

www.cereq.fr

www.snes.edu.fr

www.letudiant.fr

www.alternatives-economiques.fr

www.penombre.org

www.undp.org (site du PNUD)

www.csls.ca/iwb/debat.pdf (site des chercheurs canadiens qui ont développé l'indice de bien-être économique)

acdc2007.free.fr

www.ladocumentationfrancaise.fr (rubrique « Rapports publics »)

www.cnis.fr (site du Conseil national de l'Information statistique)

www.inegalites.fr (site de l'Observatoire des inégalités)

www.bip40.org

virage.site.ined.fr/fr

inequalitylab.world/fr

De manière générale, on ne peut que conseiller vivement la fréquentation assidue du site de l'Insee (dont la page « Liste des sources statistiques » qui permet de prendre connaissance de toutes les enquêtes qu'il réalise et de leurs principales caractéristiques : https://www.insee.fr/fr/metadonnees/sources) et de celui de l'Ined. Les sites des différents ministères sont également, grâce au travail de leurs départements statistiques (« services statistiques ministériels » ou SSM), de belles sources de données sur leurs domaines de compétences. Il vous faut connaître et fréquenter la Bibliothèque numérique de la statistique publique (BNSP : https://www.bnsp.insee.fr/bnsp/fr/content/accueil-fr) qui recueille les publications de l'Insee, du Cnis et des services statistiques ministériels du XIXe siècle à aujourd'hui. Il faut également connaître la « plateforme ouverte des données publiques françaises » (data.gouv.fr). On y trouve de très nombreuses données brutes que l'on peut télécharger et utiliser librement et gratuitement.

Au-delà de la statistique publique au sens strict, de nombreux observatoires (publics, parapublics, associatifs ou privés, il faut vérifier leur statut et leur crédibilité) fournissent des travaux intéressants, nous avons par exemple plusieurs fois fait référence à l'Observatoire des inégalités.

Au niveau européen, Eurostat est l'équivalent de l'Insee et produit les statistiques officielles de l'Union européenne. D'un point de vue plus international et non seulement européen, on trouve des statistiques sur les sites des grandes organisations internationales pour les champs qui constituent leur domaine d'activité : plutôt général avec la Banque mondiale et l'OCDE (Organisation de coopération et de développement économiques), portant sur le travail pour le BIT (Bureau international du travail), sur la santé pour l'OMS (Organisation mondiale de la santé), etc.

Finalement les grandes associations ou ONG produisent également des rapports intéressants à partir de nombreuses données, que l'on pense à la Fondation Abbé Pierre et à son rapport annuel sur le mal-logement ou à Oxfam et à ses différents rapports en particulier sur la question des inégalités mais pas seulement.

Pour information, les publications de l'auteure de cet ouvrage (celles citées ici et d'autres non citées portant sur la sociologie de la quantification) sont disponibles sur son site : corine-eyraud.fr

Table des encadrés

Index des noms d'auteurs

Index notionnel

263847 - (I) - OSB80 - KEP - AMK
Imprimé en France
Dépôt légal : janvier 2024 - N° 2987015T
Dupliprint
733, rue Saint-Léonard, 53100 Mayenne